Liz Gloyn

A FIGURA DO MONSTRO CLÁSSICO NA CULTURA POP

ubook

Publicado mediante acordo com Bloomsbury Publishing Plc. Edição original do livro, *Tracking Classical Monsters in Popular Culture*, publicada por Bloomsbury Publishing Plc.

COPIDESQUE Lígia Alves
REVISÃO Roseli Carlos Baessa e Raquel Novais
DIAGRAMAÇÃO Know-how Desenvolvimento Editorial
PROJETO GRÁFICO Bruno Santos
CAPA Bruno Santos

Dados Internacionais de Catalogação na Publicação (CIP)
(Câmara Brasileira do Livro, SP, Brasil)

A figura do monstro clássico na cultura pop / Liz Gloyn ; tradução UBK Publishing House. -- Rio de Janeiro : Ubook Editora, 2020.

Título original: Tracking classical monsters in popular culture
ISBN 978-65-5875-052-9

1. Cultura popular 2. Mitologia clássica na literatura 3. Monstros nos meios de comunicação de massa I. Título.

20-51133 CDD-398.45

Índices para catálogo sistemático:
1. Monstros : Cultura popular 398.45
Cibele Maria Dias - Bibliotecária - CRB-8/9427

Ubook Editora S.A
Av. das Américas, 500, Bloco 12, Salas 303/304,
Barra da Tijuca, Rio de janeiro/RJ.
Cep.: 22.640-100
Tel.: (21) 3570-8150

Em solidariedade ao precariado acadêmico.

SUMÁRIO

INTRODUÇÃO

Quando contamos as histórias do mito, geralmente contamos histórias sobre heróis.

Estou cansada de heróis.

Estou farta de homens cheios de si que andam pelo mundo como se este lhes devesse alguma coisa, deixando destruição e carnificina em seu rastro.

Isso faz de mim a próxima a ser degolada? Então me leve para os monstros.

***

Este livro pertence a uma vertente de clássicos conhecida como "estudos de recepção dos clássicos", que investiga como as culturas da Grécia e Roma antigas são recepcionadas no mundo pós-clássico.[1] Meu foco é a cultura popular anglo-americana dos anos 1950 até os dias de hoje, com um interesse particular pelo que tem sido produzido no cinema, na televisão e na literatura. Também me interesso por monstros.

As histórias de mitos antigos têm se mostrado notavelmente resilientes por dois milênios, desde que foram criadas. Livros infantis que recontam essas histórias familiares ainda são publicados, filmes que reproduzem os contos antigos continuam a ser produzidos, jogos de computador inspirados na mitologia antiga atraem grande número de seguidores e tornam-se uma espécie de culto entre os jovens. Uma das teorias centrais sobre a recepção dos clássicos é a de que toda recepção pode ser influenciada pela recepção anterior — assim, por exemplo, toda vez que alguém reconta a história de Perseu e Medusa, essa nova versão existe em relação a todas as versões anteriores, desde a história de Ovídio nas *Metamorfoses* até a versão em *Fúria de Titãs* e tudo o que está entre elas. Cada vez que uma história é recontada são destacados elementos nela que muitas vezes nos dizem mais sobre a cultura em que essa história é recontada — a cultura receptora — do que sobre o mundo antigo, embora as releituras possam lançar uma nova luz sobre textos que julgávamos serem familiares.

Mas há uma pegadinha (sempre há uma pegadinha). Os estudos acadêmicos sobre recepção dos clássicos e mitos tendem a olhar para o herói: como o herói é representado? O que está em jogo na forma como as ações do herói são moldadas? Será que realmente importa se ele (e é sempre *ele*) vai se apaixonar? Como a história dele (e é sempre a história *dele*) é readaptada para atender às necessidades da cultura receptora? O que significa o heroísmo antigo no mundo moderno?[2]

Não estou interessada nessas perguntas.

Em vez disso, vou olhar para os monstros desses mitos, aqueles que são empurrados para baixo dos pés dos heróis, mas que (contra todas as probabilidades) têm sobrevivido ao longo do tempo. Essas histórias clássicas sendo estudadas como disciplinas começaram a atentar para os monstros que aparecem em fontes antigas e a debater sobre o seu significado nelas, mas ninguém ainda olhou corretamente para a forma como esses monstros clássicos se infiltraram no mundo moderno e circulam por ele.

Essa lacuna precisa ser preenchida, porque os monstros clássicos estão *por toda parte*. À medida que escrevo este livro, fico genuinamente surpresa — para não dizer impressionada — com o número de exemplos que amigos e colegas têm me fornecido. Ignorar o fato de que os monstros clássicos se reproduzem na cultura popular a um ritmo surpreendente significa perder a chance de entender como o público moderno entende o mundo antigo e a relação disso com o presente.

Uma parte cínica de mim questiona se esse silêncio se deve ao fato de que a cultura popular, onde a aparição dos monstros clássicos é mais recorrente, é muitas vezes vista como algo menor por causa de seu apelo de massa. Os estudos de recepção de clássicos têm dado espaço ao exame de representações do mundo antigo no cinema hollywoodiano, com um interesse crescente pela televisão, mas têm sido mais lentos em relação a outras áreas, como games, ficção histórica, desenhos animados e assim por diante, em parte devido às ressalvas quanto a alguns temas serem dignos de estudo acadêmico.[3] O esnobismo cultural que leva ao descarte desses materiais como se eles não tivessem valor por conta de seu público-alvo ou de sua data de produção recente tem se tornado cada vez menos sustentável em um contexto cultural em que o amor pelos clássicos pode nascer a partir de um game, de um filme ou de um livro infantil.[4] Por cultura popular refiro-me às coisas que são produzidas para o público de massa.

Tentar pesquisar *toda* a cultura popular seria um esforço enorme, se não o trabalho de uma vida. Minha seleção de estudos de caso inevitavelmente se baseia em áreas sobre as quais tenho maior conhecimento analítico e, sim, também nas coisas de que gosto. Eu gosto de assistir a filmes, de ver televisão e de ler livros. Gosto menos de games e RPG. Sendo assim, minha seleção de material se inclina na direção de exemplos nos gêneros e nas mídias da minha preferência. Não posso alegar objetividade no que diz respeito a essas escolhas. Estou inserida no universo no qual busco meus exemplos, e seria errado afirmar que minhas preferências não afetaram a escolha de evidências. Como diz Nisbet, "mais vale reconhecer não apenas a impossibilidade, mas também a falta de vontade de manter (a pretensão de) distância acadêmica de um material desse tipo".[5] Dito isto, embora eu perceba minha própria dedicação a certos tipos de cultura popular, isso não invalida a possibilidade de uma análise crítica. Você pode desfrutar de alguma coisa e, ao mesmo tempo, oferecer uma crítica robusta sobre ela.

Da mesma forma, é impossível que este livro pesquise toda a gama global de culturas e seu envolvimento com monstros clássicos. As fronteiras que estabeleço aqui novamente surgem de minhas próprias limitações: o material com o qual trabalho vem quase exclusivamente dos contextos culturais americano e britânico, até porque cada cultura tem seu próprio meio sociopolítico, que afeta o que ela acha que os monstros clássicos devem ou não fazer. Espero que outros que estejam mais familiarizados com a forma como diferentes culturas funcionam tomem este livro como inspiração para ir à caça de monstros clássicos ao redor do mundo.

Tudo isso pressupõe uma definição compartilhada de "monstro clássico", e do que nós, como humanos, consideramos monstruoso. Há algumas características que a maioria dos monstros parece compartilhar: eles são, por exemplo, anormalmente grandes, realizam atos de violência hediondos, derrubam barreiras em nossa compreensão sobre o mundo, demonstram hibridismo físico, resistem ao controle humano ou o rejeitam.[6] Poderíamos formular a hipótese de uma lista consensual, um guia canônico de características, mas chegar a uma unanimidade estaria longe de ser simples — será que nós, por exemplo, incluiríamos Medeia entre os monstros? Será que os titãs estão no grupo, na condição de adversários caóticos dos deuses olímpicos? Vou explorar os modelos de monstros e a maneira como eles surgem em maior profundidade no primeiro capítulo, mas ofereço aqui uma definição funcional do monstro clássico para levarmos adiante.

Sou guiada em parte pela forma como a cultura popular abraçou as narrativas heroicas da conquista sobre os monstros e em parte pela ideia do monstro como híbrido. Muitos humanos no mito antigo se comportam de forma monstruosa; no entanto, humanos que agem de forma desumana não são, no contexto deste livro, monstros. Da mesma forma, os imortais que se comportam mal não caem na minha alçada; os titãs e os deuses pré-olímpicos, que, indiscutivelmente, se colocam em posições de monstruosidade caótica em vários mitos da criação, não aparecem. Entre esses dois extremos estão os monstros mortais, aqueles que tendem a sofrer mais severamente nas mãos dos heróis, que cruzam a fronteira entre o humano e o animal em sua forma física híbrida, ou cuja enormidade física transgride as expectativas do corpo de uma besta normal.

Mais uma vez, qualquer discussão desse tipo será seletiva ao invés de completa (embora, como ficará claro, eu veja isso como um aspecto positivo da abordagem deste estudo). Nem todos os seus monstros clássicos favoritos aparecerão, talvez porque ainda não tenham ocupado espaço na cultura popular, talvez porque não tenha sobrado aqui uma oportunidade para lhes fazer justiça — uma análise mais detalhada do centauro e da sereia terá, infelizmente, de esperar.[7] O caso dos ciclopes também causa perplexidade, complicado desde o início por Polifemo e seu infeliz encontro com Odisseu no livro nono da *Odisseia*. Enquanto esta narrativa apresenta os ciclopes como hostis, brutais e geralmente merecedores de sua violenta cegueira, é impossível ignorar o fato de que Odisseu e seus homens desrespeitam as regras da hospitalidade primeiro ao saquear a caverna de Polifemo, matando seu rebanho e comendo seus queijos. Um leitor cínico — mais precisamente, *esta* leitora cínica — é capaz de identificar tentativas desesperadas de justificar e desculpar o comportamento inaceitável do próprio narrador ao enquadrar Polifemo como um monstro. Independentemente de como possamos interpretar a narrativa original, a versão de Odisseu é a que domina o imaginário. A cultura popular agora geralmente vê os ciclopes como monstros sem redenção e os trata de acordo (embora nem sempre com a mesma grafia). No que diz respeito a Polifemo, caminho, na medida do possível, na linha tênue entre a ambiguidade antiga e a certeza moderna.

O que este livro reserva para o intrépido leitor? Os dois primeiros capítulos oferecem uma orientação, para escrutinar a situação como um todo, e uma reflexão sobre o porquê de os mapas antigos não serem bons o suficiente para rastrear monstros clássicos. O capítulo 1 explora vários paradigmas para se entender os monstros e os pressupostos que os sustentam, e oferece uma nova forma de conceituar o monstro clássico que leva em conta algumas características peculiares de seu comportamento as quais os modelos padrão não explicam. O capítulo 2 continua a delinear os hábitos particulares do monstro clássico, questionando onde ele habita, tanto em termos de localização física quanto em termos de gênero, e em que medida a localização afeta a forma como respondemos a habitantes monstruosos. O capítulo termina com uma consideração sobre o fato de que as telas podem alterar fundamentalmente a existência de um monstro.

Os capítulos 3 e 4 apresentam uma visão geral dos monstros clássicos do cinema anglo-americano, começando com o gênero espada e sandália, popular na década de 1950, e avançando até os dias de hoje. O capítulo 3 passa algum tempo analisando a influente obra de Ray Harryhausen, incluindo *Jasão e os Argonautas* (1963) e *Fúria de Titãs* (1981), e termina no período de seca do cinema clássico dos anos 1990, aliviado apenas por *Hércules* (1997), da Disney. O capítulo 4 parte do rejuvenescimento do formato após o fenômeno *Gladiador*. Nele, examino dois grandes eixos de engajamento com monstros clássicos: aqueles que aparecem no que poderíamos chamar de herói épico moderno, como *Fúria de Titãs 2* (2012) e *Hércules* (2014), e aqueles que aparecem em outros lugares no cinema contemporâneo fora das narrativas classicamente enquadradas, como *E aí, meu irmão, cadê você?* (2000) e *O labirinto do Fauno* (2006), que fizeram um trabalho cultural diferente, mas não menos significativo.

Os capítulos 5 e 6 nos levam ao mundo da televisão, onde um conjunto diferente de requisitos de produção, impulsos narrativos e restrições financeiras proporciona um ambiente alternativo para que o monstro clássico floresça. O capítulo 5 oferece uma extensa discussão sobre a série de TV *Hércules: a lendária jornada*, na qual a matança de monstros é inicialmente posicionada e instrumentalizada como essencial para o personagem do herói. Ao longo de seis temporadas, os monstros clássicos desenvolvem suas próprias presenças distintas dentro dos interesses temáticos dos programas. No capítulo 6 são abordadas duas outras séries, *Xena: a princesa guerreira* e *Doctor Who*, nas quais os monstros aparecem com menos frequência, mas de formas que representam estratégias específicas para se lidar com personagens de monstros na televisão, nomeadamente no gênero telefantasia.

O livro termina com dois capítulos adicionais, cada um focado em um estudo de caso individual. Seguindo em frente depois da análise de tendências em determinadas mídias, esses capítulos analisam um grupo de recepções em torno de um determinado monstro para ver quais pontos de referência comuns oferecem oportunidades de agrupamento criativo, e o que podemos concluir a partir dos nós mais produtivos das narrativas individuais. O capítulo 7 analisa a Medusa (como não analisar?), enquanto o capítulo 8 se volta para o Minotauro, com base em um conjunto de evidências literárias e visuais. Selecionei esses dois indivíduos porque eles parecem ser os monstros clássicos favoritos nas revisitações feitas pela cultura popular — com certeza a maioria dos exemplos que me foram mostrados ao longo da escrita deste livro tem a ver com a Medusa. Ao traçar alguns dos padrões nas recepções de monstros específicos, esses capítulos oferecem algumas reflexões sobre o que exatamente nessas criaturas ainda desperta o interesse da cultura popular.

Olhando para os monstros em seus vários refúgios, compreendemos melhor o que a cultura popular faz com a antiguidade, e como o diálogo contínuo entre o passado e o presente se desenvolve em todas as áreas da sociedade. O monstro clássico encontra espaço para reencarnar nos meios de comunicação de massa, crescendo cada vez mais na forma permitida pelo espaço proporcionado, mas mantendo, também, as qualidades distintivas que o marcam como sendo, de alguma forma, antigo. Neste livro, pretendo mapear alguns dos territórios que os monstros clássicos hoje habitam, e entender alguns dos fatores por trás de sua surpreendentemente longa vida após a morte. O projeto, por força maior, permanecerá incompleto — sempre haverá mais um exemplo, seja desenterrado de algum arquivo, seja recém-apresentado pela imprensa. É isso que é tão atraente nos monstros: sua capacidade de continuamente fazer crescer novas cabeças. Com isso em mente, vamos começar.

1

NO QUE CONSISTE UM MONSTRO?

Um veículo atravessa um bosque. Um centauro galopa ali por perto, em meio a árvores mais distantes da estrada. Quando o carro passa por montanhas poeirentas, Medusa levanta o olhar das cobras em suas mãos que estavam ocupando sua atenção para notar a passagem do veículo. Na chuva torrencial, as rodas do carro giram e o Minotauro joga a cabeça para trás antes de bater os punhos no peito. Uma sereia emerge de um lago, batendo sua cauda. Pégaso surge do nevoeiro, agitando as asas; o carro acende os faróis na escuridão. "Em um mundo de híbridos", diz uma voz, "uns seguem... e outros lideram".

Esse é um resumo do anúncio feito para a TV em 2017 para o Mitsubishi Outlander PHEV, um SUV híbrido plug-in.[1] A mensagem do anúncio é clara: todas as formas de híbridos são subservientes à tecnologia híbrida plug-in do PHEV, com sua baixa emissão de gás carbônico. No entanto, o poder desse comercial deriva da maneira como os monstros clássicos foram utilizados. A propaganda espera que seu público os reconheça, que saiba que são híbridos, que os entenda como parte do sistema do qual o PHEV se julga líder. Por que motivo os monstros antigos ainda exercem esse tipo de influência na cultura contemporânea, a ponto de um comercial de automóvel sentir que eles são mainstream o suficiente para serem apresentados sem nenhum tipo de explicação?

Para começar a responder a essa pergunta, quero explorar alguns caminhos possíveis para se entender os monstros, e delinear meu próprio modelo de como podemos tratar os monstros encontrados na recepção de clássicos. Atualmente, os estudos sobre monstros não parecem levar em conta o monstro antigo transferido para o mundo moderno. Os estudos de monstros em si são um campo relativamente novo de pesquisa acadêmica, possivelmente estabelecido quando as influentes teses sobre monstros de Jeffrey Cohen foram publicadas, em 1997.[2] Trabalhos que se baseiam nessas teses pensam os monstros dentro de sua própria linha cronológica. Tomemos o vampiro como exemplo. Os estudiosos podem olhar para o *Drácula* de Bram Stoker no contexto em que foi escrito, e ver em Drácula uma figura que representa os medos da era vitoriana em torno da migração, do apetite sexual descontrolado, da ascensão de novas tecnologias, e assim por diante. Eles puderam olhar para ele no filme Hammer Horror* de 1958, no qual o vampiro é imaginado como um personagem histórico em um cenário histórico. Eles também podem se voltar para a saga *Crepúsculo* e testemunhar o vampiro vivendo no início do século XXI, encarnando o tema do perigo sexual sob a forte influência do mormonismo de Stephanie Meyer. O vampiro resiste, mas se torna um habitante do período em que vive. Da mesma forma, o conceito subjacente do zumbi continua, mas se adapta às circunstâncias sociais e temporais em que ele se encontra.

Em contraste, o Minotauro, a Medusa, a Quimera e outros monstros clássicos têm se mantido notavelmente consistentes ao longo do tempo. Embora as manifestações individuais tenham mudado, sua forma fundamental não se alterou radicalmente. Eles não precisaram se reinventar e se remodelar em sua jornada através do tempo. Estudos com monstros não falam de monstros que viveram na condição de monstros em sua cultura original e que ainda são usados como seres monstruosos na atualidade. O mais próximo que se chega disso dentro do campo de estudos são as análise de monstros como o *wendigo*, que pertence à tradição folclórica da cultura algonquiana,** mas que ainda hoje conta com uma comunidade viva que se envolve com ele.

Há muito a ser dito sobre monstros na literatura antiga.[3] Mas o fato de esses monstros terem viajado de seus covis na Grécia e na Itália até chegarem a nossos cinemas e salas de estar continua a não ser reconhecido.

---

* A Hammer Film Productions foi fundada em 1934 no Reino Unido e se tornou mundialmente famosa com uma série de filmes de terror produzida entre os anos 1950 e 1970. Depois de encerrar as atividades na década de 1980, voltou ao mercado em 2007 com produções bem-sucedidas [N. E.].

** Os algonquianos são um povo nativo americano que habita o nordeste da América do Norte. O termo se refere às tribos que falam o algonquino [N. E.].

Quando enfim se fala sobre monstros clássicos, geralmente a conversa parte da suposição de que eles não ultrapassam seus limites temporais. Ou seja, os estudos pressupõem que os monstros clássicos só existem realmente no período clássico. Eles podem ser reconhecidos em conversas sobre bestiários medievais, se tiverem sorte, mas, no essencial, é comum pensarmos que o que aconteceu na Grécia e em Roma ficou na Grécia e em Roma.

Os consumidores de cultura popular entendem isso de forma diferente. Os monstros clássicos não veem razão para não seguir seus heróis para fora dos mitos antigos. Este capítulo explica o que acontece quando eles fazem isso, e por que esse comportamento importa. Diante desse objetivo, pode parecer que já sabemos o que procuramos: somos capazes de identificar um monstro clássico quando ele se apresenta. Entretanto, será útil estabelecer uma distinção entre os monstros que associamos a determinados heróis e narrativas míticos e os monstros em geral — ou seja, entre criaturas específicas e a crença abstrata que as infunde. Essas ideias podem ser separadas umas das outras, e, no que diz respeito aos monstros clássicos da cultura popular, é particularmente importante fazê-lo — o que opera na produção de monstros não se aplica necessariamente ao resto de suas vidas. No que vem a seguir, pode haver alguma fusão dessas duas esferas, mas espera-se que com sobreposições produtivas.

Há várias maneiras de pensar sobre o aspecto monstruoso em geral e o comportamento de monstros individuais especificamente. Quero fazer uma incursão por esses diversos modos e considerar como eles são úteis, ou não, para explorar os monstros clássicos que estão conosco agora.

Catálogos e criptozoologia

O modo mais familiar de lidar com monstros é catalogá-los, um a um. Qualquer pessoa com experiência em RPG saberá o que eu quero dizer: grandes manuais, recheados com vários monstros que um mestre de jogos pode atiçar sobre jogadores incautos, cheios de estatísticas e habilidades especiais, ordenados alfabeticamente ou de acordo com a categoria. O conteúdo do *Manual de monstros* de Dungeons & Dragons

(D&D) (2014), por exemplo, começa com o aarakocra, passando por bullywugs, gárgulas e pixies, até terminar com yugoloths e zumbis.[4] A tendência a assumir que tudo o que se precisa fazer com os monstros é contá-los e identificá-los surge da tradição bestiária medieval, na qual livros luxuosamente ilustrados descrevem uma gama de criaturas fantásticas e banais. Esses livros não só forneciam descrições físicas como também informações sobre os hábitos dos animais, muitas vezes acrescentando comentários moralizadores — por exemplo, o castor supostamente rói os próprios testículos quando encurralado, o que simboliza a necessidade do homem de cortar suas fraquezas. A popularidade de *Pokémon* destaca a crença contínua de que os monstros devem ser caçados e categorizados, sejam eles capturados em seu país natal, o Japão, ou após viajar para o Ocidente.[5] O grande conhecimento sobre o comportamento das criaturas Pokémon que é exigido para participar do que à primeira vista parece ser um simples jogo infantil "é algo que se aproxima da classificação científica, comparativa à Taxonomia de Lineu".[6] O ato de catalogar é importante, mas não deve ser o ponto fundamental do envolvimento com monstros.[7]

Uma tentação paralela é a de racionalizar o monstro. Esse modelo, às vezes chamado de "criptozoologia", aplica-se particularmente aos monstros que saem de períodos históricos pré-científicos. A lógica é a de que os antigos claramente tinham medo de *alguma coisa*; no entanto, não pode ter sido um monstro de verdade, pois, em nosso esclarecido estado de entendimento científico, sabemos que (por exemplo) gigantes, harpias e grifos não existem de fato. A solução é recuperar a arqueologia, de modo a examinar a realidade sob a pele escamosa fictícia. Existem antecedentes clássicos. Em um fragmento de papiro grego, um ilustrador adicionou imagens ao lado de um conto simples em que Hércules está narrando suas aventuras (Figura 1.1). Em contraste com os feitos heroicos que Hércules descreve, o ilustrador conta uma história diferente: em vez de lutar contra o Leão de Nemeia, Hércules agarra o que é obviamente uma estátua em um pedestal; em vez de perseguir as Aves do Lago Estínfalo, Hércules parece ser surpreendido por um bando delas enquanto pesca. Os grandes contos que lemos da boca do herói são entrecortados pelas ilustrações irreverentes, mostrando que mesmo na antiguidade nem todos levavam a sério as histórias de monstros.[8]

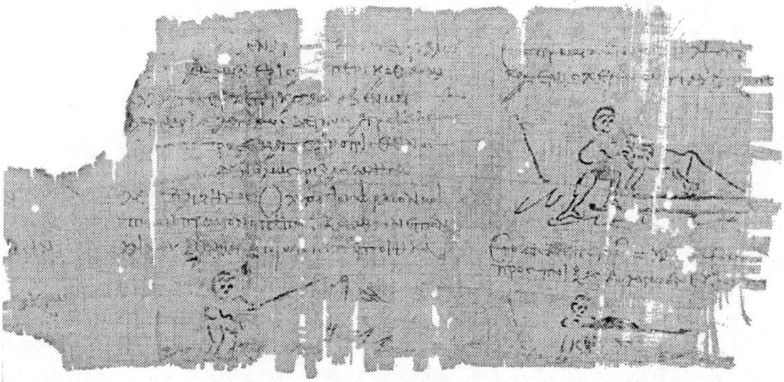

Figura 1.1 Foto de *P.Oxy. XXII 2331*. Cortesia da Egypt Exploration Society e do Imaging Papyri Project da Universidade de Oxford.

Os criptozoólogos levam essa racionalização ainda mais longe e procuram descobrir o que exatamente está por trás dos monstros saídos das mentes de nossos ancestrais. Foi a memória cultural compartilhada do tigre-dentes-de-sabre que assumiu novas formas à medida que saímos da caverna? Será que a descoberta dos fósseis de dinossauros exigiu a invenção de grifos para que pudéssemos explicá-los adequadamente?[9] Será que tememos o Kraken porque outrora não entendíamos a lula-gigante? Essa abordagem metodológica está relacionada ao método mais amplo do evemerismo, que considera que os mitos e lendas são fundamentados em eventos históricos reais que podem de alguma forma ser recuperados, com algumas tentativas mais convincentes do que outras. Seja lá o que se possa pensar sobre esse método em princípio, na realidade qualquer tentativa de aplicá-lo a monstros da época clássica deve inevitavelmente sofrer com a escassez de evidências. Pessoalmente, temo que o ato de tentar descobrir o que poderia ter gerado o Minotauro, ou de onde veio a Medusa, corra o risco de depender de uma suposição excêntrica. Em vez disso, quero perguntar como esses monstros se comportam agora que chegaram à modernidade.

Teoria básica dos monstros

Uma maneira de abordar essa questão é afastar-se de monstros específicos e, em vez disso, considerar o aspecto monstruoso, particularmente através das lentes da teoria do monstro. O influente capítulo de Cohen delineou sete princípios fundamentais para a compreensão da criação cultural dos monstros:[10]

1) O corpo do monstro é um corpo cultural — os monstros são culturalmente específicos, construídos em um momento determinado.
2) O monstro sempre escapa — sempre que você pensa que o monstro está morto, ele volta, para ser lido em novos contextos culturais e responder a novos medos.
3) O monstro é o prenúncio da crise da categorização — você não pode categorizar um monstro. Ele se recusa a aceitar divisões binárias e perturba as fronteiras familiares entre humano e animal, macho e fêmea e assim por diante.
4) O monstro reside na diferença — monstros tendem a refletir medos do "outro". Pode ser o medo de um gênero diferente, de uma orientação sexual, de uma nacionalidade, de uma etnia ou de qualquer coisa que não esteja incluída na identidade dominante de uma cultura.
5) O monstro policia as fronteiras do possível — ele patrulha os limites comportamentais tanto entre as unidades sociais quanto dentro delas, limites esses que não podemos atravessar se quisermos que a sociedade perdure.
6) O medo do monstro é na verdade uma espécie de desejo — o horror do monstro cria um espaço para expressar anseios proibidos, permitindo a realização de sonhos que não podem ser (aceitavelmente) sonhados. A inevitável destruição do monstro nos absolve de desfrutar dos prazeres culpados que ele nos dá.
7) O monstro está no limiar — enquanto os monstros retornam de nossas tentativas de banimento, eles nos dizem o que é ser humano. Nós nos definimos contra sua monstruosidade, e perguntamos se eles permanecem tão monstruosos quanto antes.

As premissas de Cohen sustentam um corpo considerável de trabalhos em disciplinas acadêmicas que estudam monstros em contextos específicos; do período medieval aos estudos sobre mídia, há sempre um monstro para examinar. Se *realmente* existiram ou não tais monstros (a Hidra existiu mesmo?), está fora de questão... o que importa é como determinada cultura responde ao sentido de monstruoso. Mittman resume bem essa questão argumentando que "o monstro é conhecido pelo seu *efeito*, seu impacto".[11] O sentimento de horror e desconforto que sentimos ao ver um monstro vem das qualidades monstruosas que Cohen identifica nas teses sobre monstros: a transgressão de limites que normalmente são estáticos, coisas que questionam nossa compreensão de como o mundo funciona, qualquer sentimento que perturbe nossa complacente confiança na ordem estabelecida do universo.[12] Em vez de olhar para monstros individuais, a teoria sobre monstros olha para seus fundamentos abstratos.

Para os que se interessam pela antiguidade, a teorização sobre monstros oferece um conjunto de princípios úteis para a avaliação das maneiras pelas quais as ideias antigas a respeito do monstruoso podem estar em ação em determinados contextos, por exemplo, por que um promotor romano pode comparar o homem que está acusando com um centauro.[13] No entanto, instâncias de recepção dos clássicos não respondem tão bem quando se tenta aplicar a teoria dos monstros a elas. Os problemas que surgem não são óbvios à primeira vista; pode-se argumentar que o eterno movimento de fuga e renascimento do monstro significa que os constantes reaparecimentos do Minotauro de seu labirinto são sempre invenções frescas da sociedade que as gera. Essa explicação funciona até certo ponto — mas depois nos deparamos com o problema do que Mittman chama de "efeito" do monstro. A maioria dos monstros clássicos que encontramos na cultura popular não gera o tipo de horror que faz doer a barriga, associado ao monstruoso no abstrato.

Se você, leitor, examinasse o tipo de texto da cultura popular a que a teoria dos monstros é aplicada, seria perdoado por se perguntar por que este livro existe, afinal. Os monstros modernos que recebem toda a atenção são os serial killers, as raças alienígenas assassinas, as misteriosas doenças geradoras de zumbis — ou, no caso mais tradicional, os vampiros reluzentes e os lobisomens musculosos.[14] Um observador casual poderia facilmente pensar que o Minotauro, a Medusa, o centauro, os ciclopes e todas as outras figuras familiares do mito clássico tinham desaparecido silenciosamente, vivendo apenas em novas traduções de textos antigos e em novas fotografias de vasos e afrescos.

Ainda assim, ao lado de um bom número de filmes sobre o mundo antigo, particularmente aqueles com um herói enfrentando pelo menos um monstro, o mito permeia todos os tipos de literatura contemporânea. A Canongate Press encomendou recentemente uma série de romances curtos que trazem narrativas míticas, entre elas contos gregos antigos. Para o leitor mais jovem, fragmentos de clássicos são polvilhados nos livros da saga Harry Potter, enquanto os livros de Percy Jackson trazem uma realidade em que figuras mitológicas gregas continuam a viver no mundo moderno. Monstros clássicos individuais não estão presos dentro de seu mito particular, embora esses mitos possam ser identificados em tais recontos. Os monstros também aparecem frequentemente em narrativas que não têm qualquer associação com suas histórias de origem. Qualquer game de computador em que o jogador tem que lutar contra nuvens de harpias e hidras regeneradoras, como as nuvens flutuantes feitas de cabeças da Medusa na série *Castlevania*, ilustra a ameaça contínua dos monstros clássicos, mesmo quando eles não estão ocupando seus espaços tradicionais.

Então, fica nítido que os monstros clássicos aparecem na cultura popular em lugares onde a teoria sobre monstros parece acreditar que eles não têm direito e capacidade de estar. Acho que isso ilustra algumas das limitações da ideia do "monstruoso" e a suposição de que ela deve levar ao terror: a Esfinge não perdeu os dentes e se instalou no sofá para uma velhice sonolenta. Apesar de serem transplantados de suas culturas, e muitas vezes deslocados para histórias totalmente desconectadas dessa origem, os monstros clássicos têm presença instantaneamente reconhecível na cultura popular. Os estudos sobre os monstros têm sido até agora alheios a essa presença, o que sugere que pode haver algo mais motivando esse descaso. Para descobrir do que se trata, precisamos primeiro olhar para algumas tendências históricas nas formas que os nossos monstros assumiram.

Tendências históricas

Um dos complicadores para os monstros clássicos no mundo moderno é o fato de que eles têm sobrevivido a uma série de mudanças significativas, através do tempo, no modo com a natureza dos monstros é entendida. O conceito de "monstro" estava originalmente ligado ao seu nome — a etimologia de *monstrare*, mostrar ou demonstrar, e de *monere*, avisar, refletia a crença generalizada de que um monstro era monstruoso em sua aparência externa. A visão de um monstro devia funcionar como um presságio — assim era, literalmente, durante o período clássico, porque monstros e *monstra* eram vistos como sinais da vontade divina. Por exemplo, quando os barcos de Enéas e seus homens se transformam em ninfas do mar depois de serem incendiados pelos nativos latinos, Virgílio chama a visão de *mirabile monstrum*, um portento surpreendente (*Eneida* 9.120). No diálogo de Cícero *Sobre a adivinhação*, seu irmão Quinto se refere ao nascimento de um hermafrodita como um monstro mortal (*fatale monstrum*), o que significa que os romanos tiveram que consultar os Livros Sibilinos para descobrir a forma correta de reagir (*Sobre a adivinhação* 1.98).[15] O poeta Horácio chega a usar a mesma frase para se referir à rainha egípcia Cleópatra como um perigo que deve ser vencido (*Odes* 1.37.21).

A sensação de que os monstros comunicavam a vontade divina continuou no período medieval, onde eles eram gerados por perigos espirituais e vencidos pelas virtudes espirituais — Grendel em *Beowulf* e os monstros dos romances medievais são destruídos, pelo menos em parte, pela santidade de seus adversários. Da mesma forma, a tradição bestiária tinha discursos moralizantes sobre as aparências e comportamentos dos animais para exortar comparativamente o caráter cristão ideal. Nas crônicas medievais, um nascimento antinatural ou monstruoso podia ser lido como um sinal de que a guerra estava a caminho, semelhantemente ao modo como Quinto Cícero tratava casos de bebês intersexuais. Os monstros do período medieval também podiam ser interpretados como maravilhas da natureza — histórias de raças monstruosas muito distantes vivendo nas margens dos mapas, como os cinocéfalos, ou pessoas com cabeça de cão, coexistiam com lendas sobre dragões e a fênix para ilustrar a riqueza de um mundo distante daquele conhecido até então. Tal construção da ideia de "outro" contribuiu para a política do império que estava crescendo e a ideia de raça como categoria discriminatória: o Ocidente europeu começou a se identificar como "normal", posicionando habitantes de outros países com diferentes tonalidades de pele como fundamentalmente diferentes das pessoas daquele centro autoproclamado.

Embora o que as culturas individuais entendem por monstruoso tenha mudado ao longo do tempo, suas feras permaneceram externamente e obviamente identificáveis. Um vestígio da imobilidade daquilo que seria um exterior monstruoso aparece nos ícones feitos pela Igreja Ortodoxa Oriental de São Cristóvão: esse santo era um cinocéfalo que conheceu Cristo na infância, foi batizado e recebeu forma humana. Apesar de sua conversão interior, alguns fabricantes de ícones continuaram a pintá-lo com uma cabeça de cão. A priorização da aparência externa prosseguiu de forma mais ou menos ininterrupta até o século XIX, embora as explicações para a monstruosidade se baseassem mais na ciência do que na religião. A questão não era se algo que parecia monstruoso era de fato um monstro, mas como havia ficado assim — uma conversa que se tornou ainda mais carregada no contexto das teorias evolucionistas de Charles Darwin.

O *Frankenstein* de Mary Shelley, publicado em 1818, marcou uma mudança radical na maneira como se entendia a ligação entre monstruosidade e aparência externa ao propor que ambas pudessem ser fatores desassociados. Frankenstein é tão dominado pela forma horripilante de sua criatura, costurada a partir de cadáveres, que foge dela; no entanto, apesar de sua aparência, a disposição inicial da Criatura é amigável. Como descobrimos pela narrativa posterior da Criatura, a princípio ela é realmente inocente — além de se ferir em uma fogueira por não saber que o fogo queima, por exemplo, ela aprende apenas por experimentação que madeira molhada não fornece uma boa lenha. Apesar de suas intenções inofensivas, as reações hostis que experimenta em resposta à sua aparência acabam por levar a criatura a se comportar como o monstro que as pessoas acreditam que ela seja. É o ato praticado por agentes externos de nutrir tal preconceito, não a natureza em si, que torna a criatura de Shelley monstruosa. Em contraste, as ações do próprio Frankenstein permanecem profundamente ambivalentes. Embora a mistura de narrativa epistolar e relato em primeira pessoa impeça o leitor de assumir a perspectiva de Frankenstein, a busca cega pela descoberta científica sem considerar as implicações éticas e a decisão de abandonar sua criação estão longe de ser atitudes louváveis. Os fortes indícios deixados por Shelley de que o respeitável cientista é um ladrão de corpos, juntamente com os outros traços de personalidade questionáveis, demonstram que a autoapresentação de Frankenstein como o herói trágico da narrativa nunca será totalmente convincente.

Frankenstein rompe o elo intrínseco entre um exterior e um interior monstruosos, iniciando a onda de fascínio pelas manifestações internas de monstruosidade, no lugar das criaturas monstruosas específicas de épocas anteriores. Mais tarde, romances vitorianos exploraram a mesma ideia, com resultados igualmente poderosos. *O estranho caso do doutor Jeckyll e do senhor Hyde* (1886), de Robert Louis Stevenson, apresentou um livro com um protagonista que literalmente tem duas faces, o que permite que o monstro interno do dr. Jekyll se revele, leva à questão do que estava sob a pele do bondoso médico antes do advento do soro. Em *O retrato de Dorian Gray* (1890), Oscar Wilde dá a um belo corpo perverso um retrato oculto horrendo, que registra todos os vícios indetectáveis no rosto atraente do próprio sr. Gray. Sem o retrato, a monstruosidade de Dorian é visualmente imperceptível.

Ambos os exemplos refletem um interesse no que essa época via como uma monstruosidade *humana* invisível. O que é chocante em relação a Dorian e ao sr. Hyde é o comportamento imoral. Os dois homens arruínam a vida de mulheres. Embora a homossexualidade nunca seja explicitamente mencionada, o fato de Dorian alugar um quarto sórdido junto às docas, que ele só visita disfarçado sob um nome falso, é indicação suficiente de que suas monstruosidades são múltiplas. A sexualidade de Dorian é um segredo aberto no texto — sempre plausivelmente negável, mas claramente em exposição quando se conhecem os sinais a serem procurados.[16] O monstruoso passa a ser explorado como algo que está dentro de nós. Um novo mundo científico torna a crença empírica na Esfinge mais ou menos impossível, mas um interesse crescente no funcionamento oculto da mente logo permitirá a Freud lhe dar nova vida por meio da psicanálise.

A próxima grande mudança no monstruoso, cerca de sessenta anos depois, ocorreu paralelamente ao desenvolvimento da bomba atômica e da Guerra Fria. A detonação das bombas em Hiroshima e Nagasaki significava que de repente estávamos vivendo em um mundo onde a coisa mais monstruosa que se podia imaginar já havia acontecido. A ameaça do holocausto nuclear deu à cultura popular, e à ficção científica em particular, um novo conjunto de medos e ansiedades com que trabalhar, e a possibilidade de explorar a distopia social plena. Os monstros criados pela radiação nuclear, emblemáticos dos filmes de monstros americanos dos anos 1950, representavam uma série de outros terrores, entre eles o medo do comunismo.[17] Enquanto o inverno nuclear proporcionava um retorno temporário ao exterior, um monstro óbvio, os monstros humanos que permitiam que monstros radioativos fossem criados ou liberados proporcionavam um rastro paralelo de monstruosidade oculta. A paranoia sobre a "ameaça vermelha" ilustra bem a ligação entre o clima político global incerto e a preocupação crescente com monstros à espreita em toda parte.

Mais recentemente, os conceitos contemporâneos de monstruosidade manifestam-se em quatro tipos interligados de monstros: o psicopata ou o terrorista, que permanece desconhecido até que seja tarde demais; a agência governamental corrupta, que se infiltra em todos os aspectos da vida e contra a qual há pouco ou nenhum recurso; o vírus invisível, que não pode ser visto e se dissemina facilmente; e a própria natureza, respondendo violentamente aos ultrajes da humanidade contra ela.[18] Todos esses monstros expressam o medo da ruptura do contrato social, mas também do que não pode ser visto, não pode ser encarado, não pode ser combatido de forma proativa. Podem vir a existir por causa da própria loucura da humanidade, ou podem ser sintomas de uma civilização que se volta contra si mesma. Mas, inicialmente, todos eles se fundem dentro da própria sociedade. O serial killer se parece com outra qualquer pessoa comum até o momento em que damos uma olhada em seu porão; o sinistro corpo governamental se mistura no meio da população; a superfície sobre a qual repousa o vírus parece inócua; a natureza, nossa mãe, parece passiva até se vingar. Os monstros que foram gerados pelo mundo moderno não podem mais ser identificados com um simples olhar — ao contrário dos monstros clássicos.

O desconforto da sociedade ante essas manifestações indetectáveis de monstruosidade resultou em tentativas de descobrir *como* detectar monstros. A figura do terrorista, por exemplo, é frequentemente associada a pessoas com a pele marrom ou preta, enquanto terroristas brancos não são rotulados como tal nas reportagens da mídia sobre tiroteios em massa ou ataques similares. A cor da pele pode, assim, tornar-se um substituto para detectar a monstruosidade, mas é altamente ineficaz; uma tentativa social de recuperar a aparência e a monstruosidade falha, mas perpetua sistemas de violência que permitem, por exemplo, que policiais estadunidenses brancos escapem de acusações criminais depois de atirar em homens negros que não representam uma ameaça para eles.[19] Outro aspecto paralelo se manifesta ao ver aqueles que usam próteses mecânicas como monstruosos de alguma forma. O temível potencial do esqueleto visível do Exterminador expõe a quebra da barreira entre o humano e a máquina, e nossa (talvez inevitável) jornada para nos tornarmos ciborgues.[20] Em ambos os casos, os marcadores visuais externos são tratados como se ainda sinalizassem uma relação com o monstruoso, mas a quebra da conexão interna/externa significa que tem se tornado cada vez mais difícil detectar qualquer uma das inúmeras manifestações do monstruoso até que seja tarde demais.

Igualmente, no fim do século XX e início do XXI, as representações de monstros denotam não apenas simpatia pelo diabo, mas o desejo de se tornar o diabo.[21] Os vampiros, particularmente, expressam esse anseio moderno, dado o óbvio paralelo entre a transformação vampírica e o sexo. Na saga *Crepúsculo,* de Stephenie Meyer, Bella Swan, protagonista da série, não só deseja o vampiro Edward Cullen como ao final da saga se torna ela mesma uma vampira em nome da sobrevivência. As *Crônicas vampirescas* de Anne Rice incluem muitos personagens que imploram para serem transformados em vampiros, frequentemente sem saber o que estão pedindo; suas transformações são às vezes bem-sucedidas, mas eventualmente a imortalidade não pode salvá-los de suas tragédias pessoais. Nem os gregos nem os romanos mostravam qualquer inclinação para *se tornarem* monstruosos.[22] Dada a preferência grega pelo racional e pelo ordenado, nada poderia ser menos atraente do que se tornar o "outro", irracional e caótico. Enquanto os romanos eram certamente fascinados por monstros, tanto quanto por palhaços e exposições, eles se identificavam com o personagem do gladiador, que "concentrava os extremos de beleza e violação, poder e impotência, controle e abandono".[23]

Para a comunidade LBGT+, a reivindicação explícita do monstruoso tornou-se um importante ato de recuperação. O cinema de Hollywood tem uma longa tradição de codificar seus vilões e monstros como homossexuais, o que significa que um espectador gay que tenha prazer em ver uma figura com a qual se identifique também é obrigado a ver essa figura sofrer e ser vencida.[24] No entanto, nos últimos anos do século XX, o monstro codificado como gay começou a sair do armário. A grande paladina foi Lady Gaga, que se posicionou como "Mãe Monstro" diante de seu fã-clube queer de *Little Monsters*, alcançando explicitamente os jovens dos Estados Unidos contemporâneos que se sentem marginalizados e alienados por sua sexualidade.[25] O aspecto queer do monstruoso parece, no essencial, ter ultrapassado os monstros clássicos, embora tendências culturais mais amplas mostrem que eles oferecem o potencial para esse tipo de reivindicação.

Os monstros clássicos, então, desrespeitaram a deriva evolutiva do monstruoso. Seu hibridismo, sua obviedade visual, sua capacidade de serem instantaneamente identificáveis, marcam-nos como criações de civilizações anteriores. É essa natureza inusitada do monstro óbvio que permite a abordagem de um guia canônico de características para monstros que mencionei anteriormente. Não é surpreendente que os teóricos da área se concentrem no monstro gerado pelos conceitos modernos do monstruoso, excluindo o monstro antigo que ainda perambula em nosso contexto cultural contemporâneo. Para pensar um pouco mais sobre o porquê dessa omissão, vale a pena aprofundar algumas explicações acadêmicas sobre os processos culturais e psicológicos que ajudam o aspecto monstruoso teórico a criar monstros individuais.

Antropologia

O revolucionário *Pureza e perigo*, de Mary Douglas (1966), é o texto-base para uma leitura antropológica do monstruoso. A principal contribuição de Douglas para os estudos sobre monstros, partindo da forma como as culturas analisadas por ela conceitualizavam a limpeza e a poluição, foi a ideia de que as coisas se tornam monstruosas por saírem de categorias seguras, tornando-se assim não naturais.[26] Sua análise classificava os monstros como impuros porque eles perturbam as regras e normas sociais. Há várias maneiras de um objeto ou criatura fazer isso: ultrapassar fronteiras entre categorias estabelecidas (tanto humanas quanto animais); ser categoricamente contraditório (vivo e morto); ser incompleto ou não apresentar uma forma fixa, criando incerteza sobre o que realmente é ou deveria ser.[27]

Essa noção de im/puro leva ao conceito de tabu e, consequentemente, às formas de reforço dos comportamentos sociais adequados e de prevenção da poluição. Essa ideia sustenta a quinta tese de Cohen de que o monstro patrulha a fronteira do possível. Em termos antropológicos, as fronteiras em questão são aquelas em torno da exogamia e da endogamia, ou do casar-se e do descasar-se, assim como as fronteiras que criam uma zona de expectativas heteronormativas. Como estratégia para evitar o tabu do incesto, as mulheres tornam-se mercadorias a serem trocadas entre grupos de parentes e reforçam as relações sociais entre grupos semelhantes. Para que a coesão social não se rompa completamente, o equilíbrio é criado pelos tabus a respeito de casamentos *muito* distantes do eixo social de origem — em outros grupos sociais, etnias e culturas. Esses tabus são policiados pelos monstros criados para assombrar tanto o ato de se casar muito próximo ou muito distante do seu grupo de parentes como o ato de atravessar a fronteira do casamento procriador e adentar atividades homossexuais ou transexuais.

Stephen Prince usou a ideia do tabu para construir o início de uma teoria social capaz de ajudar a entender o filme de terror.[28] Prince considera os monstros uma ajuda para demarcar as fronteiras difusas do mundo social, reforçando sistemas de ordem que definem o que é ser humano. Eles se tornam um mecanismo para reforçar as distinções culturais entre limpo/não limpo, aceito/proibido, que dão suporte e proteção às comunidades humanas. Tornam-se também "a manifestação das contradições internas que toda ordem social, com base em uma operação classificadora, deve gerar" — ou seja, revelam as falhas das linhas ao redor das categorias artificiais que os seres humanos impõem ao seu entorno para controlá-las.[29] Mas o foco de Prince sobre o filme de terror não considera como o monstruoso pode se manifestar fora do horror, nem dá conta dos monstros que viajam além da cultura de origem após sua criação.

A tradição psicanalítica também capta ideias de poluição e limpeza ritual, a fim de articular o desenvolvimento do senso de autoconhecimento de um indivíduo. É para essa tradição, que forma o substrato da teoria dos monstros, que nos voltamos agora.

Psicanálise

A relação entre a teoria psicanalítica e o monstruoso remonta ao pequeno ensaio de Freud, de 1919, sobre o inquietante, ou o *unheimlich*.[30] Freud desconstrói as raízes linguísticas do *unheimlich*, traduzido para o português como "estranho-familiar". Examinando de perto os usos semânticos da palavra em vários contextos, ele argumenta que o que não é familiar é, de fato, profundamente familiar. Ele afirma que existem duas fontes possíveis do desconforto sentido em torno dos objetos *unheimlich*. Primeiro, o que é *unheimlich* pode ressuscitar em mim a memória de alguns traumas infantis reprimidos, tais como o medo da castração nas mãos do pai. Segundo, algum evento me lembra um modo primitivo de pensamento que já havia sido superado por mim enquanto ser humano civilizado, mas a ressonância desse modo de pensamento me faz parar para pensar. Por exemplo, se eu achar que não tenho notícias de Julia há algum tempo e pouco tempo depois receber um e-mail dela, posso me sentir tentado a dizer que isso é estranho, principalmente se tais coincidências ocorrerem várias vezes em rápida sucessão. Essa reação vem de uma crença primitiva e arraigada sobre o próprio poder do pensamento — ou seja, os humanos podem provocar eventos simplesmente pensando naquilo que desejam que aconteça. Porém. na condição de ser humano moderno e civilizado, não posso me render a tal superstição primitiva, mas o eco desse modo de pensar datado gera uma sensação de inquietude.

Um problema óbvio com a abordagem de Freud é sua crença de que existem culturas "primitivas" e de que a modernidade (como encarnada pela Europa do início do século XX em geral e por Viena em particular) é insuperável por qualquer outro momento cultural. Essa visão é sustentada pelos pressupostos racistas e colonialistas de Freud, que vê a civilização ocidental no topo da curva de desenvolvimento, e adota uma abordagem positivista da superioridade inata da modernidade. Essa visão pressupõe também que ninguém que não viva na Europa ocidental pode ser "civilizado", sugerindo que os não europeus ainda são suscetíveis a esse tipo de superstição. Até mesmo Freud parecia reconhecer os problemas subjacentes a essa concepção de *unheimlich* quando reconheceu que ela era muito mais facilmente dissipada que o primeiro tipo.

Ele descreve o sentido do inquietante criado pela repressão como "mais resistente", e como criador de uma sensação mais convincente tanto na vida real quanto na literatura.[31] É com esse tipo de sentimento de *unheimlich* que os estudos sobre monstros se preocupam. De fato, o caso de Freud, de que a repressão cria o inquietante, é um dos pilares centrais das teses sobre monstros de Cohen. Freud argumenta que um sentimento inquietante ocorre quando "complexos infantis reprimidos são revividos por alguma impressão".[32] Em consequência, para usar o inquietante como Freud o entende, é preciso aceitar também que tudo o que achamos estranho brota de algo que a psique escondeu, sempre enredado no medo do pai e no desejo pela mãe. Devemos também assumir a concepção freudiana de uma trajetória "normal" puramente heterossexual do desejo, reforçando uma heterossexualidade obrigatória em nós ao vivenciarmos o inquietante.

O segundo texto psicanalítico elementar para estudos de monstros é o *Powers of Horror* [Poderes do horror], escrito por Kristeva em 1980, que introduz o conceito de abjeção. Kristeva argumenta que o próprio desenvolvimento da consciência significa que, à medida que o cérebro humano passa a existir, há uma repressão primordial de todos os instintos animais e rupturas do eu que devem acontecer para que o sujeito se torne humano. O material reprimido dessa maneira é o abjeto, que desafia nosso senso de identidade como seres independentes. O exemplo definitivo do abjeto, sugere ela, é o cadáver, onde a fronteira entre o humano e o não humano se decompõe literalmente diante de nossos olhos. O triângulo filho-mãe-outro da psicanálise tradicional se baseia nessa repressão fundamental. Os círculos abjetos voltam à nossa consciência por meio de lembretes da repressão primordial, mas nunca poderão ser verdadeiramente verbalizados porque a matéria do abjeto foi reprimida antes que aprendêssemos a falar (e teve que ser reprimida como condição para o aprendizado da fala).

Como resultado, o abjeto e seus lembretes simbólicos devem ser tratados por meio da exclusão cerimonial (como restrições alimentares) — é impuro e deve ser empurrado para longe. Não pode ser eliminado por completo, pois permanece necessário à nossa existência na condição de seres humanos, mas deve ser reconhecido sem ser visto. Os rituais nos permitem encaixar o abjeto na nova ordem "racional" da mente e no reino da linguagem e da lei, embora o abjeto seja justamente aquele que se encontra fora desses reinos. O excremento e o sangue menstrual são abjetos, representando, por um lado, o perigo que vem de fora para o eu e, por outro, os perigos que representam as relações dentro dos grupos de parentes, o medo do incesto, os papéis da diferença sexual e a necessidade de que eles sejam gerenciados pelo tabu e pela insistência cultural na pureza.

Tanto Freud quanto Kristeva contam com um sistema de repressão, seja no nível primário ou no secundário, e sugerem que essa repressão está fundamentalmente relacionada à atividade sexual, à identidade sexual e ao medo sexual. Os teóricos dos monstros posteriores questionam essa abordagem redutiva, argumentando que é possível ter medo de algo que não esteja relacionado ao sexo. Judith Halberstam, por exemplo, traz à baila a completude do corpo monstruoso na literatura gótica, atuando com múltiplos planos de medo ao longo dos eixos de classe, raça e nacionalidade, assim como de gênero e sexo.[33] Ao entender que o monstro responde a uma ampla gama de fatores monstruosos trabalhando no inconsciente, podemos superar a obsessão freudiana por traumas sexuais infantis heteronormativos. Passamos também a permitir que a própria noção de monstruoso englobe muitos tipos diferentes, quase sempre enlameados, de terror, resistindo ao que Halberstam define como uma busca por pureza e clareza. Podemos ver, assim, o quadro mais amplo do medo.[34]

A psicanálise nos dá, portanto, um mecanismo confiável para explicar como as concepções abstratas e subconscientes do monstruoso geram monstros concretos, particularmente o modelo revisado proposto por Halberstam. Debbie Felton aplicou essa mesma abordagem aos monstros clássicos, e argumenta que por trás dos monstros da Grécia está o medo do "potencial do caos para superar a ordem, ou da irracionalidade para prevalecer sobre a razão; a vitória potencial da natureza contra as civilizações humanas invasoras; a natureza pouco compreendida da fêmea em contraste com a do macho".[35] Essa proposição parece suficientemente sensata, dado o quanto os gregos se contrapuseram aos bárbaros, e não requer traumas sexuais infantis para funcionar — basta o desejo cultural de se conformar à "normalidade". O medo de se tornar aquele "outro" bárbaro e de sair de categorias sociais respeitáveis gera o monstro, que ganha seu poder com o medo associado a esse colapso.

No entanto, mesmo se aceitarmos que agora temos uma explicação plausível para a maneira como as concepções psicológicas do monstruoso geram monstros em determinado tempo e lugar, e que esse modelo funciona para monstros antigos, os monstros dos estudos de recepção dos clássicos ainda representam um problema — pois estão definitivamente *fora* de seu tempo e lugar. Meu catálogo de tendências de monstruosidade já mostrou que tem havido uma lenta, mas substancial desconexão entre a aparência dos monstros e sua forma de agir, e que a cultura ocidental contemporânea em particular tem um medo paranoico de ser pega desprevenida. Mas esses não eram os medos dos antigos gregos, nem temos medo daquilo que eles temiam.

Então, o quebra-cabeça permanece assim. Voltando nossa atenção à recepção, passamos das noções abstratas do monstruoso para as instâncias particulares do monstro clássico. Se um monstro é gerado pelos medos e repressão que jazem no subconsciente oculto de uma sociedade particular, o que atrai continuamente a atenção da cultura popular contemporânea de volta aos monstros gerados pela cultura clássica?

Foucault

Neste momento, quero me refugiar (talvez inesperadamente) em Foucault. Seu impacto nos estudos sobre monstros tem sido, até onde posso dizer, bastante limitado — até porque o trabalho que parece mais relevante para o assunto só foi publicado em 2003. Sob o título genérico *Os anormais*, esse livro apresenta uma série de palestras que Foucault proferiu no Collège de France no ano acadêmico de 1974/1975. Embora haja alguma sobreposição com sua obra publicada, essas palestras não estavam (até onde sei) disponíveis antes de serem reunidas e lançadas, por isso ainda não circulavam no período em que os estudos sobre monstros estavam tomando forma. Foucault poderia ficar surpreso por me ver recorrer a esse trabalho em particular, visto que se interessa principalmente pelo porquê de as alegações sobre incesto e repressão da psicanálise serem recebidas tão placidamente pelas famílias burguesas. Ele se concentra, portanto, nas construções de poder por meio das interações entre os domínios jurídico, médico e psicanalítico, e das maneiras como as ideias de normal e anormal foram utilizadas para gerenciar as interações entre esses domínios.

Quero examinar mais de perto a primeira parte dessas palestras, na qual Foucault expõe duas teorias sobre poder e controle. A primeira é o controle via repressão; a segunda é o controle via quarentena.[36] Foucault ilustra esses modelos, observando como duas comunidades diferentes lidaram com doenças potencialmente fatais. O modelo de controle via repressão é exemplificado pela exclusão da hanseníase das comunidades no século XVII. Os leprosos eram marcados como monstruosos pela fealdade e deformidade de seus corpos. Eles eram expulsos das cidades para espaços não civilizados, não podiam entrar nas áreas urbanas e tinham que se adequar a um conjunto de comportamentos formalizados se porventura precisassem estar do lado de dentro dos muros da cidade, de modo que os cidadãos soubessem que estavam vindo e pudessem evitá-los.

Foucault contrasta esse controle repressivo com o sistema de *quadrillage* praticado durante o século XVIII em cidades francesas assoladas pela peste. Em vez de despejar pessoas infectadas fora dos limites da cidade e de tentar fingir que elas não existiam, a *quadrillage* funcionava a partir da divisão de um assentamento em bairros, quarteirões e ruas. Guardas, supervisores e outros vigilantes eram designados para monitorar esses loteamentos de espaço e manter uma lista de quem estava infectado e quem não estava. A vigilância sobre quem ia para onde, quando e com quem interagia tinha o objetivo de manter o progresso da praga sob monitoramento, mas também dava à cidade total controle sobre seus cidadãos. Ninguém era excluído. Em vez disso, todos eram firmemente fixados em seu lugar, doentes ou não, e seu status era constantemente revisto.

Foucault resume a diferença entre esses dois sistemas como "passar de uma tecnologia de poder que expulsa, exclui, bane, marginaliza e reprime para um poder fundamentalmente positivo que modela, observa, conhece e se multiplica com base em seus próprios efeitos".[37] Eu diria que essa passagem de um modelo de controle negativo para um positivo foi exatamente o que aconteceu com o monstro clássico na cultura moderna — ou pelo menos é o que *a sociedade* pensa ter feito com o monstro clássico. O mecanismo original da geração dos monstros, a tecnologia da exclusão e do banimento como resposta ao monstruoso subconsciente, trouxe esses monstros específicos para os mitos de suas culturas de origem. Como tal, eles formaram parte da literatura e da cultura material que herdamos. Consequentemente, esses mitos perdem um elemento de sua vitalidade — como diz Brian Attebery, "só conhecemos essas coisas por meio de textos escritos, que estão para os mitos vivos como as pegadas fósseis estão para os dinossauros".[38] Attebery vê os mitos clássicos como deslocados de seus significados originais, e por isso disponíveis para apropriação e reinterpretação. Em contraste, histórias tiradas de tradições orais aborígines ou nativas americanas ainda estão ligadas a práticas religiosas vivas e devem ser tratadas com respeito.[39]

Os monstros surgem por meio de um modelo de controle negativo e repressivo, uma resposta ao medo que a humanidade sente do monstruoso. Uma vez que eles existam a alguma distância desse mecanismo, a sociedade responde com tentativas de administrá-los por intermédio de um modelo de controle positivo. A constante replicação de monstros em novas produções literárias, o reassentamento de bestas míticas em bestiários medievais, até mesmo livros ilustrados de mitos clássicos infantis, todos procuram prender os monstros, moldá-los, observá-los e explicar seus hábitos. Tal galeria nos permite examinar respostas culturais do passado ao monstruoso, e nos dá a certeza de quão desatualizados estão esses conceitos. O ato de vê-lo e reconhecê-lo mantém o monstro sob vigilância, enquanto novas versões de estudos de recepção dos clássicos continuam a reproduzir esses conceitos. Cada vez que um mito é recontado, o modelo positivo de controle acredita estar um pouco mais próximo de conter a ameaça. Uma vez manifestados, os monstros podem ser domesticados.

Em certa medida, a cultura popular domou o monstro clássico, particularmente naqueles meios que envolvem a visão — o lugar *onde* você encontra o monstro clássico faz grande diferença quanto ao efeito que esse monstro em particular exerce sobre você. Contudo, enquanto o modelo positivo de controle conta uma história reconfortante sobre como trouxemos o monstro clássico ao templo seguro da história cultural compartilhada que é a antiguidade greco-romana, lembremo-nos da segunda tese de Cohen sobre monstros: o monstro sempre escapa. Assim como o modelo de controle mudou, os monstros também evoluíram.

Monstros feministas

Apesar dos pressupostos da sociedade contemporânea e da recepção clássica de que os monstros clássicos podem ser contidos, eles encontram maneiras de sair de suas celas e voltar para as sombras. O método que quero usar para explicar suas fugas contínuas demanda que a visão psicanalítica sobre os monstros seja abandonada e um novo rumo seja tomado, afastando-me do monstruoso como conceito e pensando em monstros reais, que existem. Vou amarrar o trabalho de Donna Haraway e o de Rosi Braidotti em uma teia monstruosa moderna para minhas bestas clássicas habitarem.

Haraway se interessa pelas promessas que os monstros nos oferecem de maneiras de acessar o mundo de hoje e do futuro, novas maneiras de pensar nas quais o monstruoso sugere como podemos coexistir com o mundo em vez de colonizá-lo. Para tanto, ela toma emprestada a ideia do "outro" inapropriado/desapropriado da cineasta vietnamita Trinh Minh-ha, para quem "ser inapropriado/desapropriado não é ser moderno nem pós-moderno, mas insistir no *a*moderno".[40] Ou seja, ser inapropriado/desapropriado significa rejeitar narrativas de progresso histórico, de começos, fins e mudanças de direção. Podemos pensar que sabemos o que aconteceu com o monstro clássico e como ele foi empurrado para fora da narrativa; o monstro clássico acredita que nunca deixou de ser relevante.

O modelo de monstruoso formulado por Haraway se encaixa perfeitamente em alguns dos princípios fundamentais da teoria da recepção dos clássicos, sobretudo a ideia de que o significado é gerado no ponto de recepção. Dito de outra forma, o que um item da cultura clássica *significa* não é definido até que seja olhado por alguém. Os monstros clássicos respondem mal às tentativas foucaultianas de controlá-los porque suas identidades como objetos da recepção e como monstros resistem duplamente e rejeitam a categorização e o conhecimento solidificado.

Outra forma de entender a resposta do monstro às tentativas de controle é recorrer à ideia do rizoma, com base no trabalho de Rosi Braidotti. Ela argumenta que o corpo do conhecimento feminista é "intensivo, múltiplo, atuando em uma rede de interconexões... rizomático (ou seja, não unitário, não linear, com feitio de teia), incorporado e, portanto, perfeitamente artificial".[41] O sujeito individual, segundo o feminismo, é mais bem retratado não como um artigo único e estanque, mas como uma entidade em constante mudança e redesenvolvimento — não entendido como o "reflexo desempoderado" de um sujeito masculino dominante que ousadamente se coloca no centro do mundo, mas como um agente em constante fluxo, sempre renegociando a si mesmo em seus próprios termos.[42] Os monstros clássicos se encaixam perfeitamente nessa descrição. Eles adaptam sua forma e modo de agir ao ambiente em que se encontram. São o último tema moderno, sempre se transformando a cada encarnação. Sua forma se assemelha às raízes de plantas indicando que um broto, uma de suas manifestações, pode estar sob o escrutínio de um sistema positivo de poder, mas outros continuam invisíveis, e encontrarão novos lugares para escapar e surgir em nossa sociedade.

A resposta apropriada para tais monstros não é tentar prender cada broto — esse método pertence ao desejo de controle. Usando o raciocínio de Haraway, precisamos de uma abordagem que "não mapeie os pontos onde as diferenças aparecem, mas sim onde os *efeitos* das diferenças aparecem".[43] Isso pode soar como uma distinção sutil, mas tem implicações significativas: não precisamos de mais um conjunto de classificações e listas, mas de uma consideração mais próxima da maneira como instâncias específicas de monstros clássicos no mundo moderno se unem para criar uma imagem daquele monstro, seus vários e mutáveis componentes e os propósitos para os quais foi criado. Tentar limitar o conto a uma única causa, um único medo reprimido, um único conjunto de controles sociais, tenta explicar o inexplicável, ou seja, a ideia de monstruoso do psicológico.

Portanto, meu objetivo neste livro não é impor um sistema moderno de regulação sobre o monstro clássico, por mais tentador que pareça. Não aspiro à abrangência ou à universalidade no que vem a seguir, porque nenhuma das duas coisas é possível. Em vez disso, vou delinear as principais características e marcos em meu mapa — até porque a relação entre os monstros e seus lares é particularmente íntima. Também quero apontar que, ao adotar essa abordagem cartográfica, sei que deixarei algumas áreas sem cobertura. Haverá sempre espaço para mais detalhes dentro dos contornos feitos por mim. Nisso, voltando a Haraway, meus monstros clássicos são profundamente *a*modernos — eles nunca acabam. Minhas interpretações do comportamento desses monstros são provisórias, oferecidas com a consciência de que as tendências da monstruosidade encontrarão novos lugares para se manifestar, e de que minha análise pode ser insuficiente para lidar com essas formas ainda por vir.

Dada a importância da relação entre os monstros e seu lugar, o próximo passo neste processo de mapeamento é considerar o terreno que iremos cobrir. O lugar onde encontramos o monstro, como tenho insinuado, faz uma grande diferença para a forma como esse monstro se apresenta — e, eu diria, para o sucesso com que determinado broto se estabelece. O monstro clássico, acredito, torna-se muito menos monstruoso se você consegue enxergá-lo tão bem quanto ele pode enxergar você.

2

MONSTROS CLÁSSICOS E ONDE HABITAM

Onde se pode encontrar monstros depende tanto de nossas expectativas do que são lugares perigosos quanto de onde os monstros preferem se esconder. A noção de espaço dos antigos gregos e romanos era fundamentalmente diferente da nossa, portanto eles esperavam encontrar monstros em lugares distintos. Indo além da questão do lugar físico, os monstros também ocupam diferentes tipos de mídia, de maneiras diversas. O comportamento de um monstro clássico muda se ele aparece em um filme, na televisão, em uma história em quadrinhos, em um game, em um RPG ou em um livro — essas cavernas culturais se apresentam em uma variedade de tamanhos, permitindo que os monstros ocupem espaço em níveis variados. A questão do "onde" abrange mais do que simplesmente o endereço do monstro.

Comecemos com alguns truísmos sobre os locais onde os monstros residem, truísmos estes que se tornaram aceitos porque há alguma verdade neles. A primeira suposição é a de que os monstros moram longe, nos limites dos mapas — daí o fascínio dos cartógrafos do início da era moderna por encher os oceanos de monstros marinhos e outras gloriosas criações. Muitas vezes, entende-se que eles ocupam sua própria região particular — Asma a descreve como a zona dos monstros.[1] Essa zona tende a ser extremamente remota. Em seu estudo sobre os filmes de monstros dos anos 1950, Booker observa que os monstros agressivos "tendem a viver em lugares remotos do Terceiro Mundo que os mantêm afastados da civilização, até serem liberados pela interferência humana, como testes nucleares".[2] Carroll apresenta uma lista semelhante de lugares desconhecidos para caça aos monstros — continentes perdidos, o espaço sideral, as profundezas do mar ou embaixo da terra.[3] Esses lugares são inteiramente separados geograficamente da civilização humana. Quando se libertam, os monstros se tornam hostis, deixando sua própria esfera e entrando na esfera do humano, independentemente de suas ações subsequentes.

Essas divisões do mundo em territórios "civilizados" e "remotos" não são politicamente neutras. A cartografia tem sido historicamente uma ferramenta de racialização, na qual as nações europeias se posicionaram como superiores aos povos indígenas a partir do século XVI. A apropriação da "terra vazia" dos povos indígenas da Austrália e a criação de reservas para as comunidades nativas dos Estados Unidos e do Canadá são exemplos particularmente bons.[4] Com a ascensão dos poderes coloniais, as narrativas de exploração tornaram-se ferramentas para justificar o domínio de áreas distantes, apresentando-as como selvagens e fora de controle e enquadrando os habitantes dessas terras como monstros a serem superados, e não como representantes de sociedades autônomas com quem negociar. Os usos e abusos racializantes dos espaços foram colocados em prática muito depois do surgimento dos monstros clássicos. Como sua pátria é a Grécia, o chamado berço da civilização ocidental, eles estão no âmago do colonialismo branco que se desenvolveu posteriormente: monstros domésticos exportados para terras estrangeiras sob o pretexto de progresso.

A ideia de uma zona de monstros distante levou a um modelo de encontro com monstros que podemos denominar "narrativa de ataque", que remonta ao ataque de Grendel ao salão de hidromel do rei Hrothgar. Carroll esboçou um conjunto de possíveis estruturas para o filme de terror que gira em torno de quatro elementos — início, descoberta, confirmação e confronto.[5] Essa é a forma mais complexa de enredo que ele esboça, ou melhor, o número máximo de "movimentos" que seu modelo permite que um filme de terror contenha. Um filme pode se concentrar em um número menor de movimentos ou até mesmo em um único. O que é relevante para nossa discussão é a importância dos movimentos de "início" e de "descoberta", quando um monstro deixa sua localização original e viaja para o território humano, para ser encontrado lá depois de ter provocado uma quantidade apropriada de estrago. Carroll sugere, assim, que os monstros são sempre invasores, não importa se tenham vindo do Ártico ou do espaço sideral. Eles vivem em *outro* lugar, e não têm nada que estar *aqui*.

Um paradigma paralelo de encontros com monstros envolve o viajante que busca ativamente a zona dos monstros. Nessas histórias, contos sobre um monstro atraem o viajante para os limites selvagens do mapa, onde ele encontra o monstro em seu hábitat. Esse indivíduo pode matar o monstro lá mesmo ou (como nos filmes de monstros dos anos 1950) fazer algo espetacularmente arrogante ou obscuro que oferece ao monstro uma maneira de sair da "zona do monstro" e entrar em território humano. De qualquer forma, o viajante deve reafirmar as fronteiras, empurrando o monstro para fora do lugar onde ele não pode estar. Esse método negativo de controle procura expulsar ou caçar o monstro para garantir que ele nunca tenha a chance de se aproximar da humanidade.

Tanto a narrativa de ataque quanto a narrativa de viagem esbarram em um problema quando confrontadas com monstros clássicos, embora algumas se adaptem a esses padrões. A parte aventuresca da *Odisseia* parece simplesmente uma narrativa de viagem emocionante, com Odisseu se esquivando de vários seres fabulosos, monstruosos e divinos — pelo menos é isso que ele conta aos seus anfitriões enquanto está seguro e aquecido, refestelado em um jantar na Feácia. Perseu precisou viajar para encontrar a Medusa, requisitando as sandálias aladas de Hermes para levá-lo sobre o oceano até a caverna dela. Mas nem todos os monstros clássicos ocupam as beiradas da Terra.

A *Teogonia* de Hesíodo, fragmento de um poema que narra a criação do mundo, inclui uma seção que traz a genealogia de vários monstros (270-336). Strauss Clay observou que dentro desse catálogo há um momento de transição entre os tipos de monstros que são descritos: depois de começar com as Greias, as Górgonas e outros monstros que vivem às margens do mundo conhecido, Hesíodo muda de rumo quando traz a Hidra de Lerna, seguida da Quimera e do Leão de Nemeia. Com esses monstros, o caos do catálogo "irrompe no mundo habitado, representando uma ameaça para os seres humanos".[6] Ou seja, os monstros do mito clássico sempre estiveram bem no meio dos mapas conhecidos, nos fazendo companhia.

A visão de Hesíodo de que os monstros vivem logo ali na esquina e também do outro lado do oceano destaca uma característica importante dos monstros clássicos: no mundo antigo, é possível estar andando pela sua área local, fazer uma curva e, do nada, encontrar um monstro. O monstro não veio de nenhum lugar exótico: seu lar é o mesmo local geográfico familiar que os humanos habitam em seu cotidiano. Ele não invadiu, mas compartilha o espaço com os humanos que o encontram. Pertence tanto a esse lugar quanto as árvores, os lagos e a fauna não monstruosa. O limite entre animais monstruosos e não monstruosos se confunde ainda mais quando se consideram criaturas como os leões da montanha, que ameaçam a vida humana sem serem estritamente mitológicos.

A narrativa também costuma exigir que o monstro seja derrotado. Como os monstros tendem a aparecer nas narrativas dos heróis, essa é uma espécie de *raison d'être* [razão de ser] para eles (ou, talvez mais precisamente, sua *raison de mourir*, ou, razão de morrer). A Hidra é derrotada por Héracles e Iolau, seguindo o conselho de Atena. Apesar de Édipo derrotar a Esfinge por meio do enigma e não da batalha, ela se atira de um penhasco quando não consegue mais formular charadas. O papel do monstro como antagonista significa que, no fim, o espaço compartilhado deve ser descontaminado, tornado apto para a habitação puramente humana — semideuses matando outros híbridos divinos, em uma versão antiga de um desastre ecológico.[7]

Pode-se objetar que essa sensação de que os monstros habitavam a paisagem do dia a dia estava viva e sadia no mito, mas os gregos sentiam que essa ideia pertencia à era dos heróis, e os romanos pensavam o mesmo. Entretanto, a prática religiosa de ambas as culturas revela uma compreensão mais complicada da maneira como o espaço cotidiano era compartilhado. Os mitos gregos frequentemente apresentavam episódios de ninfolepsia, ou ninfas sequestrando pessoas que caíam em sua fantasia. O caso mais conhecido é provavelmente o de Hilas, amante de Hércules, raptado pelas ninfas na primavera de Pagae, quando os argonautas fizeram uma parada lá. Mas a ninfolepsia como experiência não se limitou à literatura e ao mito. Existem santuários em Vari, na região da Ática, em Atenas, em Farsala, na Tessália, na Cirénia, em Chipre, todos com inscrições sugerindo que foram criados por ninfolépticos,[8] ou seja, pessoas que realmente pensavam ter sido raptadas por ninfas e que transformaram o local de seu sequestro em um santuário religioso para celebrar sua experiência e honrar as ninfas responsáveis. Os três santuários estão em cavernas, mapeando a tradição literária do encontro com as ninfas, que acontece apenas em áreas rurais. No entanto, mesmo que esses lugares sejam isolados, eles ainda são facilmente acessíveis para quem está na cidade — e fáceis de encontrar por acidente.

Os romanos também viam o mundo natural como um espaço onde a fronteira entre o habitual e o inusitado é tênue. Mais uma vez, nossa evidência vem do universo religioso, particularmente os bosques que eram vistos como residências de deuses. O bosque de Diana em Nemi, nas colinas Albanas, ao sul de Roma, é um exemplo. O sacerdote de lá, o *rex nemorensis,* ou rei dos bosques, carregava constantemente uma arma — ele havia conquistado sua posição matando o antecessor, e podia ser desafiado para uma luta mortal a qualquer momento.[9] Diana era associada a outros mitos nos quais um mortal era punido por se desviar para o seu domínio. Quando o caçador Acteon assistiu ao banho de Diana com suas ninfas, ela o transformou em um veado e ordenou que seus próprios cães de caça o despedaçassem.[10] Ela também enviou o javali calidônio, uma besta gigante apavorante, para devastar a Etólia, em uma vingança contra o rei Eneu por ter negligenciado seu culto, e assim transformou a região em um local de terror imprevisível até que o animal fosse morto.[11] O sentido do mundo natural como espaço permeável estendeu-se até mesmo aos jardins romanos, áreas supostamente domesticadas que mostravam o controle humano sobre a natureza, mas que sempre retiveram um elemento de perigo.[12] Grupos de esculturas, como o de Sperlonga, inspirado na *Odisseia,* com o monstro marinho Cila e o ciclope Polifemo, convidaram os romanos da elite a entrar nesse perigoso espaço da natureza e a arriscar-se a encontrar os próprios monstros.[13]

Os antigos gregos e romanos tinham a profunda sensação de que compartilhavam o espaço com o sobrenatural, e de que, embora os espíritos não fossem encontrados por acaso, os incautos podiam esbarrar neles sem aviso prévio. Essa concepção do lugar como comunal, povoado por humanos e não humanos como habitantes iguais embora diferentes, alimenta a sensação de que os monstros não só ocupam a zona dos monstros como também são nossos vizinhos de porta. A paisagem do cotidiano é enganosa. O monstro clássico pode, como observa Felton, evitar áreas urbanas, mas isso ainda deixa uma grande faixa do mapa aberta à sua escolha.[14]

Um monstro clássico não é relegado a reinos distantes e inalcançáveis, embora alguns dos monstros clássicos prefiram esse tipo de localidade. Sua adaptabilidade, ou talvez sua decisão de se recolher a locais específicos próximos aos humanos, torna-os distintos dos monstros normalmente considerados pelos estudos. Eles co-ocupam o espaço, ao invés de residir em locais separados. Carroll propõe um meio-termo ao sugerir que os monstros são encontrados em "locais marginais, escondidos ou desertos: cemitérios, torres e castelos abandonados, esgotos ou casas desocupadas", mas isso também não define bem a situação.[15] O monstro clássico que mais se aproxima dessa noção é o Minotauro — contudo, sua ocupação do Labirinto é forçada por Minos, que o silencia para esconder a evidência da bestialidade de sua esposa, Pasífae. É o humano que empurra o monstro para um lugar fora de suas vistas, e é um humano que força outros a serem devorados naquele lugar, criando as condições para que o monstro crie a si mesmo. Os gregos sabiam que o Minotauro tinha um ciclo de vida completo. Uma extraordinária pintura em um vaso vermelho da Etrúria, feita por volta de 340 a.C., mostra Pasífae com um Minotauro criança no colo, prestes a agarrar seu peito para se alimentar (Figura 2.1). Considerando que os antigos podiam conceber um Minotauro pré-canibalismo, um Minotauro que precisava de amor e carinho tanto quanto um bebê humano, perguntamo-nos o que poderiam ter dito sobre o debate natureza versus nutrição e a influência de Minos em trazer à tona a besta. O monstro clássico não presta muita atenção aos mapas que os estudos modernos sobre monstros constroem meticulosamente.

Figura 2.1 Pasífae amamentando o Minotauro, Paris BnF inv. n. 1066. Reproduzido com a permissão da Bibliothèque Nationale de France.

À espreita nas fronteiras

A quarta e a quinta teses de Cohen sobre monstros, que delineei no capítulo 1, oferecem outra maneira de pensar sobre o monstro e o espaço: o monstro reside na diferença e policia as fronteiras do possível. Dito de outra forma, o monstro gosta de limites e margens, principalmente para saltar de um lado para o outro. Muitos monstros clássicos encarnam fisicamente tais fronteiras, pois seus corpos começam como uma coisa e se transformam em outra, cruzando a linha entre espécies animais ou entre humanos e animais repetidamente à medida que o sangue flui em suas veias.

A propensão dos monstros para gostar de fronteiras e limiares, os momentos de atravessar para lá e para cá, são indicativos de que eles podem ser encontrados onde quer que haja mudanças, inversões e alterações. A conexão entre monstros e fronteiras lembra a noção de abjeção de Kristeva — ou seja, que a abjeção acontece no lugar entre o "eu" e o "não eu", onde o limite da pele se abre e se fecha para que coisas que antes eram o "eu" se tornem o "não eu". Para Kristeva, a repressão primordial que permite o fundamento do pensamento humano racional requer esse afastamento da realidade das linhas que separam o "eu" do "não eu", para que possamos suspender psicologicamente a descrença em nossa improbabilidade existencial e prosseguir com o desenvolvimento de uma consciência. Embora se possa discordar de suas premissas, não é necessário concordar com seus princípios psicanalíticos para entender o apelo que esses limites têm para os monstros.

Em termos geográficos, a fronteira óbvia é aquela entre o natural e o humano, o campo e a cidade. Os monstros clássicos podem assombrar "montanhas, rochas, grutas, penhascos e outros lugares naturais indomados pela cultura", mas a fronteira é inevitavelmente violada — ou por um viajante, em busca da zona dos monstros, ou porque o limite de um espaço compartilhado é atravessado mais facilmente do que pensamos.[16] Essa é outra função do policiamento das fronteiras feito pelos monstros. Gostamos de dizer que sabemos distinguir com precisão as áreas selvagens das cultivadas. Mas a facilidade com que os heróis clássicos caem nas garras dos monstros conta uma história diferente — uma história em que as fronteiras não estão claramente fixadas, e não se pode confiar na intuição sobre onde é seguro e onde não é. O monstro policia o limite, às vezes deste lado, às vezes daquele. O espaço que ontem era seguro pode não ser seguro hoje.

A fronteira entre o urbano e o rural existe em lugares além da muralha da cidade — outra fantasia tentadora, que garante saber a diferença entre "urbano" e "rural", enquanto a natureza luta para recuperar as ruas de paralelepípedos. A literatura romana oferece um exemplo claro dessa separação na *Sátira* 1.8 de Horácio, que é recitada por uma estátua de madeira de Priapo acomodada no Esquilino, em um jardim público recuperado de seu uso anterior como cemitério destinado aos pobres. Nesse jardim, durante a noite, adentram duas feiticeiras, que se põem a fazer todo tipo de magia assustadora, valendo-se do passado funesto do local. Elas só se assustam quando a estátua se racha e solta um pum. Esse poema mostra camadas de espaço e significado se esfregando umas nas outras, criando bolsas de ar (por assim dizer) para dentro das quais os monstros podem escorregar. O jardim acredita ter suprimido sua natureza mortuária anterior, mas a tensão entre solo para crescimento e solo para semeadura não é tão fácil de estabilizar. Os monstros encontram rachaduras para se embrenhar nos locais onde um novo significado recobriu o topo de um antigo.

Redigi este capítulo pela primeira vez quando o mundo reagia à eleição de Donald Trump como quadragésimo quinto presidente dos Estados Unidos. Uma análise popular posicionou sua eleição como uma resposta à presidência de Obama, ao impulso pela igualdade para mulheres, ao crescente debate público sobre questões transgênero, aos imigrantes e aos latinx-americanxs — em outras palavras, tratou-se de um empurrão de volta ao jeito "como as coisas eram", impulsionado pela nostalgia de uma época em que homens eram homens e mulheres eram mulheres, e todos eles eram brancos. As realidades monstruosas do racismo, da xenofobia e da misoginia americana não só persistiram através do tempo como se apropriaram do novo padrão que foi colocado sobre eles. A imposição de um novo modelo, de uma nova maneira de fazer as coisas, nunca consegue se livrar dos monstros que ocupam as fronteiras e barreiras.

A segunda tese de Cohen, segundo a qual o monstro sempre escapa, nos adverte de que ele voltará ao espaço que parecia purgado da monstruosidade.[17] A ocupação de fronteiras e limites garante que sempre haja uma saída, e uma entrada, nas proximidades. A capacidade de deslizar e escorregar para dentro e para fora de narrativas e gêneros permite que o monstro clássico habite onde quiser. Sua ubiquidade vem da capacidade de estar em *todos os lugares*, pois o monstro pode sempre encontrar sombras e passagens — ou terreno fértil onde pode fixar um broto que vá criar raízes e florescer.

O gênero como lugar

O desprezo do monstro clássico pelas noções de lugar, limites e localização afeta não apenas a geografia de seu posicionamento, mas também o gênero em que ele aparece. Isso levanta uma questão quanto ao estudo dos monstros — os monstros verdadeiros só aparecem no horror? Muitas discussões acadêmicas sobre a figura do monstro se concentram exclusivamente em textos de horror. Em termos literários, *Frankenstein*, de Mary Shelley (1818), e *Drácula*, de Bram Stoker (1897), são os antepassados góticos de um rico reino de escrita de horror, incluindo a obra de Stephen King. No cinema, os principais filmes para discussão incluem *Alien* (1979) e toda a sua franquia, *O massacre da serra elétrica* (1974), *Tubarão* (1975), *Carrie: a estranha* (1976), *O silêncio dos inocentes* (1991), *Fome de viver* (1983) e *Um lobisomem americano em Londres* (1981). Em todos esses textos, o monstro clássico sobressai pela ausência. Isso significa que ele não é realmente um monstro?

A análise de Wood sobre monstros de terror escolhe cinco tropas-chave que circulam desde os anos 1960 — o monstro como um humano psicótico ou esquizofrênico; a vingança da natureza; a perturbação religiosa sob a forma de satanismo, possessão diabólica ou do próprio Anticristo; a Criança Terrível, muitas vezes ligada ao tipo anterior; e o canibalismo.[18] Essa lista, dominada pelo serial killer, parece não deixar espaço para monstros clássicos em filmes de terror. É muito mais provável que eles sejam encontrados passeando em algo que seria mais bem rotulado de "épico heroico", como um dos filmes ou livros de Percy Jackson, ou um dos inúmeros filmes sobre Hércules.

A razão disso, pode-se argumentar, é que os monstros clássicos têm estado, ao longo do tempo, presos a uma rede de mitos. Seu enredamento nas narrativas de histórias clássicas respeitáveis pode, talvez, fazê-los parecer que estão fora dos limites do horror. Eles existem justamente porque encontram um herói, que precisa superá-los para completar sua busca, e não porque criam terror por direito próprio. Às vezes o sucesso do herói envolve a morte do monstro, como no caso de Perseu e a decapitação de Medusa; às vezes o monstro pode ser vencido de outras formas, como a resposta de Édipo ao enigma da Esfinge; às vezes tudo o que o herói deve fazer é escapar por um triz, como quando Odisseu escapa de Cila e Caríbdis, embora seis de seus marinheiros sem nome sacrifiquem suas vidas para que ele possa continuar a viagem. Essa abordagem vê o monstro como uma criatura petrificada na história, presa ao papel narrativo que cada mito lhe deu, e privada da vitalidade que o mito vivo ou as histórias sagradas têm no processo de transmissão.[19]

Tal interpretação ignora uma característica importante do próprio mito antigo — a saber, sua constante abertura para ser recontado e ganhar novas interpretações. Essa versatilidade remonta à antiguidade. O grupo de poetas conhecidos como Escola de Alexandria, por exemplo, se orgulhava de fazer referência às variantes mais desconhecidas de um mito em seus poemas para mostrar seu aprendizado esotérico e a capacidade de seus leitores de detectar as alusões obscuras. Como o mito continua a ser transmitido, ele segue se adaptando aos tempos em que se encontra — daí a frustração que sinto quando uma versão moderna de um mito é julgada em termos de quão "autêntica" é, como se existisse apenas uma história da antiguidade a ser obedecida servilmente. A chamada "versão apropriada" é muitas vezes aquela tirada de um livro infantil de mitos, com todas as partes suculentas eliminadas, como os exemplares de Bulfinch ou Hawthorne, ou o relato pseudoacadêmico de Robert Graves, em vez de retirada da própria antiguidade.[20] Essa crença em histórias fixas contrasta com as *Metamorfoses* de Ovídio, uma reunião de contos que se autorrevelam na capacidade de adaptação do mito.

A ideia moderna de que a história mítica deve ficar dentro dos limites estanques estabelecidos por homens brancos ao interpretar o cânone não tem poder sobre os monstros clássicos. O mito muitas vezes se desloca junto a eles, mas eles o usarão como apoio, não como prisão. Quando encontramos um monstro clássico, mesmo que ele possa estar morando fora das fronteiras do horror, ainda assim identificamos que estamos encontrando um monstro, não apenas um adereço glorificado que serve de escada para o *amour propre* de um herói. A flexibilidade do mito é justamente o que permite que o monstro se afaste de seu companheiro herói, para encontrar novas histórias para contar. O fato de essas histórias não acontecerem dentro do horror não as torna menos *monstruosas*, eu diria.

É verdade que isso pode tornar menos óbvio o que Mittman chama de *impacto* imediato, especialmente se seguirmos a estrutura da força monstruosa de Carroll. Ele defende uma forma específica de horror-arte, no qual o gênero horror organiza seus elementos narrativos para criar um certo conjunto de respostas ao monstruoso. Carroll distingue o horror-arte do horror natural, ou seja, o tipo de horror que podemos sentir ao ver filmagens de Aleppo ou Mosul, a descoberta de valas comuns de vítimas de genocídio, ou a eleição de um presidente americano apoiado pela Ku Klux Klan.[21] Ele também marca uma diferença entre os monstros que criam o horror-arte e aqueles que vivem fora do gênero horror. Seu principal exemplo vem dos contos de fadas, sob os quais ele também agrupa "mitos e odisseias".[22] A amálgama é significativa, pois a principal distinção feita por Carroll é no sentido de que, enquanto no horror genérico os humanos veem os monstros como "anormais, como perturbações da ordem natural", nos contos de fadas "os monstros fazem parte do mobiliário cotidiano do universo" — eles podem ser "acomodados pela metafísica da cosmologia que os produziu", dentro das fronteiras do mundo dos contos de fadas.[23]

Essa explicação para o fato de que os monstros do conto de fadas não são monstros do horror-arte simplesmente não funciona para o mito clássico, pois o mundo do mito clássico é o mundo humano. Enquanto os monstros podem ter existido durante uma era anterior de deuses e semideuses, as histórias dos ninfolépticos revelam a convicção de que a fronteira porosa entre o terreno e o divino não foi selada. Só porque algo pode ser uma parte comum do mobiliário do mundo, não significa que não possa inspirar medo e horror. Mais uma vez, a ênfase no "horror" como parte da resposta necessária aos monstros é, penso eu, uma falácia. Certamente o horror pode eventualmente ser uma característica útil de identificação, mas a propriedade fundamental de um monstro é nos fazer *pensar.* A sétima tese de Cohen, segundo a qual o monstro está no limiar, observa que "os monstros nos perguntam como percebemos o mundo, e como temos deturpado aquilo que tentamos organizar".[24] Conhecemos os monstros pelos questionamentos que eles fazem a nós — e às vezes eles podem nos fazer perguntas assustadoras. O medo de que nos peçam para examinar nosso confortável preconceito não se restringe ao gênero do horror.

Monstros no porão

Um espaço onde muitas pessoas podem encontrar monstros clássicos pela primeira vez, quase sempre na tenra idade, é dentro de casa, no contexto de jogos de RPG. Embora a prevalência do conteúdo clássico nesses jogos seja geralmente aceita de forma vaga, poucos estudos se concentram na maneira como eles abordam o mundo antigo. Na verdade, aqui me torno um tanto hesitante, na condição de alguém cujo conhecimento sobre um campo excepcionalmente amplo e diversificado foi adquirido por intermédio de outras pessoas. Dito isto, desde a primeira edição de *Dungeons & Dragons*, criada por Gary Gygax e lançada em 1974, uma pesquisa de bestiários em D&D mostra a presença consistente de monstros clássicos no mundo desse jogo.[25] Enquanto alguns monstros, como a Hidra e a Quimera, aparecem em cada interação, outros desaparecem, talvez devido à sua incompatibilidade com a mecânica central do jogo. Outros monstros individuais são transformados em raças — daí a raça de medusas e seus pares masculinos, o maedar, assim como matilhas de minotauros. O background fornecido aos bestiários também muda de manual para manual, resultando em um ambiente de jogo onde os competidores são ativamente encorajados a usar a imaginação na reimplantação de monstros clássicos em sua narrativa de aventura.

O uso desse aspecto da herança clássica ao lado de mitos de outras culturas, criaturas e divindades inteiramente inventadas "serviu como um grande nivelador", na medida em que criou equivalência entre as tradições míticas históricas e as imaginadas.[26] A esse nivelamento se soma o fato de o mundo D&D situar todos os seus habitantes em um universo inteiramente fictício, do qual o elemento mais significativo para nossos propósitos é a eliminação de uma ambientação que fosse equivalente ao antigo Mediterrâneo.[27] Em um espaço no qual a imaginação do Mestre do Jogo é essencial para que o jogo seja divertido para os outros jogadores, os monstros clássicos atuam como peças versáteis, consagradas pela função de adversários, e não pelas narrativas.

Que o monstro clássico habita o universo D&D, e que o mundo do "jogo" é criado onde quer que um Mestre e os jogadores se reúnam, pode parecer um fato cultural insignificante, mas sua inclusão teve consequências muito abrangentes. As crianças que cresceram jogando D&D obsessivamente, absorvendo tanto os detalhes dos monstros clássicos quanto a forma como respondiam às exigências que o universo D&D lhes impunha, tornaram-se os criadores da cultura mainstream dos anos 1980 em diante, trazendo consigo essa compreensão da tradição clássica. A partir do espaço de D&D e dos jogos de mesa em geral duas características importantes dos lugares onde os monstros clássicos se escondem podem ser sinalizadas. Primeiro, eles perseveram no território em que se encontram; apesar da reformulação de sua descrição narrativa em cada edição dos bestiários de D&D, eles continuam a ser percebidos como importantes habitantes do mundo do jogo. Em segundo lugar, os monstros clássicos ocupam todas as formas de cultura popular; não há espaço impossível para eles. Da mesma forma, nenhum espaço é menos importante que qualquer outro. Embora eu me concentre em certos tipos de recepção por serem o foco da minha expertise, isso não exclui ou desvaloriza os outros locais em que os monstros clássicos aparecem.

A mensagem é o meio

Há mais uma tendência sobre o lugar e o espaço que os monstros ocupam que vale a pena ser comentada, e é o que acontece quando um monstro aparece nas telas. Algo sobre a *visão* muda o modo como conceituamos um monstro clássico. As palavras permitem o espaço — Homero nunca nos diz como *são* as sereias, apenas como elas *soam*. Sua monstruosidade está enraizada em outro lugar que não a aparência, pelo menos para Odisseu. No entanto, quando se trata da representação visual, dar ao monstro uma forma física é um movimento para enraizar um broto. Eu me lembro da Terrível Besta Voraz de Traal em *O guia do mochileiro das galáxias,* de Douglas Adams: "um animal extraordinariamente estúpido, ele assume que, se você não pode vê-lo, ele não pode ver você", e assim fica fácil escapar com a ajuda da toalha, o objeto de confiança do mochileiro.[28] A visão de um monstro se torna uma forma de transformá-lo em um ser.

Quando isso acontece em um vaso decorado preto ou vermelho, ou em uma escultura, o impacto da descoberta é mínimo. Enquanto aquela determinada imagem circula entre um grupo de pessoas, seu impacto é limitado àquele círculo, particularmente em uma época anterior aos meios de comunicação de massa. Mas algo acontece à medida que a tecnologia que permite a reprodução de imagens evolui. Benjamin analisou essa mudança em seu ensaio "A obra de arte na era de sua reprodutibilidade técnica", que, na minha opinião, ajuda a articular mais um elemento sobre a forma como os monstros clássicos são agora representados. Ele argumenta que, ao se tornar possível reproduzir uma obra de arte, primeiro por meio da impressão, depois da fotografia, e finalmente da filmagem, uma parte importante da aura do objeto se perde. O ato de reprodução remove o objeto reproduzido do lugar a que está inextricavelmente ligado, e da tradição a que pertence.[29] Ou seja, o ato de reproduzir uma obra de arte ou um item, tornando-o múltiplo, mata a autenticidade que lhe pertencia quando ele era único. Ironicamente, é a vontade de se aproximar de um objeto que impulsiona sua reprodução em primeiro lugar — centenas, milhares de pessoas podem possuir cópias da *Mona Lisa* e ter acesso a uma versão diluída de seu brilho, por mais longe que estejam do Louvre.

Em segundo lugar, Benjamin argumenta que o principal objetivo do cinema é ensinar os humanos a lidar com o novo reino da tecnologia que governa suas vidas de formas inéditas.[30] O cinema dá aos trabalhadores de escritórios e fábricas um caminho de volta à sua humanidade, depois de terem passado o dia renunciando a ela como parte da máquina capitalista.[31] Ainda assim, Benjamin vê a filmagem como algo particular, diferente da pintura ou da fotografia: o pintor ou o fotógrafo criam uma imagem completa de uma vez só, enquanto um filme é unido por montagens para representar a realidade profunda de algo.[32] Sua natureza lhe permite trazer à tona elementos que de outra forma estariam escondidos e, por sua vez, representar todas as *outras* engrenagens da maquinaria do capitalismo que de outra forma poderiam estar fora da esfera de conhecimento de um indivíduo.

Eu diria que a observação de Benjamin de que um objeto replicado perde a conexão com sua tradição e significado únicos também se aplica ao monstro clássico, que entrou nas telas da sétima arte em larga escala nos últimos anos, à luz do advento das imagens geradas por computador. Inicialmente, as tentativas de criar monstros clássicos no cinema haviam sido, talvez, otimistas demais. Pense no Leão de Nemeia do *Hércules* de Steve Reeves (1958), que não se compara ao icônico leão que abre os créditos da Metro Goldwyn Mayer. As coisas ficaram mais fáceis com o surgimento da tecnologia *stop motion*, que ajudou Ray Harryhausen a criar suas criaturas icônicas, e o desenvolvimento cada vez mais sofisticado das imagens computadorizadas. Esses avanços permitiram que monstros clássicos aparecessem na tela com níveis crescentes de detalhe e verossimilhança.

Contudo, penso eu, o problema está justamente no desejo de ser autêntico. Ao mesmo tempo que Benjamin diria que a reprodução tecnológica tira o monstro clássico da singularidade que lhe deu sua aura, o poder crescente da imagem gerada por computador permite aos cineastas reproduzir monstros em detalhes até mais adoráveis — cada escama da Medusa, cada fio da pelagem da Quimera pode ganhar vida eletronicamente. O paradoxo, penso eu, é que, à medida que o monstro clássico se aproxima cada vez mais claramente, ele perde as sombras que o fazem monstruoso, porque os holofotes cinematográficos o colocam em evidência.

Haraway tem uma forma útil de pensar no efeito da luz sobre o monstruoso em relação ao patriarcado. Ela traça uma narrativa patriarcal ocidental que fala do surgimento do corpo físico desde o primeiro nascimento, seguido por um segundo nascimento heliotrópico.[33] Essa versão da história, contada de uma perspectiva segundo a qual estamos sempre avançando, tem um início fixo e o sentido definitivo de que onde estamos, neste momento, é o melhor lugar em que a humanidade já esteve. O momento em que o homem realmente se torna homem é o Iluminismo europeu, a chegada da luz por meio da aplicação do pensamento racional, o uso do método científico (supostamente infalível e imparcial), o escrutínio e a análise cada vez mais atenta do mundo ao nosso redor. Haraway considera esse o momento que cria o olhar heliotrópico, uma forma de olhar que se volta para a luz do Iluminismo, que prioriza sua ideologia racionalista e a ideia de que tudo pode de alguma forma ser medido, observado, descrito, compreendido com base em práticas científicas supostamente neutras.[34]

O olhar heliotrópico combina com o modelo positivo de poder intermediado por um intenso escrutínio, delineado por Foucault. Assim como o sistema da *quadrillage*, o olhar heliotrópico acredita que, em um exame suficientemente atento, o mundo pode ser completamente compreendido — depois submetido à autoridade do homem e colocado à sua disposição. A luz da razão dissipa qualquer incerteza quando focalizada em um objeto de estudo. A capacidade de olhar de perto as coisas não só as controla como nos torna humanos plenamente racionais

— ou, mais precisamente, homens plenamente racionais, pois esse exame toma como objeto o "outro": as mulheres, os racializados e, sim, o monstruoso. O brilho desse olhar heliotrópico patriarcal, a ideia de que sempre olhamos para a luz e de que a luz é para onde devemos olhar, elimina a escuridão em que o monstro se esconde, extinguindo, assim, uma parte crucial do próprio monstro.

Deixe-me expressar a mesma ideia recorrendo a uma referência mitológica apropriada. Sempre que monstros clássicos aparecem no cinema, nós, os espectadores, nos tornamos a Medusa. Nossa visão os congela no lugar, em estátuas vivas no pedestal da tela grande. Olhando diretamente para eles, nós os prendemos. Um fato a respeito da abordagem do cinema sobre o mundo clássico em geral é que (os estúdios acreditam) o público tem uma concepção muito conservadora da antiguidade — ele *sabe* como é o mundo antigo, e fica inquieto quando é confrontado com uma representação diferente. Essa expectativa é responsável pelo deslize fácil da precisão factual. Isso acontece com frequência em filmes ambientados no mundo grego, onde os soldados usam aparatos do exército romano; o anacronismo não importa, porque o exército *parece* um exército antigo.[35] É o olhar em ação: mesmo que as razões por trás dessas suposições sejam imprecisas, persiste a crença fundamental sobre aquilo para onde deveríamos estar olhando. Da mesma forma, quando um monstro clássico é colocado na tela, nós *sabemos* como ele deve ser. Nós o encaixamos em nossas expectativas — e extraímos o prazer visual e narrativo de assumir o olhar da câmera, controlando os eventos a que assistimos.[36]

Vou falar mais sobre as consequências dessa realidade para os monstros clássicos nos capítulos seguintes, mas por enquanto acredito que seja suficiente dizer que o resultado de reproduzir o monstro repetidamente, tela após tela, cidade após cidade, em detalhes cada vez mais intensos, é que os espaços que ele encontra no cinema e na televisão são fundamentalmente diferentes daqueles que encontra nos livros, até mesmo nos quadrinhos. Quando conseguimos enxergar o monstro, nossa imaginação é deixada de lado. A visão heliotrópica afasta a escuridão para que possamos ver o monstro em toda a sua escamosidade. Infelizmente, isso cria a ilusão de que *conhecemos* o monstro:

estamos convencidos da narrativa patriarcal segundo a qual ver é controlar. Ao adotar o ponto de vista da câmera, ao cair no que Haraway chama de "truque de Deus" de assumir que a tecnologia nos proporciona uma visão infinita e infalível, imaginamos estar no comando da história.[37] Mas, como meu modelo rizomático alternativo sugere, enquanto um broto está preso em território hostil, outras raízes estão se estendendo para solos mais férteis.

Meu ponto é, ao final desta trilha teórica, que, em relação ao lugar onde os monstros vivem, não importa apenas a localização física. Pensar na "zona dos monstros" nos mapas e nos espaços marginais em meio à habitação humana é apenas uma parte da história — os monstros são afetados pelo gênero e pelo meio em que habitam tanto quanto pelo modo como decidem fazer suas aparições. O tipo de artefato cultural que eles ocupam faz uma diferença significativa na forma como se manifestam e na liberdade do público para interpretá-los. Cinema, televisão, livros, quadrinhos — cada domínio tem seu solo característico. Com isso em mente, quero passar os próximos dois capítulos pensando um pouco mais sobre a tela grande, a fim de desenhar alguns efeitos particularmente interessantes da reprodução tecnológica.

3

OS MONSTROS NO CINEMA NA ERA HARRYHAUSEN

Os filmes são poderosos, principalmente na forma como contam histórias. No entanto, há algo fascinante e estranhamente desconfortável no jeito como o monstro clássico ganha vida no cinema. Ele já ocupou um bom espaço na tela, mas muitas vezes serviu de mero adereço auxiliar para o herói cujo sucesso é o foco do enredo. Dos filmes épicos de meados do século XX, em especial aqueles que envolvem a obra de Ray Harryhausen, emerge um padrão claro de monstros sendo acorrentados a heróis (mesmo que não os seus) como meras peças de cenário dentro de narrativas heroicas. Eles são mantidos presos ao longo das histórias que são obrigados a contar, mesmo que às vezes consigam se envolver com os medos culturais de suas próprias épocas. No entanto, pouco antes da virada do século, havia alguns sinais de que a ligação cinematográfica sufocante entre o monstro e o herói estava começando a se desgastar.

O cinema é, de certa forma, o local perfeito para examinar um monstro, pois revela a verdade da sexta tese de Cohen sobre monstros: "o medo do monstro é na verdade uma espécie de desejo."[1] O cinema nos permite olhar, olhar e olhar um pouco mais para o que é proibido e o que é detestado. É um lugar particularmente seguro para encontrar o monstro — podemos nos aproximar cada vez mais, ver sua boca espumando e estremecer com sua transgressão híbrida, sempre seguros, sabendo que o filme terminará logo, as luzes se acenderão e nós voltaremos à vida cotidiana. O espectador do cinema gosta do processo de identificação com o herói que mata o monstro, mas também, talvez, com o próprio monstro; enquanto nem todos os espectadores experimentarão o mesmo tipo de prazer no reconhecimento, o prazer de se assustar com algo estranho que depois é dominado é o ponto central de muitas tramas de cinema. Se você quisesse construir uma gaiola para um monstro, o cinema seria um bom lugar para buscar inspiração para o seu projeto.

Nem todos os filmes de inspiração clássica abrigam monstros. Em épicos históricos, caracterizados por produções como *Cleópatra* (1963) e *A queda do Império Romano* (1964), enquanto os personagens podem apresentar qualidades heroicas, seus monstros são geralmente humanos. É mais provável que encontremos monstros no que poderíamos chamar de épicos míticos, pois eles recontam a *Odisseia*, os trabalhos de Hércules, o resgate de Andrômeda por Perseu e assim por diante. A divisão entre "histórico" e "mítico" é artificial, pois esses filmes compartilham um estilo visual que torna a distinção entre os dois bastante supérflua. O melhor exemplo é *Pompeia* (2014), que teoricamente aborda um episódio histórico, mas se assemelha a *Fúria de Titãs* (2010) e tem como protagonista Kit "Você Não Sabe de Nada, Jon Snow" Harrington, impregnando toda a produção com a aura de *Game of Thrones* (2011-2019).[2] No entanto, apesar da sobreposição de estilos, filmes ostensivamente baseados em eventos históricos tendem a deixar os monstros clássicos em paz.

Há três ondas de filmes focados no mito clássico. Nas duas primeiras décadas do século XX, ao lado das produções históricas, os cinéfilos puderam desfrutar da nudez legitimada de *Le Jugement de Pâris* [O julgamento de Páris], 1902, seguido de *L'île de Calypso: Ulysse et le Géant Polyphème* [Ilha de Calipso: Ulisses e o gigante Polifemo], 1905, *Le Retour d'Ulysse* [O retorno de Ulisses], 1909, *La Caduta di Troia* [A queda de Troia], 1911, e *Odissea* [Odisseia], 1911.[3] A segunda onda abrange os anos 1950, 1960 e 1970, terminando com *Fúria de Titãs* (1981), e é dominada pela obra de Ray Harryhausen. Atualmente estamos surfando a terceira, iniciada pelo sucesso de *Gladiador* (2000). Pode-se argumentar que *Troia* (2004) foi o primeiro longa-metragem a retornar ao mito, embora o filme inicial da franquia *Percy Jackson,* em 2010, tenha sido o pioneiro quanto a tratar o mito em seus próprios termos.[4] Muitas dessas produções trabalham com o ciclo de guerra de Troia, manipulando o material como se fosse ficção histórica, e são, portanto, filmes que pegam leve no aspecto monstruoso. Nas palavras de Solomon, alguns deles "estabelecem bons padrões, mas um filme verdadeiramente magnífico sobre o mito grego antigo ainda está para ser feito".[5] Essas palavras eram verdadeiras quando Solomon as escreveu, em 2000, e continuam sendo verdade agora, pois continuamos a aguardar uma grande *Odisseia* ou *Ilíada*. Em vez disso, desde 2000, uma profusão de lançamentos cinematográficos recontou as lendas de Hércules, Perseu e outros heróis gregos. Seria forçoso chamar qualquer um desses filmes de "verdadeiramente magnífico", mais por causa dos diálogos e atuações do que pelo constante afastamento de qualquer versão reconhecível do mito.

Às vezes, não importa que um filme não ganhe prêmios em Cannes. Solomon acerta em cheio ao discutir o gênero espada e sandália, ou *peplum* (referência às túnicas que faziam parte do figurino), um grupo de filmes que geralmente apresenta um homem forte vagamente identificado para o público americano como Hércules, que é enviado em uma missão improvável com uma ligação cada vez mais tênue com o mundo clássico. O mais extremo é provavelmente *Hércules contra os homens da Lua* (1964). Ainda que falte a esses filmes sutileza narrativa e realismo, "eles têm figurinos coloridos, cenários criativos, amantes sedutoras, humor, cenários mediterrâneos, torturas bizarras, bíceps musculosos, batalhas furiosas, heróis carismáticos e o triunfo do bem sobre o mal".[6] Às vezes, é para ver isso que você vai ao cinema; se quisesse assistir a uma nuance da noção do herói clássico, provavelmente não teria pago para ver nenhuma das versões de *Fúria de Titãs*. A herança do homem musculoso está claramente em exibição nos novos épicos heroicos, que mostram músculos delineados e torsos salientes em gloriosas versões tecnicolor. Embora os atores não precisem mais ser fisiculturistas, um deles (Dwayne Johnson) fez seu nome na luta profissional, e as expectativas de forma física que agora são depositadas no casting masculino são muito maiores do que antes.[7]

Produções desse tipo seguem narrativas de heróis que têm monstros particulares para combater, e com os quais aquele personagem antigo está intimamente alinhado. A predominância da epopeia do herói, em especial as produções *peplum* ou espada e sandália no estilo Hércules, faz com que os filmes dos anos 1950 e 1960 estejam mais interessados na busca heroica contra o mal do que necessariamente nos próprios monstros. Esses filmes eram feitos originalmente na Itália, mas os produtores americanos compravam os direitos para distribuí-los nos Estados Unidos, e as plateias domésticas, mergulhadas nas tensões da Guerra

Fria, se aglomeravam para assisti-los. A narrativa de uma figura valente em uma "luta perpétua e heroica contra a tirania" havia sido bem estabelecida pelos primeiros filmes historiográficos bíblicos e romanos de Hollywood.[8] Igualmente, a "ameaça vermelha" criou o temor do comunismo iminente, numa tensão generalizada na qual as pessoas acreditavam que um respeitável vizinho de porta poderia estar ocultando sua verdadeira face e representar uma ameaça ao modo de vida americano.[9] O foco na luta individual e no vilão humano surge tanto do clima político contemporâneo quanto dos problemas de colocar um monstro na tela.

Nessa época, onde fosse possível avistar um monstro, ele tendia a ser de um tipo menos místico. Penso particularmente no *Hércules* de 1958, com Steve Reeves no papel de herói fortão — essa produção foi a primeira de uma onda de filmes similares baseados (muito) vagamente no mito clássico, e representa todo o gênero *peplum*.[10] O enredo é bastante simples: Hércules visita a corte de Iolco a convite do rei Pélias para ensinar o príncipe Iphitus sobre os caminhos da guerra. Ele é arrastado para uma disputa sobre quem deve governar o reino por direito, e navega para a Cólquida juntamente com a tripulação de Argo (aqui, o dono do navio) e o príncipe Jasão, filho do rei Esão, que fora assassinado. Eles partem a fim de encontrar o velo de ouro roubado de Iolco e provar o direito de Jasão ao trono. No percurso, Hércules combate várias feras, a tripulação escapa por pouco da morte súbita na ilha das Amazonas e a filha de Pélias, Iole, é cativada pelo onipresente peitoral do herói.

O filme cria uma marcante divisão entre as ameaças que Hércules e seus companheiros enfrentam, estabelecendo uma evidente zona de monstros narrativa. A maior parte do longa se concentra em um dramático conflito interpessoal: Pélias é chantageado pelo assassino que contratou para matar seu irmão, enquanto Anteia, rainha das Amazonas, se vê dividida entre o dever de assassinar Jasão e seu grande amor por ele. Uma vez que parecia ser estritamente necessário exibir Hércules em atos de incrível força em um filme de Hércules, durante sua passagem na Grécia ele cumpre o papel de lutar contra um leão e o Touro de Creta. Esses dois animais são apresentados como temíveis — o leão realmente mata o príncipe Iphitus, e Pélias exige que Hércules lute contra o Touro de Creta para expiar a morte de seu filho. No entanto, os personagens são interpretados por animais "reais", e as cenas mostram a confecção cuidadosa de filmagens envolvendo o animal, um treinador,

Steve Reeves e um modelo mais ou menos convincente. Dentro da trama, o leão ainda é suficientemente perigoso para matar Iphitus, e o Touro causa alguns problemas para Hércules (até porque ele desistiu de seu status de semideus para conquistar o coração de Iole). Na verdade, o touro foi substituído por um bisão americano, dando-lhe ares de grandeza.[11] No entanto, apesar de as raízes desses monstros estarem nos doze trabalhos de Hércules, os desafios do continente grego permanecem dentro dos limites do comum.

Em contrapartida, dois tipos diferentes de monstros esperam pelos argonautas na Cólquida. Quando a tripulação desembarca, é atacada por uma terrível tribo de homens-macaco, identificados dessa forma no trailer e que só posso descrever como casualmente racistas em sua prática de *blackface*. Asclépio comenta que eles parecem ter "saído de um pesadelo", mas sua aparência inexplicável depende de uma suposição do público sobre a natureza bárbara e monstruosa dos habitantes de terras distantes. O segundo monstro é o inevitável mítico dragão que guarda o velo — ou, para ser mais exato, o pseudodinossauro que está dormindo debaixo da árvore e acorda quando Jasão o usa como degrau. Apesar do domínio de Hércules durante todo o restante do filme, nessa cena Jasão deve enfrentar o dragão sozinho. Fabrizio Mioni se esquiva e faz uma coreografia ao redor do cenário enquanto a besta recua, agita os braços, sacode a cauda e tenta pegá-lo por trás de algumas pedras. Uma única lança perfura a cabeça do dragão, permitindo a Jasão resgatar o velo sobre seu corpo prostrado. O monstro não chega a ganhar um *nome*, mas isso não importa (embora o trailer o chame de "monstro dragão"). Hércules proclama que "essa foi uma façanha digna de um rei" — Jasão provou tanto sua maturidade quanto suas credenciais reais nos valentes combates solo (conduzidos misteriosamente sob um zumbido de fundo, o que aumenta a tensão da cena). O papel mais importante de Hércules no enfrentamento desse monstro é, ironicamente, a validação viril que ele concede a Jasão, quem realmente derrota a besta.[12]

Ao estabelecer uma distinção geográfica entre os monstros encontrados na Grécia e os da Cólquida, o filme argumenta que monstros verdadeiramente aterradores existem apenas na zona dos monstros. As bestas "normais" habitam territórios na Grécia, que é de fácil acesso e ocupada por homens que pertencem ao mesmo mundo social que Hércules. Em contraste, assim que a expedição aterrissa na Cólquida,

Hércules e sua tripulação são imediatamente surpreendidos por monstros que podem ser enquadrados como fantásticos, além das expectativas e desconhecidos para o continente grego domesticado. A viagem até os confins do mapa, onde esperamos encontrar dragões, nos deu um dragão. No entanto, a trama geral está muito mais preocupada com as maquinações do rei Pélias para usurpar o trono — os monstros fantásticos servem, em vez disso, para reforçar a posição de Hércules como herói, definida por sua maestria sobre eles.

O impacto de Harryhausen

Ray Harryhausen e sua obra são fundamentais para os monstros clássicos no cinema. Seu notável domínio da animação em *stop motion* foi construído ao longo de uma carreira que abrangeu o aprendizado durante *Monstro de um mundo perdido* (1949), com Willis O'Brien, o mestre por trás de *King Kong* (1933), até chegar a *Fúria de Titãs* (1981).[13] Desde os primeiros filmes amadores com dinossauros, realizados no quintal de sua casa, ele foi um criador de monstros ou, como preferia dizer, "criaturas, sempre criaturas, nunca monstros".[14] Seus monstros clássicos não são isolados nem únicos — devem ser entendidos como parte de um corpo mais amplo de trabalho que reflete seus interesses e prioridades consistentes.[15]

Harryhausen iniciou sua carreira com produções do gênero "monstro criador de confusão". *O monstro do mar* (1953), *O monstro do mar revolto* (1955) e *A vinte milhões de milhas da Terra* (1957), todos incluíam uma fera impressionante que causava danos ao ambiente humano em que inesperadamente se encontrava. Como muitos filmes do período, essas produções expressam a ansiedade quanto ao uso humano da tecnologia ser capaz de libertar monstros no meio de um público inocente. *O monstro do mar* trouxe um "redossauro", uma espécie de dinossauro criado pelo próprio Harryhausen, já que a única orientação que recebeu do roteiro foi que "eles queriam um monstro".[16] Em um primeiro esboço do filme, pensaram em usar um minotauro. *O monstro do mar revolto* trouxe um polvo (na verdade um polvo de seis braços, por razões de praticidade) que destruiu a Golden Gate em San Francisco. *A vinte milhões de milhas da Terra* discorre sobre a breve e infeliz vida do Ymir, que chega em uma nave espacial acidentada e aumenta de tamanho toda vez que come enxofre. Como a colisão da nave ocorreu na costa da Itália, Ymir pôde ter seu último ataque de fúria no Coliseu, um atrativo a mais na opinião de Harryhausen, já que "a dramaturgia sempre exige que o 'vilão' morra da maneira mais dramática possível".[17]

Essas produções, juntamente com seu curta-metragem anterior, *The Story of King Midas* [A história do rei Midas] (1953), indicam um interesse pelo mundo clássico e pelos recursos monstruosos que ele pode proporcionar. Tal fascínio vem à tona em *Simbad e a princesa* (1958), o primeiro longa-metragem em que Harryhausen exerceu a função de produtor, estando significativamente envolvido na trama geral. Entre as diversas maravilhas levadas à tela, uma criada se transforma em serpente, um mágico devolve a vida a um esqueleto e Simbad enfrenta um ciclope que ameaça seus homens. A mulher-serpente deve muito à *naga* indiana, mas também demonstra gestos em relação ao mito da Medusa. O esqueleto mais tarde inspiraria os Filhos dos Dentes da Hidra de *Jasão e os Argonautas*. O ciclope, um monstro mais obviamente clássico, foi projetado para ter pernas e cascos de cabra especificamente para que o público soubesse que não estava simplesmente olhando para um homem fantasiado (Figura 3.1).[18] A integração de um monstro clássico em um filme inspirado principalmente na tradição narrativa árabe reforça minha observação anterior de que os monstros clássicos ficam extremamente confortáveis ao sair dos limites da mitologia clássica, se assim quiserem.[19]

O ciclope sinaliza poderosamente a transição que acontece ao sair da corte civilizada do califa para a ilha selvagem, tanto como indivíduo quanto tecnicamente, representando uma sociedade inteira. Originalmente, uma "colônia de ciclopes" (*sic*) havia sido planejada para a ilha em torno da qual giram as aventuras de Simbad, mas as restrições financeiras levaram a uma abordagem mais pragmática.[20] Assim, o roteiro surfa entre livres referências ao Ciclope como uma entidade plural, mesmo que apenas um indivíduo apareça na tela de cada vez. Eles são criaturas rudes e não verbais, que sustentam o filme e o localizam dentro da Zona dos Monstros — a trama abre com Simbad resgatando o mago Sokurah das mãos de um ciclope a caminho de Bagdá, e a batalha final, um clichê, acontece com um ciclope que passa pelo túnel que leva ao covil de Sokurah. O contraste entre a vida primitiva dos ciclopes e a extraordinária riqueza de Bagdá reforça o propósito do filme como um marco de aventura e exotismo.

Figura 3.1 O ciclope em *Simbad e a princesa* (1958).

Apesar de sua transposição para um mito paralelo, e da revisão estética, ainda há sinais de que ciclope em questão conhece a poesia homérica, em particular o episódio do livro nono da *Odisseia*, no qual Odisseu e seus homens ficam presos após invadir a caverna do ciclope Polifemo. Como forma de vingança por ter tido sua propriedade saqueada, ele devora a tripulação, dois a dois. Odisseu o embebeda e perfura seu olho com uma lança aquecida, escapando depois de amarrar a si mesmo e à sua tripulação embaixo das ovelhas do rebanho de Polifemo quando elas saem para pastar na manhã seguinte. Enquanto seu barco navega, Odisseu é incapaz de resistir e revela sua identidade. Polifemo o amaldiçoa enquanto arremessa uma rocha e quase afunda a embarcação. Em *Simbad e a princesa* há uma sequência na qual o protagonista deve resgatar um de seus homens de ser assado para o jantar em um monstruoso espeto; o ciclope é distraído e, depois, ferido no olho por uma lança flamejante que Simbad dispara. Na abertura do filme, depois que Simbad e sua tripulação parecem ter ficado fora do alcance do ciclope na costa, o monstro atira uma pedra enorme sobre eles e vira seu barco a remo. A narrativa de Homero afeta o comportamento do ciclope, mesmo em um novo ambiente.[21]

Não posso me despedir de *Simbad e a princesa* sem mencionar as sereias, que aparecem no filme, mas apenas do ponto de vista auditivo. Mais uma vez, Simbad é inserido na narrativa da *Odisseia*, um movimento com potencial para familiarizar o público a fim de aproximá-lo do conto. O roteiro original da cena incluía uma sequência completa da Ilha das Lamentações das Sereias, com filmagens das bestas que Harryhausen imaginava "como atraentes mulheres com rabos de peixe, mas o tempo não permitiu".[22] Na edição final, as sereias permanecem invisíveis. Quando a tripulação de condenados recrutada por Simbad se revolta e tranca seu capitão e Sokurah no porão, o feiticeiro revela portentosamente que a rebelião está condenada por causa da rota que os rebeldes traçaram: "Ao sul de Colossa fica uma ilha maldita habitada por demônios lamuriantes. Seus gritos são ouvidos a mais de cem léguas. Os homens que os ouvem vão à loucura. Eles conduzem seus navios para as rochas pontiagudas e são devorados por serpentes marinhas." Enquanto os amotinados tapam os ouvidos, gritam de dor e se atiram de mastros, vemos ondas batendo em pedras irregulares no sopé de um penhasco, aproximando-se à medida que o barco ruma para a destruição certa. Sonoramente, uma estática eletrônica aumenta gradativamente, atribuindo às sereias uma voz etérea em vez de uma presença física — adequada a um monstro de cujo canto Homero se lembra, mas cuja aparência não descreve. Outro toque do poeta grego sobrevive à medida que a tripulação de Simbad se protege enchendo os ouvidos com tecido, e que, como um dos homens observa, eles poderiam transformar em retalhos à prova de som com um revestimento de cera. O episódio se transforma em mais uma aventura "masculina" para Simbad, mas ao mesmo tempo reforça a hierarquia de superioridade dentro do filme: a rebelião falha porque seus líderes não podem oferecer o conhecimento necessário para fugir dos perigos provocados pelas vozes hediondas de mulheres monstruosas invisíveis.

O filme seguinte de Harryhausen a apresentar conteúdo clássico foi *Jasão e os Argonautas* (1963), que discorre especificamente sobre o mito grego e a busca de Jasão pelo velo de ouro. Apolodoro faz um longo relato da história. O rei Pélias envia Jasão para reverter uma profecia que o declara o assassino do rei. Jasão vivencia muitas aventuras emocionantes em sua jornada para a Cólquida, na qual é auxiliado na recuperação do velo por Medeia, filha do rei, que se apaixona por ele.[23] Harryhausen e seu colaborador, Charles Schneer, consideraram o mito de Jasão adequado para o cinema, pois se tratava de uma sequência de eventos episódicos que podiam ser organizados em uma trama coerente, além de proporcionar a oportunidade de "encontro com todo tipo de obstáculo e besta", adotando inconscientemente a suposição de que um monstro deve ser definido por sua derrota nas mãos de um herói.[24] O filme apresenta alguns monstros impressionantes: Talos, o grande guardião de bronze da caixa de joias dos deuses (Figura 3.2); as harpias que atormentam o vidente cego Fineas (interpretado com categoria por Patrick Troughton); a hidra que defende o velo; e os Filhos dos Dentes da Hidra, esqueletos animados cuja memorável sequência de luta prolongada com Jasão encerra o longa. Todos esses monstros são reguladores — Talos, a hidra e seus filhos reagem a tentativas de roubo, enquanto as harpias são punições enviadas por Zeus. O espetáculo episódico é incrementado por tentativas heroicas de quebrar as regras.

Jasão remete frequentemente ao Hércules de 1958, tanto no fato de mostrar o filho de um rei usurpador se juntando secretamente à tripulação quanto na descoberta do próprio velo. Enquanto *Hércules* tinha um monstro com feitio de tiranossauro para combater, Harryhausen confronta Jasão com uma hidra de sete cabeças. Jasão mata a besta com uma espada que atravessa seu coração, mas *Jasão* sobrepuja *Hércules* na sequência com os Filhos dos Dentes da Hidra. Curiosamente, a fala em que Eetes, o rei da Cólquida, chama pelos Filhos dos Dentes da Hidra é a única que nos diz que a besta, agora falecida, é na verdade uma hidra — não são emitidos avisos anteriores sobre um monstro guardar o velo; para quem não está familiarizado com a história, o surgimento da besta na entrada da caverna deve ser um choque e tanto. Também seria uma surpresa para quem conhecia o material de origem, em que o guardião era um dragão. Harryhausen tomou emprestada a hidra do ciclo de Hércules após decidir que os dragões eram agora vistos como mais medievais do que clássicos, e depois de ter dado vida a um dragão anteriormente.[25] A prioridade do animador era encontrar o monstro que fosse o mais "adequado" para a história do herói clássico, a fim de tornar a conquista mais espetacular, e mostrar sua impressionante habilidade em construir a animação — esse é, afinal, o propósito do monstro.

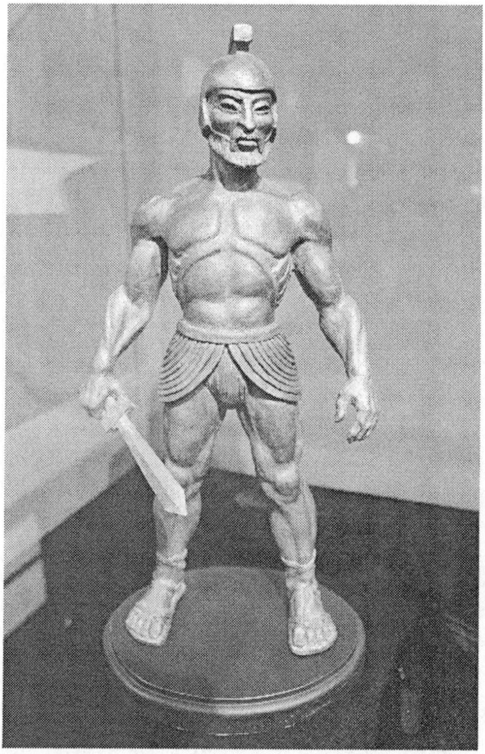

Figura 3.2 O modelo de Talos usado em *Jasão e os Argonautas* (1963).

Duas longas sequências com Talos e as harpias também proporcionam um espetáculo deslumbrante. Talos é despertado quando Hércules rouba um broche da caixa de joias dos deuses, confundindo-o com um dardo de arremesso. Os Argonautas tentam escapar da estátua viva, mas ela abate o navio com pedras, forçando-o a voltar para a costa. Jasão ordena que sua tripulação distraia a estátua e abre um tampão em seu calcanhar, liberando o icor vaporoso. Enquanto a estátua desaba, a tripulação foge. Hilas volta correndo para recolher o broche que havia caído, e é esmagado quando Talos cai sobre ele. Já a captura das harpias, ao contrário, é o preço que o vidente Fineas estabelece para revelar a Jasão e seus homens qual será o próximo passo em sua busca. A empreitada envolve uma elaborada armadilha com um templo em ruínas, e várias sequências do bando atacando Fineas enquanto ele come. A existência desses monstros como parte das paisagens pelas quais os Argonautas viajam, assim como os ciclopes de *Simbad e a princesa*, sinalizam que Hércules entrou na Zona dos Monstros, aumentando assim o elemento fantástico de suas viagens.

Depois de *Jasão*, Harryhausen trouxe elementos do mito clássico para mais dois filmes de Simbad: *A nova viagem de Simbad* (1973) e *Simbad e o olho do tigre* (1977). *A nova viagem* acenou em direção ao mito clássico em sua cena-clímax. Os dois guardiões da Fonte do Destino, o objetivo da busca de Simbad, são um centauro de um olho só e um grifo. Eles representam o bem e o mal, um paralelo com Simbad e sua nêmesis, a feiticeira Koura, com quem lutam como parte da sequência-clímax. Esses monstros, inspirados na mitologia clássica, estão imbuídos de um poder moral simbólico que impulsiona o drama do final. A luta entre eles e os dois personagens humanos proporciona um clichê espetacular, fundamentado na exibição de sua anormalidade, bem como o melhor da animação em *stop motion*.

Simbad e o olho do tigre, ao contrário, tem um monstro clássico com um toque moderno fascinante. A besta em questão é o Minoton, criado pela bruxa Zenóbia para ajudá-la a perseguir Simbad e impedi-lo de desfazer o feitiço que transformou seu enteado, o príncipe Kassim, em um babuíno. Feito de bronze, o Minoton é forjado na tela, ecoando a antiga habilidade do artesão Dédalo — nós literalmente vemos o monstro nascer. Ele acompanha Zenóbia em sua jornada atrás de seu enteado e de Simbad, e acaba perecendo sob um enorme bloco que retira de uma pirâmide, atendendo a um comando dela.

O que torna o Minoton tão interessante do ponto de vista do estudo dos monstros é a interseção entre o antigo e o moderno. Um padrão assumido pelos monstros contemporâneos, como mencionei no capítulo 1, é a ruptura da fronteira entre o tecnológico e o biológico, de onde surge o ciborgue, e onde os computadores semeiam o caos. O Minoton é um exemplo raro, até onde sei, do encontro das dicotomias tecnológico/biológico e humano/animal, e da criação de um monstro que questiona todos esses binários de uma só vez. Sua bestialidade incontrolável é duplicada pela imperturbabilidade tecnológica. Seu corpo, fundido a partir do bronze com um coração mecânico de ouro puro, reúne e literalmente encarna diversas vertentes da monstruosidade contemporânea.

Dito isso, como monstro de verdade ele deixa algo a desejar. Conforme disse o próprio Harryhausen, "o Minoton deveria ter sido um personagem muito mais importante e tecido de forma mais intrincada na história, como uma ferramenta do mal aterradora".[26] O problema estava principalmente no fato de que ele apenas figurou no filme e ocasionalmente ganhou vida para realizar uma façanha ligada à sua força. Algumas cenas exigiam tão pouco movimento que os espectadores viam uma fantasia feita de fibra de vidro sendo usada por um ator estático, em vez de um modelo animado.[27] Ao mesmo tempo que a criatura mostrou a inspiração típica de Harryhausen, ela falhou em capitalizar o potencial monstruoso encarnado em suas partes. Sua inércia na tela o torna muito fácil de identificar e categorizar — em um papel mais ativo, a estranha inquietude mágica do *stop motion,* que Harryhausen considerava tão vital para suas criaturas, teria favorecido todo o potencial de suas múltiplas feições híbridas e transgressões de fronteiras. Ao manter o Minoton imóvel, o filme não consegue oferecer ao seu público o espetáculo antecipado de monstruosidade física em ação.

Fazendo uma divagação momentânea, há uma estranha predição do destino que muitos dos monstros de Harryhausen acabariam por encontrar. Os modelos, hoje propriedade da Fundação Ray & Diana Harryhausen, percorrem o Reino Unido participando de exposições e festivais, por exemplo, a sessão "Conheça as Criaturas" no Festival de Animação de Manchester, que ocorreu em novembro de 2016. Após uma exibição de *Fúria de Titãs*, os participantes foram convidados a "conhecer as estrelas do filme", a Medusa e Calibos. Os fãs tiveram o privilégio de posar para fotos ao lado de seus monstros favoritos, congelados em raridades em miniatura, capazes de serem circum-navegadas e vistas de todos os ângulos sob as luzes brilhantes de um centro de convenções ou sob a custódia segura de uma vitrine. Não há nenhuma perseguição fora da tela para eles, nenhuma caverna para se esconder da catalogação, da análise, do olhar controlador daqueles em quem agora despertam mais afeto do que medo. Pobre Minoton; enquanto a Medusa e Calibos inspiraram os espectadores com suas personalidades na tela, ele não chegou tão longe.

O último filme de Harryhausen em Hollywood foi *Fúria de Titãs* (1981), uma versão do mito de Perseu. Uma das contribuições significativas desse longa para a retórica dos monstros cinematográficos é o Kraken. Essa criatura vem originalmente da mitologia nórdica, mas o roteirista de *Fúria* achava que, "como nome de um monstro marinho, era bom demais para ser desperdiçado" — mais uma vez, a prioridade é o espetáculo, não o que o monstro pode significar.[28] Ele assume a forma da "descendência mutante de um réptil pré-histórico que havia acasalado com um dos poderosos titãs", modelado em um tritão com rabo de peixe e quatro braços com garras que deveriam parecer tentáculos de polvo;[29] como maior monstro do filme, está ligado à deusa do mar Tétis, que atua como a principal antagonista divina. Harryhausen repete o truque de usar o mesmo monstro para o final do filme, embora com diferenças entre os dois episódios. A história inicia quando o rei Acrísio atira a filha Dânae e seu bebê no mar para expiar os pecados da jovem. Zeus decreta que Acrísio deve ser punido por esse crime, até porque ele é o pai da criança. A divindade então decide que a punição será soltar o Kraken na cidade de Argos para destruí-la.

Nosso encontro com o Kraken, nessa fase, é bastante impressionista. Vemos seu corpo maciço sair da caverna submarina, e seu tronco segmentado salta através das ondas no caminho para Argos. No entanto, quando a cidade é destruída, temos poucos sinais do envolvimento do Kraken. Em vez disso, ondas gigantescas se abatem sobre edifícios, estátuas e cidadãos, dando a impressão de que a cidade está padecendo em um evento provocado por um tsunami e não em um ataque do tipo Godzilla. Zeus mata Acrísio esmagando uma estátua de terracota que o representa no Monte Olimpo, provocando nele o que parece ser um ataque cardíaco fulminante. O Kraken retorna complacentemente ao seu covil, onde permanece até ser convocado por um Zeus desanimado para o encerramento do filme. Entretanto, sua presença paira sobre a trama. Depois que a rainha Cassiopeia compara sua filha Andrômeda a Tétis, a deusa tem pretexto para se vingar em nome de seu filho Calibos. Ela exige que Andrômeda seja sacrificada ao Kraken. Quando Perseu consulta as Bruxas Estigeanas sobre o que fazer para matar o monstro, elas sugerem que a cabeça da Medusa transformará o Kraken em pedra — "um Titã contra um Titã!", uma delas cacareja, sinalizando uma inevitável reiteração de monstro atrás de monstro, e o espetacular desfile da missão de Perseu dentro do filme.

O Kraken reaparece após Andrômeda ter sido acorrentada a uma conveniente rocha, quando parece que a busca de Perseu não foi bem-sucedida. Sua lenta libertação da caverna e a aproximação gradual em direção a Andrômeda visa aumentar a tensão da sequência. Dessa vez, vemos o monstro se alavancando por trás de alguns penhascos, mostrando os múltiplos braços e o tronco em um efeito interessante (Figura 3.3). O espectador tem mais tempo para contemplá-lo, talvez observando suas semelhanças com o Monstro da Lagoa Negra e a ameaça sexual implícita que ele representa para Andrômeda. Quando o Kraken se abaixa para agarrar a princesa, Perseu aparece montado em Pégaso e, após uma dramática batalha aérea, segura a cabeça da Medusa no alto. O Kraken é transfixado e seu corpo petrificado desmorona lentamente. A necessidade de um monstro ver o outro leva à morte de ambos — o controle de Perseu do ato visual é, portanto, a encarnação do olhar heliotrópico. Após a destruição tentadora de Argos, o público é finalmente autorizado a saciar seu apetite visual pela monstruosidade do Kraken, libertado mais uma vez das profundezas do mar para seu prazer visual. O vislumbre sedutor oferecido no início do filme é a promessa de um deleite pavoroso adiado. Depois de ver apenas breves fotos do corpo do monstro, o público pode desfrutar do prazer adiado não apenas de ver o Kraken como um todo, mas também de assistir à sua destruição.

Não é por acaso que o sacrifício de Andrômeda está marcado para a noite do dia mais longo, porque *Fúria* faz algumas conexões significativas entre monstruosidade, crepúsculo, entardecer e sombra. Todos os monstros que Perseu encontra estão de alguma forma ligados a tempos ou espaços escuros. Calibos, o monstruoso Rei do Pântano e antagonista inicial do filme, ocupa um bosque de tochas que os espíritos de Perseu e Andrômeda só visitam à noite. A Medusa vive sob um templo em ruínas; as tochas cintilantes que projetam sombras perturbadoras pelas paredes desorientam sua presa, mas permitem que Perseu a atraia com seu escudo refletor para decapitá-la. Os escorpiões colossais que vêm do sangue da Medusa são gerados quando Calibos aproveita o sono ruidoso de Perseu para furar a bolsa que guarda a cabeça decapitada. Os monstros de *Fúria* vivem literalmente na escuridão; quando são vistos, ou quando a luz vem até eles, inevitavelmente perecem.[30]

Figura 3.3 O Kraken em *Fúria de Titãs* (1981).

Essa falta de visão se manifesta até mesmo na monstruosidade. Calibos torna-se um monstro ao longo da trama, um castigo por (entre outras coisas) ter matado todos os cavalos alados sagrados de Zeus, exceto o garanhão, Pégaso. A transformação ocorre diante dos olhos do espectador, mas por aproximação. Quando Zeus coloca a estátua de Calibos em terracota na arena que representa o mundo, a câmera se concentra na sombra da estátua enquanto Zeus entoa seu destino: "Ele se tornará abominável à visão humana. Ele será repudiado e forçado a viver como um proscrito nos pântanos e alagadiços. Ele será transformado em escárnio mortal, uma vergonhosa marca de sua vil crueldade." Enquanto Zeus realiza o julgamento, a sombra da estátua se contorce, e assume a forma da entidade demoníaca metade humana, com patas fendidas, que aterrorizará Andrômeda agora que ela não mais se casará com ele (Figura 3.4).

A importância do visual para o monstro é ressaltada pelos comentários de Harryhausen sobre o design da Medusa. Ele achava profundamente insatisfatória a representação desse monstro como uma bela mulher com cobras no lugar do cabelo, sendo, portanto, a primeira pessoa (até onde sei) a conceber a Medusa com torso e cauda de cobra (Figura 3.5).

A Medusa é agora quase sempre representada com uma cauda de serpente, tanto na tela como nos livros. Harryhausen criou essa mudança ao optar por priorizar a monstruosidade em detrimento da beleza: "senti que precisávamos de um demônio marcante, mas também feio de uma maneira inesperada."[31] Para tanto, baseou-se na estrutura óssea da cabeça cortada do monstro na escultura *Perseu com a cabeça da Medusa,* de Cellini, e a tornou feia; a cauda da cobra foi simplesmente uma "progressão óbvia" das cobras em seu cabelo.[32] Sua decisão criou uma mudança na monstruosa feminilidade, novamente estruturada por um instinto de impacto cinematográfico — mas sua influência destaca o controle que os criadores detêm sobre os monstros na tela.

Por que os monstros de Harryhausen foram tão bem-sucedidos, estabelecendo os parâmetros para os animadores nostálgicos da geração seguinte, e inspirando o amor pela mitologia clássica no público jovem que viu o filme tanto no ano de seu lançamento quando nas inúmeras exibições seguintes durante as tardes de feriados chuvosos? (Confissão: na infância, eu tinha fácil acesso tanto a *Jasão* como a *Fúria* em fitas VHS já bem gastas.) O próprio Harryhausen tinha algo a dizer sobre a mudança nas expectativas e práticas da indústria:

Figura 3.4 Calibos (Neil McCarthy) em *Fúria de Titãs* (1981).

Figura 3.5 A Medusa em *Fúria de Titãs* (1981).

> A animação com modelos foi relegada a uma reflexão, ou a um ponto de partida para criaturas desenvolvidas a partir de efeitos criados no computador que atingiram um nível que poucos poderiam ter previsto. Entretanto, por todas as maravilhosas conquistas do computador, o processo gera criaturas realistas demais, e na minha opinião isso as torna irreais, porque perderam um elemento vital: a qualidade de sonho. Fantasia, para mim, é dar vida a seres estranhos que estão muito distantes do século 21. [...] Criaturas fantásticas nas quais a qualidade irreal se torna ainda mais vital. O *stop motion* fornece o sopro de vida perfeito para elas, oferecendo um olhar de puro faz de conta, pois seus movimentos estão além de tudo o que conhecemos.[33]

O dom particular de Harryhausen para criar monstros que prendiam seus telespectadores se baseou precisamente no fracasso do *stop motion* em criar o real. Suas bestas ocupam a fronteira geográfica entre realidade e fantasia, ganhando vitalidade por sua posição limítrofe. A articulação de armaduras, estofamentos, peles, penas e tecidos funcionava, segundo ele, porque não tentava oferecer realismo ao público. Ao dar vida às suas criaturas, agindo como Pigmalião para suas maquetes, no lugar do que seria a estátua, ele não procurou exercer um controle foucaultiano sobre elas, tornando-as hiper-reais ou fixando-as no mundo, onde lhes deu uma vida temporária.[34] Seu compromisso com o design dos personagens e ao dar personalidade às suas criaturas faz com que elas mantenham a autonomia, apesar de serem utilizadas episodicamente. Parte de sua energia vem da forma como essas criaturas eram filmadas — movimentos quadro a quadro que levavam semanas ou meses para serem concluídos, exigindo total dedicação e constante inovação metodológica para acompanhar a evolução da tecnologia cinematográfica. A qualidade lenta, quase meditativa, desse trabalho nos é transmitida por meio dos relatos que Harryhausen faz de sua atividade criativa. Não se trata de um ato de descoberta, mas de libertação. O objetivo é comunicar o espírito da besta em vez de proporcionar uma visão precisa de sua aparência. Para Harryhausen, a irrealidade faz o monstro viver.

Alguns monstros interinos

Depois de *Fúria*, houve certa calmaria nos filmes clássicos com monstros, que sempre compreenderam um subconjunto do cinema mais amplo de inspiração clássica, devido a uma mudança nas práticas da produção cinematográfica em relação ao mundo antigo. Os desastres associados a *Cleópatra* (1963) desestimularam o investimento dos estúdios em um novo grande projeto épico antigo, tornando *A queda do Império Romano* (1964) o último desse gênero por algumas décadas.[35] Os filmes sobre o mundo antigo passaram a priorizar a comédia, como em *Os apuros de Cleópatra* (1964) e em *Um escravo das Arábias em Roma* (1966), ou então consistiam em produções do "cinema-arte", interessadas sobretudo na monstruosidade humana — o *Satyricon de Fellini* (1969) e as adaptações de Michael Cacoyannis da tragédia grega são exemplos de que podemos lembrar. Da mesma forma, o próprio Harryhausen observou que, quando fez *Fúria*, os heróis estavam perdendo terreno para os anti-heróis; enquanto a franquia de *Guerra nas estrelas* dava ao público a reparação heroica de que ele precisava (1977, 1980 e 1983), a trilogia *Mad Max* (1979, 1981 e 1985) apontava para a direção das coisas futuras. O herói grego e seus monstruosos companheiros fizeram uma pausa.

Um filme improvável abordou monstros clássicos antes de *Gladiador* revitalizar a epopeia do mundo antigo no ano 2000: a versão em animação de *Hércules* (1997), da Disney, que abraçou *com gusto* a herança do gênero espada e sandália.[36] Em sua jornada para recuperar a divindade que Hades lhe rouba, Hércules encontra alguns monstros verdadeiramente assustadores. Três episódios principais de encontro com monstros marcam cada etapa significativa da história de vida de Hércules. Ele encontra o centauro guardião do rio Nessus enquanto está a caminho para se estabelecer como herói em Tebas, e lá encontra pela primeira vez a bela Mégara, que atua como principal interesse amoroso da trama; ele luta contra a Hidra para provar aos tebanos que é de fato um herói; e, na batalha final com os titãs, sua intervenção muda a maré e permite que os olimpianos derrotem seus inimigos. Monstros assim sinalizam conquistas significativas na jornada do herói.

Outros monstros são mencionados. Em particular após a derrota da Hidra e durante o número musical "Zero to Hero" [Do nada a herói], uma montagem apresenta Hércules enfrentando uma série de adversários familiares em suas posições típicas (o Javali de Erimanto, o Leão de Nemeia, uma única ave do Lago Estínfalo, uma serpente marinha aleatória e um trio formado por Minotauro, Medusa e algo que se parece com um grifo); a sequência proporcionou "uma oportunidade para os animadores abraçarem seus impulsos criativos, que de outra maneira ficariam tolhidos", nesse caso por meio da criação de um Hércules como uma marca registrada da conquista de monstros.[37] Hércules parece ver a conquista de monstros como a síntese do que deveria estar fazendo como herói, por isso é um choque para ele quando seu pai, Zeus, lhe diz que ele ainda não provou ser um *verdadeiro* herói. "Mas, pai, eu... derrotei todos os monstros que enfrentei por aí, eu sou a pessoa mais famosa de toda a Grécia. Eu tenho até bonequinho!", Hércules gagueja, mostrando uma miniversão sua em brinquedo como prova. Ele confundiu a luta contra monstros com o real heroísmo — que, ao que parece, significa estar disposto a morrer pelos outros.[38] Essa autoconsciência da forma como os monstros são usados sinaliza que, em *Hércules*, os monstros desempenham um importante papel instrumental, mas não são o elemento central para definir o herói.

Dito isso, o mundo de fantasia da animação em celuloide, com sua liberdade diante das leis da física e sua vibrante paleta de cores, dá aos monstros do filme a mesma qualidade de sonho que Harryhausen sentia que a animação *stop motion* dava aos seus monstros. A influência do caricaturista Gerald Scarfe na estética do filme também acrescenta a esse sentimento de fantástico.[39] Corpos anormalmente grandes são tingidos com cores escuras e frequentemente vistos nas sombras, estabelecendo um contraste marcante com a Grécia ensolarada em que o filme é ambientado e proporcionando um prazer visual inequívoco à medida que Hércules os aniquila. O melhor exemplo vem da batalha de Hércules com a Hidra, adversário utilizado por Hades para matar o herói no início de sua carreira. Depois de libertar duas crianças (os capangas de Hades, Dor e Pânico, disfarçados) de debaixo de uma pedra, Hércules liberta a Hidra da sua caverna, uma consequência simbólica não intencional de um ato aparentemente virtuoso. Embora a besta inicialmente engula Hércules, ele consegue escapar ao decapitá-la e permanece, ofegante, ao lado da carcaça fumegante sem cabeça. Sua alegria dura pouco: a cabeça se regenera várias vezes, e na sequência seguinte Hércules tenta decapitações em massa, apenas para que mais cabeças cresçam de novo. Cenários dramáticos e música elevam os níveis de tensão, especialmente quando Hércules provoca o deslizamento de um penhasco que cai sobre a besta e inicialmente parece ter perecido com ela.

A natureza estendida da batalha, diferenciada dentro do filme pela incorporação de técnicas de animação computadorizada, permite que a Hidra se torne uma ameaça real e que ela seja percebida como um verdadeiro divisor de águas para Hércules na condição de herói (Figura 3.6). Seu encontro anterior com o centauro Nesso foi neutralizado pela recusa de Mégara em se conformar com o estereótipo da donzela em apuros; a Hidra representa o momento de permitir ou impedir a incursão de Hércules no heroísmo, daí sua presença corporal superdeterminada como o vilão elementar. A longa sequência de luta, a inversão da sorte e a sugestão temporária de que ele morreu junto com a Hidra se combinam para tornar importante essa conquista sobre o monstro. Em contraste, a melodia alegre da canção "Zero to Hero" e a facilidade cômica e sem esforço com que Hércules despacha o resto de seus monstruosos adversários os fazem parecer menos significativos — e prepara o espectador para a perfuração da bolha de heroísmo de Hércules por Zeus. O formato de desenho animado permite que a trama se reoriente para os planos cômicos de Hades para derrubar Zeus, deslocando rapidamente os monstros da condição de ameaçadores para risíveis. Eles não são, como ficará claro ao longo da narrativa do filme, a verdadeira ameaça à humanidade, mas sim as ferramentas de Hades — bem ilustradas durante "Zero to Hero" por cenas de Hades movimentando peças-monstro em um tabuleiro de xadrez.

Desde os primórdios do cinema, e particularmente ao longo da Era Ray Harryhausen, os monstros clássicos têm sido ligados a narrativas de heróis. Embora possam embaralhar a história de um herói para outro, eles têm permanecido como adereços, peças de cenário, suportes para o *amour propre* heroico. Raramente lhes é permitido falar; enquanto alguns exploram o aspecto monstruoso da contemporaneidade em questão, em geral o seu propósito é puramente contribuir para o espetáculo. O que *Hércules* da Disney demonstra é uma consciência tanto dessa estratégia de implantação de monstros quanto de suas falhas: até o final do século XX, falta algo se um herói se define apenas por suas conquistas. O corolário disso é que falta algo a um monstro se ele é definido apenas pelo seu herói. O que *Hércules* oferece como resposta irônica aos argumentos usados por Harryhausen se desenvolve, nas décadas seguintes, em uma ruptura total com o enquadramento do mito clássico. O salto para o novo milênio nos leva a alguns monstros que estão presos nos mesmos padrões de seus antecessores, mas também a outros que fogem para novos territórios.

Figura 3.6 A Hidra em *Hércules* da Disney (1997).

4

MÚSCULOS E IMAGINAÇÃO: O *PEPLUM* MODERNO E OUTROS ELEMENTOS

O sucesso de *Gladiador* no ano 2000 é muitas vezes visto como um momento importante para o clássico nos filmes, definindo que o conteúdo clássico tinha voltado a ser viável comercialmente na tela grande. No novo milênio, dois tipos de filmes envolvendo o monstro clássico surgiram. O primeiro, exemplificado por *Fúria de Titãs* (2010) e *Hércules* (2014), deu continuidade às tradições do *peplum*, colocando o monstro em seu papel tradicional de adversário de determinado herói. O segundo, incluindo *E aí, meu irmão, cadê você?* (2000) e *O labirinto do Fauno* (2006), investiu menos na derrota do monstro e mais em explorar sua natureza. As diferenças entre esses dois estilos são acentuadas — um monstro em um épico heroico se encontra em território limitado, mas outros gêneros se mostram mais promissores.

O retorno ao *peplum*

Assim como *Gladiador*, a trilogia *O Senhor dos Anéis* (2001-2003) e *300* (2007) estabeleceram que o épico heroico poderia ser mais uma vez um sucesso de bilheteria. A franquia *O Senhor dos Anéis* foi extremamente influente na linguagem visual empregada em cenas de batalha fantásticas de todos os tipos; por exemplo, o confronto final entre as forças gregas e os guerreiros do inferno armadas até os dentes em *Fúria de Titãs 2* (2012) parece semelhante a qualquer batalha com os orcs que acontece na trilogia. Esta também representa um marco quanto ao enredo baseado em missões, que se concentra nas aventuras de um determinado indivíduo (geralmente masculino) e permite o desenvolvimento de franquias de múltiplos filmes financeiramente atraentes. Da mesma forma, *300* contribuiu para uma estética de linguagem visual compartilhada por meio de um retrato estilizado da violência, que se baseou fortemente na história em quadrinhos original de Frank Miller e Lynn Varley.[1] Esse tipo de imagem passou a fazer parte do repertório gráfico padrão dos filmes ambientados no mundo antigo, nos quais as batalhas e os conflitos são apresentados como esteticamente impressionantes e não como horríveis.

Desde o ano 2000, uma série de épicos de heróis modernos ou filmes *peplum* contemporâneos apareceu nos cinemas.[2] As produções que agrupo nessa categoria incluem *Percy Jackson e o ladrão de raios* (2010) e sua sequência *Percy Jackson e o mar de monstros* (2013); o remake de *Fúria de Titãs* (2010) e sua sequência *Fúria de Titãs 2* (2012); *Imortais* (2011); *Hércules* (2014), estrelado por Dwayne "The Rock" Johnson; e *Hércules* (2014), protagonizado por Kellan Lutz. Como nos longas anteriores, todos estes últimos focalizam heróis específicos em determinados arcos de história, embora nem sempre derivados de fontes antigas; como mostra o Fúria refeito pós-Harryhausen, tornou-se impossível pensar em Perseu sem o seu Kraken.[3] Esses filmes também se baseiam fortemente em material de fonte preexistente — *Fúria de Titãs* dialoga com *Fúria de Titãs*, as produções de Percy Jackson são adaptações de uma série bem-sucedida de livros escritos por Rick Riordan e *Hércules* de 2014 tomou como ponto de partida a história em quadrinhos *Hércules: The Thracian Wars* [Hércules: as guerras trácias], de Steve Moore.

Essas produções também têm a vantagem de terem acontecido na era da animação por computador. Solomon observou que novas técnicas eletrônicas permitiram aos cineastas contar com estúdios e locações suntuosos sem o incômodo de viajar ou de contratar um elenco milinário.[4] A maneira como esses filmes acompanham a trilogia *O Senhor dos Anéis* no uso da tecnologia para dar vida ao monstruoso é, eu diria, uma mudança fundamental na representação dos monstros — ao avançar em direção à criação por meio da tecnologia, os cineastas levam os monstros para *mais longe* de seus personagens. Eles são desencarnados, na medida em que os corpos assistidos pelo público na tela não existem de fato. O ato de dar ao monstro carne exclusivamente gerada por computador significa que ele é completamente retirado do mundo físico habitado por nós, humanos. A animação computadorizada não consegue proporcionar os prazeres de se assistir a um monstro de "carne e osso" em movimento. É impossível identificar-se com algo que não está realmente lá. Não há ninguém, por exemplo, como no mais frugal dos episódios de *Doctor Who*, vestido com sacos de lixo e utensílios de limpeza doméstica entusiasticamente pintados, enquanto os diretores rezam para dar certo. Não há nenhuma das maquetes ou modelos de Harryhausen. A mecânica é invisível.

Esse é o equivalente da prática medieval de posicionar os monstros na margem do mapa, criando um distanciamento entre os objetos na tela e os espectadores. Ao ganharem forma e ao mesmo tempo serem isolados, os monstros se tornam críveis, mas são mantidos a uma distância segura. A segregação está em consonância com o arco geral de enredo desses filmes, ao longo do qual um jovem deve aprender o que significa ser um homem no mundo que habita. Esses heróis têm necessidades simples — devem esfaquear coisas com dentes pontiagudos, não morrer e resgatar a garota — que gesticulam nostalgicamente em direção a uma época mais simples, quando os homens não precisavam se preocupar com a própria evolução que abriu caminho para a computação gráfica. A tecnologia automatiza os locais de trabalho e extingue vagas de emprego antes ocupadas por quem fazia as tarefas manuais, levantando questões desconfortáveis sobre a masculinidade no contexto atual de declínio contínuo da indústria e de crescimento de fábricas fora dos Estados Unidos e da Europa. Os heróis dessas produções estão buscando o que Courcoux chamou de "masculinidade transcendental", tanto quanto qualquer outra coisa.[5] O cenário dos filmes em um mundo antigo, apesar dos elementos "feminizados" da tecnologia moderna, isola esse devaneio misterioso da identidade de gênero da mesma forma que a construção dos monstros animados por computador os afasta ainda mais do espectador.

Paralelamente, tenho percebido que a indústria cinematográfica está começando a se recuperar dos efeitos estranhos da computação gráfica em seus contos de aventura e destemor. No estrondoso sucesso *Mad Max: estrada da fúria* (2015), as cenas de perseguição automobilística foram realizadas com pilotos de acrobacias. A principal contribuição da computação gráfica foi valorizar as paisagens, o clima e as cores do filme finalizado. É de se perguntar se as tendências feministas desse filme, com seu foco na personagem Imperator Furiosa e não no próprio Max, têm algo a ver com esse afastamento do idealizado e do imaginário na tela, independentemente do cenário de ficção científica. Em uma linha mais clássica, o material publicitário de *Ben-Hur* (2016) proclamou em voz alta que a cena da corrida de bigas foi filmada sem a ajuda da animação por computador, apesar do que o público poderia supor.

Paradoxalmente (ou não), a escolha de rodar um filme com um monstro clássico é um passo retrógrado. Ela se volta contra a dissociação da aparência de monstruosidade em relação à monstruosidade real que está em ação desde Frankenstein e sua Criatura. Tal escolha rejeita radicalmente o conceito de monstruoso contemporâneo, que consiste no medo do terror invisível e indetectável no cotidiano, e nos oferece uma visão completa, abrutalhada do monstruoso. Mas isso também é um artefato de nostalgia, uma opção para se afastar do mundo moderno e de seus perigos. Há uma sensação maior de segurança quando se é capaz de identificar aquilo contra o que você deve lutar, independentemente de quantos dentes e garras essa coisa possa ter. O monstro óbvio é um refúgio contra a incerteza.

Ao lado do desejo de usar o monstruoso como rota de fuga das realidades da vida moderna, esses filmes heroicos também insistem no hiper-real, perdendo a distinção entre o que é naturalmente possível e o que é construído artificialmente.[6] Eles apresentam os corpos de seus protagonistas em gloriosos (realçados) closes, valorizando seus músculos e alardeando suas proezas físicas, criando prazeres de apreciação para uns e de identificação (ou de uma projeção inalcançável) para outros. Ao usar a animação por computador, essas produções procuram convencê-lo de que você está vendo algo indiscutivelmente real — e, ao acrescentar a visão 3D, tentam fazê-lo sentir-se literalmente no meio da ação. A hipermasculinidade é habilitada e ampliada pelas propriedades fantásticas da tecnologia. O público aprecia a visão do astro no auge da excelência física, mas o monstro que é alvo de sua violência é claramente gerado pelo computador, privando os espectadores da satisfação do contato dos corpos. Da mesma forma, a suposta exigência do combate monstruoso leva a um eclético encontro de monstros que vêm de longe, mas que não têm envolvimento com seus contextos míticos.

Figura 4.1 Pôster de *Fúria de Titãs 2* (2012) mostrando a Quimera.

Fúria de Titãs 2 (2012) ilustra claramente os problemas de se assumir que a força de um espetacular cenário de batalha pode superar a ausência de enquadramento narrativo. No início dessa produção, uma fera rasteja de um barranco vulcânico localizado convenientemente perto da pequena vila de pescadores onde Perseu está vivendo com seu filho. A criatura voa para a aldeia, onde causa estragos. Ela tem duas cabeças, cospe fogo de uma boca e gasolina da outra, tem grandes asas de morcego e uma cauda com uma boca cheia de presas em sua ponta (Figura 4.1). Perseu corre para tirar sua armadura de um armário subterrâneo escondido. Apesar de estar um pouco fora de forma, ele consegue fazer a besta atear fogo em si mesma, e a sequência termina. Do momento em que o monstro aparece na tela até ser despachado, leva cerca de quatro minutos e meio. Perseu então é visto olhando através de uma janela, pensativo, ponderando o que pode estar acontecendo no mundo dos deuses para permitir que aquela criatura perturbe sua rotina doméstica.

Se você conhece esse mito clássico, pode ser capaz de identificar o monstro como a Quimera da descrição de Hesíodo: a besta tem uma cabeça de leão na frente, uma cabeça de dragão atrás e uma cabeça de cabra em algum lugar no meio (embora o autor não especifique qual delas sopre fogo).[7] Entretanto, a palavra "quimera" nunca é mencionada no roteiro, e não há qualquer dica sobre o contexto mitológico mais amplo no qual a fera aparece.[8] A Quimera é originalmente colocada contra o herói Belerofonte, enviado para combatê-la por Ióbates, o rei de Lícia. Ióbates recebeu um bilhete de Preto, rei de Tirinto, dizendo simplesmente: "Matem Belerofonte." Preto busca vingança desde que Stheneboea, sua esposa, acusou Belerofonte de estuprá-la depois de o herói ter rejeitado suas investidas. Belerofonte derrota a Quimera com a ajuda de Pégaso.[9] Em *Fúria 2*, Pégaso só aparece depois que Perseu derrota a Quimera, apesar de seu papel fundamental no remake anterior de *Fúria de Titãs* (2010) — e, claro, a Quimera acaba por ficar sem seu herói. Mas a sequência de 2012 não dá pista alguma sobre essa história alternativa enquanto você assiste a ela, reduzindo a Quimera a um dispositivo que indica que Perseu é um pai protetor.

Uma imagem diferente surge de um vídeo disponível no YouTube chamado *Chimera Featurette*, mostrando os bastidores com imagens das gravações de *Fúria de Titãs 2* ao som de frases de efeito proferidas pelo diretor, pelo roteirista, pelo artista digital principal da produção e pelo produtor executivo, além de uma locução que nos informa que "essas criaturas ferozes são realmente os presságios da desgraça".[10] Fica evidente que a concepção do monstro demandou muito trabalho. O roteirista Dan Mazeau diz: "trata-se de uma estranha amálgama ao estilo Frankenstein, com todas essas diferentes criaturas, e então pensamos que aquilo poderia ser realmente aterrorizante." De acordo com os comentários do diretor, Jonathan Liebesman, a equipe havia se empenhado em trabalhar a logística das duas cabeças agindo simultaneamente, uma soprando combustível e a outra providenciando uma névoa de calor. Entretanto, o resultado é um fetiche do artista digital. A Quimera torna-se vítima de um desejo pessoal de demonstração de conhecimento esotérico sobre monstros de uma cultura morta há muito tempo. O prazer do espectador pela luta espetacular é minado pela falta de um contexto significativo onde se possa situar e entender o monstro. Seu único propósito é ser exibido, como uma aberração, antes de ser morto.

Fúria 2 faz exatamente o mesmo com o Minotauro, tema de outro vídeo disponibilizado no YouTube.[11] Para entrar no Tártaro a fim de deter o plano vil de seu avô Cronos, Perseu e seus companheiros devem atravessar um labirinto mecânico construído por Hefesto. Ao chegarem ao fim do caminho, encontram uma criatura meio homem, meio touro que os persegue. Perseu derrota-a relativamente rápido e o grupo segue em frente. Não há diálogo. Mais uma vez, o vídeo revela que houve mais estrutura conceitual por trás da besta do que a que chegou à tela. Nick Davis, supervisor da VFX, chama o Minotauro de "alma torturada de um homem com esse tipo de deformidade hedionda", enquanto o produtor, Basil Iwanyk, afirma: "é o diabo, para todos os efeitos e propósitos." Contudo, Sam Worthington, que interpreta Perseu, diz algo que inadvertidamente revela ainda mais sobre a atitude subjacente do filme em relação aos monstros quando ele comenta que a cena com o Minotauro "seria como uma luta do UFC... ele [Perseu] não sabe o que vai atacá-lo. É só mais um grande monstro." Isso é tudo o que ele é: só mais um grande monstro.

O filme tem uma avaliação da crítica de 26% no *RottenTomatoes.com*, e muitos que o avaliaram comentaram sobre os efeitos especiais em suas resenhas. Por exemplo, Liam Lacey, do jornal canadense *The Globe and Mail*, chamou o filme de "uma série de lutas de monstros" e observou que "as lutas de monstros ocorrem em intervalos regulares de dez minutos"; ele considera que o Minotauro ficou "abaixo do esperado".[12] No *San Francisco Chronicle*, Mick LaSalle reclamou: "sequências inteiras consistem em nada além de caras lutando com imagens rígidas de computador."[13] Ironicamente, Joe Neumaier se queixou no *New York Daily News* de que, "comparativamente, pouca atenção é dada aos monstros".[14] As histórias de fundo montadas pela equipe de direção e produção ficaram totalmente perdidas no produto final. Sem um contexto mais amplo e a individualidade que Harryhausen lhes dava, os monstros perdem a energia.

Imortais (2011) transmite a impressão de tentativas igualmente sérias de envolvimento de uma base de mitologia em seu material de origem. Também nos apresenta um Minotauro, dessa vez um homem usando cabeça de touro, um capanga do rei Hiperion que tenta derrubar os deuses para libertar os titãs. O artefato usado na cabeça é uma homenagem ao vaso de libação com cabeça de touro encontrado no Pequeno Palácio de Cnossos em Creta, um local fortemente associado ao Minotauro. O Minotauro atua como torturador-chefe de Hiperion, e entre suas funções está o manuseio de um touro feito de bronze no qual pode assar vítimas até a morte. Esse dispositivo acena para a teoria de que o Minotauro era um monstro inspirado no deus fenício Baal Moloch, supostamente adorado por meio de sacrifício humano realizado dessa forma. O filme também brinca conscientemente com o conceito da criação do mito. A cena de luta entre Teseu e o homem que usa a cabeça de touro torna-se explicitamente uma batalha entre o herói e um híbrido homem-touro em uma escultura comemorativa na sequência de fechamento. Houve, de certa forma, uma tentativa sincera de engajamento com ideias eruditas sobre o evemerismo e a maneira como a história se transforma em mito.

Infelizmente, uma das fraquezas dessa produção (de uma perspectiva monstruosa) é o fato de que sua trajetória narrativa não vê a morte do Minotauro como um episódio-clímax, mas se concentra em uma história de gigantomaquia fundamentada no desejo de Hiperion de libertar os titãs. O Minotauro de *Imortais* é esvaziado pela decisão de desmistificar a monstruosidade — nós *sabemos* que é apenas um sujeito vestindo um adereço de cabeça dramático, e ele é rapidamente dominado em uma breve e anticlimática cena de luta (Figura 4.2). Os elementos que tornam o monstro poderoso — sua transgressão, seu desprezo casual pelas categorias semânticas normais, sua característica de ser o "outro" — são desmontados, racionalizados e domesticados. Uma narrativa que afirma ser a "história real" por trás do mito torna-se particularmente peculiar em um filme no qual os deuses desempenham um papel significativo na tela. A fronteira para a fantasia já tinha sido havia muito ultrapassada, por isso resistir a colocar um híbrido de homem-touro adequado em cena foi uma atitude desnecessariamente tímida. Como Stephen Whitty disse em sua crítica para o *NJ.com*, "é um filme sobre um mito sem a presença de magia".[15]

Isso não quer dizer que o cinema não possa questionar as origens e a realidade dos monstros, e o papel que eles desempenham no reforço da identidade do herói. Embora olhar para os monstros em uma tela possa ser algo que os petrifica dentro de um sistema de controle onde eles são definidos pelos olhares que recebem, é possível considerar essas questões sem cair no olhar heliotrópico.[16] Eu diria que *Hércules* (2014), estrelado por Dwayne "The Rock" Johnson, consegue comunicar essa visão alternativa particularmente bem. O enredo do filme é do tipo monstruoso-light: Hércules e seu bando de mercenários são contratados pelo rei Cotys, da Trácia, para treinar seus soldados, a pretexto de tentar derrotar um senhor da guerra local. Cotys acaba se revelando um tirano que deseja escravizar a Grécia. O tema do filme é fundamentalmente sobre o grupo perceber que está trabalhando para o lado errado e decidir o que fazer a respeito. Um enredo secundário explora as lembranças confusas de Hércules sobre ter matado a esposa, Mégara, e os filhos, e se suas ações surgiram da influência de Hera ou foram motivadas por sua própria loucura.

A sequência de abertura introduz essas preocupações autorreferentes sobre crença, confiança e fato. O público assiste a alguns episódios familiares da história de Hércules, incluindo seus encontros com a Hidra, o Javali de Erimanto e o Leão de Nemeia. Fica claro que essas histórias estão sendo contadas por Iolau, sobrinho de Hércules, quando um dos piratas que o mantêm cativo responde sucintamente: "que monte de bobagem". Hércules e seus companheiros resgatam Iolau e massacram os piratas pouco antes de o jovem encontrar seu fim, mas o restante do filme enfoca fortemente o significado de imagem e reviravolta, implicando que, embora essas sejam as histórias contadas, os monstros não são *reais*. Em uma das cenas, Hércules retorna ao rei Euristeu de sua missão de matar a Hidra trazendo um saco cheio de cabeças, e tira de dentro dele cabeças de soldados usando máscaras de cobra — "não é de admirar que os homens pensassem que fossem serpentes", diz o rei. Os "centauros" que assustam o exército de Cotys acabam se revelando exímios cavaleiros com iluminação projetada atrás de si. As lembranças difusas de Hércules a respeito de um Cérbero atacando sua família são na verdade memórias de três cães de caça selvagens atrapalhadas pelo uso de substâncias.

O filme mostra um cuidado narrativo: sempre que vemos monstros na tela, estamos vendo-os indiretamente, por intermédio dos relatos de Iolau ou dos flashbacks confusos de Hércules. Eles nunca aparecem em cenas não mediadas, com exceção dos cavaleiros-centauros, que logo são desmistificados. No entanto, enquanto a produção explora as mesmas teorias de mitologia de *Imortais*, em seus momentos finais *Hércules* traz uma inversão surpresa para reintroduzir a perspectiva de que o mundo contém deuses e monstros verdadeiros. Hércules realiza um feito heroico de força ao empurrar uma estátua de Hera e esmagar Cotys, sugerindo que pode realmente ser o filho de Zeus. Os créditos finais aparecem logo depois dessa revelação, deixando no ar a chance de os monstros que ele enfrentara serem reais, afinal de contas.

Figura 4.2 Teseu (Henry Cavill) e o Minotauro (Robert Maillet) em *Imortais* (2011).

O estilo estético da sequência final de créditos é marcadamente diferente do restante da produção. As cenas mostram uma versão de animação por computador em forma de esboço que recebeu apenas uma textura bruta e sombreamento em torno de bordas eletrônicas recortadas, tudo em tom laranja. Trata-se claramente de um trabalho em andamento e não do produto cinematográfico final. Usando esse estilo de rascunho, os créditos nos mostram cada uma das jornadas que vimos na sequência de abertura — não revelando que o monstro não existia, mas mostrando o papel, antes ocultado, que os companheiros desempenharam para ajudar Hércules a derrotar o monstro. Brincando com a possibilidade de todas essas coisas sobrenaturais poderem ser genuínas, o uso da linguagem visual de esboço nos créditos permite que o filme transite entre duas abordagens.

A base para essa reviravolta foi estabelecida pela atitude do filme em relação à profecia e ao vidente Anfiarau (Ian McShane, que na minha opinião se divertiu ao máximo). Anfiarau sabe a hora de sua própria morte, porém, "como sempre, os deuses são generosos com as dicas, mas avarentos com as especificidades". A certa altura, quando flechas ardentes caem no campo de batalha e o resto do exército se esconde atrás de seus escudos, Anfiarau fica de braços estendidos — nenhuma das flechas o atinge, e ele abre um olho cautelosamente para descobrir que não foi ferido. Antes de o bando enfrentar Cotys, ele anuncia que vai morrer — "esta noite, uma lança de fogo vai furar meu coração". Enquanto os homens lutam para sair das masmorras de Cotys, um guerreiro dispara uma lança através de uma tocha, acendendo-a. Anfiarau a vê chegando e sussurra: "minha hora chegou!". Uma música apropriadamente portentosa toca enquanto ele fecha os olhos e abre bem os braços para receber a arma em seu peito... e então Hércules apanha a lança do ar e mata o guerreiro que a atirou. "Com licença, mas este era para ser o meu momento, o meu destino", diz Anfiarau, ofendido. "De nada", responde Hércules, continuando a subir a escadaria. Como Anfiarau é o único personagem a ter acesso aos deuses, com informações que parecem ser precisas e vagas ao mesmo tempo, esse momento faz o público questionar se as expectativas que o filme criou sobre o sobrenatural devem ser levadas a sério.

Hércules evita as armadilhas de *Imortais*, apresentando os monstros como um fator importante na imagem heroica, sem banalizá-los. Como os deuses permanecem fora da tela, o filme pode manter a consistência de seu mundo interno. Ao permitir que a narrativa vacile entre a interpretação racional dos monstros e a possibilidade de que talvez, apenas talvez, essas coisas possam existir, a produção apela para a maravilha do monstruoso sem estripá-lo como acontece em *Imortais*. Todo o mundo conceitual do filme nos convida a questionar se o que é dito é verdade, assim como Hércules deve desvendar o que realmente aconteceu com sua família. Os espaços nas bordas são deixados suficientemente largos para permitir que o monstruoso volte à história, e que o heroísmo de Hércules mantenha a aura do mítico.

Tanto o que poderia ser chamado de abordagem eficaz em *Hércules* quanto de abordagem ineficaz em *Imortais* no que tange os monstros aparece no primeiro filme de Percy Jackson, *Percy Jackson e o ladrão de raios* (2010). O Minotauro é a epítome dessa ineficácia quando aparece exatamente no momento em que o herói Percy, seu companheiro Grover e sua mãe, Sally, se aproximam do Acampamento Meio-Sangue e vira o carro em que estão viajando. O Minotauro aparentemente mata Sally, e Percy, por sua vez, mata o Minotauro com um de seus próprios chifres. O desenvolvimento desse enredo permite o desdobramento do restante da história: Sally não está morta, mas foi levada para Hades, exigindo uma jornada mítica juvenil para recuperá-la. Como em *Imortais*, *O ladrão de raios* não dá ao Minotauro qualquer história de fundo, e nunca se refere ao labirinto, Pasífae ou Creta. O monstro simplesmente se materializa em uma área florestal de Long Island em um momento importante, agindo (por assim dizer) como um *monstrum ex machina* para garantir que Percy tenha algo para fazer no restante do filme.[17]

Nessa cena, o monstro é assustador porque é inesperado, surge do nada e representa uma ameaça significativa para a mãe de Percy. No entanto, nada marca a situação como uma que exigisse especificamente o Minotauro, a não ser o desejo por uma criatura bastante familiar da mitologia grega. Em contraste, o acontecimento no romance original deixa claro que a busca pelo Minotauro é um sinal de quão seriamente Percy está sendo levado por Hades. Na luta, a criatura é prejudicada por sua visão e audição deficientes; a oportunidade de lutar especificamente contra o Minotauro é vista como um fator de prestígio, equiparável a ser enviado em uma jornada.[18] Quando o filme remove o monstro do seu contexto mítico, a sequência perde sua força — o Minotauro se torna um vilão genérico, vencido quase imediatamente, alinhado com o emprego episódico de monstros na Era Harryhausen.

Em contrapartida, o episódio envolvendo a Medusa a incorpora à história de forma mais significativa. Na sua viagem ao submundo, Percy, Grover e sua amiga Annabeth acabam em uma loja de jardinagem com uma variedade incomum de estátuas. Na verdade, trata-se do covil da Medusa, quem não só explica como ocorreu a sua transformação em ser monstruoso para Annabeth, convenientemente filha de Atena, mas também pronuncia a maravilhosa frase "fui namorada de seu pai" para Percy, filho de Poseidon, antes de empurrar uma fileira de estátuas para cima dele (Figura 4.3). Esse é um monstro que ganha uma história de fundo completa, uma conexão pessoal com os protagonistas que gera terror baseado em suas próprias experiências, um local adequado para sua monstruosidade, e representa uma ameaça que leva mais do que alguns minutos para ser dominada.[19] Ela foi autorizada a encontrar um espaço no mundo moderno, em um local onde se pode realmente encontrá-la — você nunca se perguntou onde os designers conseguem as ideias para estátuas de jardim? O público assiste ao filme aproveitando a distância segura do monstruoso que lhe permite ver o que nunca deveria ser visto, sabendo que tem a tela de cinema como a barreira segura entre ele e os terríveis olhos da Medusa — mas esses olhos só são verdadeiramente aterrorizantes porque ela não é vista como apenas mais um adversário, mas como um elemento totalmente integrado ali, no pedaço do mundo do herói que ela colonizou.

O ladrão de raios nos mostra que, quando os monstros são essencialmente solicitados a agir como os bandidos descartáveis dos filmes de James Bond, perdem sua ligação específica com o herói e, portanto, seu impacto. O fato de um filme poder lidar com monstros de duas maneiras tão diferentes revela que é fácil cometer um deslize. Se você deseja que o seu monstro seja uma ameaça crível ao seu herói, ele precisa de uma razão factível para estar na história, em primeiro lugar.

Figura 4.3 A Medusa (Uma Thurman) em pôster do filme *Percy Jackson e o ladrão de raios* (2010).

Voltamos ao desejo de autenticidade na tela ao redor do qual circulei no capítulo anterior. É possível julgar erroneamente o prazer simples de ver as coisas só por vê-las, sem motivos extravagantes. Os épicos heroicos modernos exibem uma tensão entre as vantagens de colocar monstros na tela usando tecnologia avançada e as armadilhas de uma obsessão servil pela autenticidade visual. Quando o olhar heliotrópico delineia um monstro em detalhes perfeitos, a visão estilo "medusa" do espectador o congela em um estupor narrativo. Ele se torna submisso aos seus criadores, que usam e abusam dele e o colocam em posição de servir ao propósito narrativo previsto para ele, e depois o despacham. O prazer de ver o corpo monstruoso é quebrado pelo custo de tal dominação. Entretanto, a computação gráfica não significa *inevitavelmente* que os monstros sejam separados de suas raízes monstruosas e percam, como diria Benjamin, a aura que lhes confere autenticidade. Produções cinematográficas dispostas a ampliar as barreiras em torno do jeito como um monstro antigo *deve* parecer e se comportar, mesmo ao definir o monstro em função do herói, diluem o olhar heliotrópico e permitem que o monstro encontre seu próprio refúgio assustador. No entanto, a tentação da narrativa heroica, na qual um monstro deve sempre desempenhar um papel fixo com base em sua função, se não no seu adversário, é um engodo ao qual é, de fato, difícil resistir.

Uma abordagem diferente sobre os monstros

Em contraste com o que poderia ser mais gentilmente referido como a abordagem literal dos monstros encontrada nos épicos heroicos modernos, alguns filmes fazem uma abordagem mais imaginativa. Em vez de ver os monstros como umbilicalmente ligados a um herói, essas produções aproveitam seu potencial metafórico. Vamos começar com *E aí, meu irmão, cadê você?* (2000), dos irmãos Coen, a única tentativa séria de se envolver com a *Odisseia* no século XXI, se descontarmos *Odisseu: Voyage to the Underworld* [Odisseu: viagem ao submundo] (2008), do canal Sci-Fi.[20] *E aí, meu irmão* transplanta a *Odisseia* para o Sul dos Estados Unidos em plena Grande Depressão dos anos 1930. Os Coen nunca tiveram a pretensão de recontar literalmente o poema de Homero, mas se engajaram criativamente com o material de origem. Episódios familiares suficientes do épico de Homero são recriados para produzir algumas abordagens inovadoras sobre os monstros antigos e para trazê-los ao mundo moderno.

O filme cultiva um atmosfera idílica que brinca com a percepção e a crença do telespectador desde o início. O protagonista, Ulysses Everett McGill, escapa da prisão com outros condenados, Pete e Delmar. Após uma breve parada em uma fazenda pertencente aos parentes de Pete, onde são delatados para os policiais que os perseguem, o trio se junta a um grupo vestido de branco caminhando pela margem de um rio, onde um pastor oferece o batismo de imersão e o perdão dos pecados — o equivalente do filme aos Lotófagos da mitologia grega. Pete e Delmar se reconfortam com a promessa de um novo começo, enquanto Ulysses mantém o ceticismo religioso. A estética transcendental que esse encontro estabelece para o filme como um todo preserva a natureza fantástica da jornada de Ulysses sem que Ulysses jamais deixe o Alabama.

O enredo encontra outras formas de trazer o monstruoso, inclusive por intermédio de Big Dan Teague (interpretado com considerável charme por John Goodman), um vendedor de Bíblias usando um tapa-olho que faz um paralelo com o ciclope Polifemo (Figura 4.4). Ulysses e Delmar conhecem Teague em um restaurante, onde o vendedor os convence a pagar um almoço em troca de conselhos sobre segredos do sucesso da venda de Bíblias. Porém, em vez disso, ele os espanca com um galho e rouba seu dinheiro. O fracasso da aproximação falsamente amigável entre Odisseu e Polifemo na *Odisseia* se transforma no golpe de Teague sobre o ingênuo Ulysses, que permanece alheio ao galho de árvore até que seja usado contra ele com força. A fala de Teague ao despedir-se é "vocês testemunharam o fim de Big Dan Teague", sugerindo que sua monstruosidade surge da falsa hospitalidade, mas o encontramos novamente quando Ulysses, Pete e Delmar se infiltram em uma reunião da Ku Klux Klan para resgatar Tommy Johnson, um amigo negro deles que está prestes a ser linchado como evento principal da noite.[21] Big Dan é imediatamente identificado por seu capuz da KKK de um olho só, que ele levanta para farejar o ar. A reunião é uma recreação imaginativa do truque das ovelhas de Polifemo e do truque de Odisseu — os membros da Ku Klux Klan, vestidos de branco, caminham em padrões altamente ritualizados e entoam respostas em uníssono, formando um rebanho que responde aos comandos do Grande Feiticeiro, enquanto o trio se esconde sob "peles de ovelha", usando as vestes da KKK.

Figura 4.4 Big Dan Teague (John Goodman) em *E aí, meu irmão, cadê você?* (2000).

O estratagema não é bem-sucedido, pois Big Dan os identifica como invasores, mas, no caos interveniente, a *Odisseia* se afirma. Uma bandeira cai na direção de Big Dan, ameaçando furar seu olho e cegá-lo, mas ele a segura a tempo. Os membros da Ku Klux Klan acenam com a cabeça presunçosamente, como se fossem escapar do destino narrativo — então, Big Dan é esmagado sob uma grande cruz em chamas, cujas cordas de apoio foram cortadas por Ulisses. A organização tóxica a que Big Dan pertence o mata. Sua participação em uma forma contemporânea de horror se prova fatal, em vez de sua origem narrativa. O filme como um todo deixa claro que não há lugar para esse tipo de monstruosidade, pelo menos não onde ela possa ser vista. Quando o candidato do partido da "reforma", adversário do governador em exercício, é revelado como o Grande Feiticeiro da Klan, ele é banido da cidade em um trem.

Outra cena que vale a pena mencionar é a do encontro do trio com as sereias, que oferece um exemplo de monstruosidade escondida mas presente dentro do normal, com implicações mais amplas para o filme. O trio está dirigindo por uma estrada quando de repente Pete grita que precisa sair e seus companheiros o seguem até um riacho. Três mulheres sugestivamente molhadas cantam e lavam roupa, distraídas, talvez evocando remotamente a princesa Nausícaa da Feácia, que Odisseu conhece no livro sexto da *Odisseia*. As mulheres cantam a música "Go to Sleep, You Little Baby" [Vá dormir, bebezinho] continuamente, sem falar uma palavra, embora o volúvel Ulysses faça o seu melhor para conseguir uma apresentação formal (Figura 4.5). As mulheres caminham até os homens, os abraçam, oferecendo a eles um líquido dentro de grandes jarras marcadas com XX (presumivelmente algum tipo de bebida alcoólica potente, já que o filme é ambientado na época da Lei Seca), e a tela se desvanece para o preto.

Quando Delmar acorda, ele vê as roupas de Pete estendidas na margem do rio. Depois de acreditar por um momento que seu amigo havia sido assassinado, ele encontra um sapo dentro das roupas de Pete — levando à fala "elas fizeram isso com Pete... elas o amaram e o transformaram em um sapo pervertido" (talvez outra referência à *Odisseia*, personificada em Circe, a bruxa que transforma homens em porcos).[22] Apesar da observação gentil de Ulysses de que ele "não [tem] certeza se é o Pete", Delmar insiste em levar o sapo com eles até que ele seja esmagado por Big Dan. Delmar acredita genuinamente no poder das sereias de invocar forças sobrenaturais. Ulysses tem certeza de que deve haver uma explicação racional para esse evento, mas não desafia agressivamente a crença de seu amigo. Mais tarde eles encontram Pete integrando um grupo de bandoleiros de estrada, têm um encontro dramático com ele em um cinema e o resgatam da prisão quando descobrem que as sereias o entregaram, interessadas na recompensa por sua cabeça (e assim elas acabam por encarnar a monstruosa feminilidade enganosa de outra forma). Portanto, há uma explicação racional, mas só depois de termos compartilhado o horror de ver Pete, o sapo, esborrachado com Delmar. O fato de Ulysses e Delmar encontrarem Pete em circunstâncias não naturais significa que o espectador é convidado a suspender sua descrença e se juntar a Delmar em um mundo onde ser transformado em um sapo é um risco real demais.

A abordagem não literal que *E aí, meu irmão* faz dos monstros clássicos não exige que apareçam do modo como esperaríamos, mas ainda assim somos capazes de captar a essência do medo que inspiram. Em contraste, *Argo* (2012), dirigido e estrelado por Ben Affleck, recorre a um monstro clássico para criar uma distinção temática sutil, mas importante, dentro da estrutura do filme. *Argo* dramatiza a história real

Figura 4.5 As sereias em *E aí, meu irmão, cadê você?* (2000).

de uma missão secreta da CIA. Quando funcionários da embaixada americana no Irã foram feitos reféns em 1979, seis deles fugiram e se esconderam na casa do embaixador canadense. Cerca de três meses depois que a embaixada foi tomada, um agente da CIA chamado Tony Mendez (interpretado por Affleck) foi até o Irã e os libertou — sob o pretexto de que fazia parte de uma equipe de filmagem fazendo um reconhecimento de campo para um filme de ficção científica em produção chamado *Argo*. Há inúmeras referências ao mito de Jasão e os Argonautas, incluindo uma homenagem à fuga de Argo entre as rochas enquanto Mendez dirige um micro-ônibus em segurança entre duas "ondas" de manifestantes iranianos, mas o filme também oferece ao seu público um inesperado Minotauro.

Você pode muito bem perguntar por quê. O motivo está ligado à história inventada para a missão de Mendez. A fim de obter a aprovação da CIA para realizar a operação e tornar a farsa plausível, Mendez precisa elaborar uma sólida história de fundo, o que significa criar uma empresa e uma equipe de produção falsa em Hollywood. Mendez entra em contato com John Chambers (John Goodman, mais uma vez), que tinha sido o especialista em próteses por trás de *Planeta dos macacos* e já havia trabalhado anteriormente com a CIA. Nosso primeiro encontro com ele, e com Hollywood, é um close de uma enfermeira espacial seminua usando um traje mínimo feito de látex vermelho que murmura, quase sem fôlego, "minha criação... minha criação...", enquanto espeta uma seringa enorme em um Minotauro amarrado a uma mesa de cirurgia. O Minotauro grita de dor, reage contra as suas amarras... e dá uma cabeçada na enfermeira espacial, levando um diretor cansado a gritar "corta!". Chambers é chamado no estúdio e informado de que o ator da cena "disse[ra] que a prótese do Minotauro é muito apertada e não o deixa[va] atuar". Chambers responde: "se ele soubesse atuar, não estaria fazendo o papel do Minotauro."

Nunca mais vemos o Minotauro, mas durante os vinte minutos seguintes, ou durante toda a fase passada em Hollywood, uma série de pequenas referências aponta novamente para o nosso monstruoso touro. O escritório do agente que vende os direitos do roteiro da *Argo* é a Max Klein Productions — Bullseye ["Olhos de Touro"] Films. Quando Mendez e Lester (Alan Arkin), o produtor que assina a farsa para lhe dar alguma credibilidade, trocam confidências sobre família, Lester comenta: "Eu fui um péssimo pai. Essa besteira toda... é como trabalhar em uma mina de carvão; você volta para casa, para sua esposa e filhos, e não pode, não consegue se lavar."* Quando uma tomada panorâmica exibe um cartaz publicitário do filme *Argo*, um rosto nitidamente *minotaurino* aparece ao fundo, atrás de um par de planadores da era espacial e de um complexo palaciano que lembra vagamente o Oriente Médio.

O que devemos fazer com esse desdobramento aparentemente breve e superficial do Minotauro? Eu diria que *Argo* usa o monstro clássico para comentar toda a natureza de Hollywood como sendo, justamente, "*bullshit*". A síntese híbrida entre verdade e ficção, a arte de juntar os membros díspares de uma história falsa, as próteses que alteram a realidade, são o que faz Hollywood ser Hollywood. O Minotauro oferece uma homenagem híbrida glamurosa e prática para aquele cruzamento de

* "The bullshit business" no original. Em inglês, "bullshit" pode ser traduzido como "bobagem" ou "besteira", mas é a junção de duas palavras, "bull" e "shit", que significaria, de maneira literal, "cocô de touro" [N. E.].

elementos monstruosos — fechar negócios, fingir ser outro cara e apresentar um bom show. O monstro de boa índole com uma prótese ajustável que pode ser envolvido em glamour é peixe pequeno em comparação com o regime iraniano, cuja violência paira sobre o filme. O cerne da monstruosidade da trama é a tensão sobre se os americanos presos escaparão do covil da política assassina, e não um homem bobo vestido de touro. A narrativa épica pode nos levar a esperar um Minotauro diferente, mas o paralelo entre o antigo e o moderno sublinha a ideia de que o monstro clássico é confortavelmente retrógrado e direto — apesar de aparecer em uma ópera espacial. A apresentação inicial cômica do Minotauro e a leve sensação de que há humor no segmento de Hollywood espelham a descrença dos oficiais da CIA de que um plano tão ultrajante esteja sequer sendo considerado. Quando Mendez embarca em um avião e inicia sua viagem em direção ao Irã, o tempo dessa leviandade tranquilizadora passa e as coisas se tornam fatalmente sérias.

Meu último estudo de caso, *O labirinto do Fauno*, de Guillermo del Toro (2006), combina várias linhas da abordagem moderna do monstro, tanto em termos de conteúdo quanto de direção — Del Toro construiu sua reputação como talvez o principal autor de filmes de monstro ativo atualmente no mercado cinematográfico. Seu portfólio abrange desde *O labirinto do Fauno*, passando por produções góticas e de terror em língua espanhola, até sucessos de bilheteria comerciais como *Hellboy* (2004 e 2008), *Círculo de fogo* (2013) e *A forma da* água (2017). Ele não se encaixa no rótulo de filme-arte nem no padrão de Hollywood;[23] em vez disso, o eixo que define sua obra parece ser a monstruosidade e a fantasia. Sua preferência por trabalhar com um grupo particular de atores e técnicos com mentalidade semelhante subverte o mito do autor individual, mas a voz criativa dominante é a dele[24] O cineasta cultiva cuidadosamente a persona do especialista e superfã de monstros, incluindo o projeto há muito acalentado mas ainda não realizado de filmar *At the Mountains of Madness* [Nas montanhas da loucura], de H. P. Lovecraft. Sua abordagem da monstruosidade é enciclopédica e diversificada. O mesmo filme acomoda confortavelmente a tradição élfica e teorias ocultistas hardcore. Os monstros clássicos estão em boa companhia em meio aos outros objetos do ecletismo curatorial de Del Toro.

Figura 4.6 O Fauno (Doug Jones) em *O labirinto do Fauno* (2006).

O labirinto do Fauno encapsula já no título a alegre mistura de monstros e tradições de Del Toro, combinando o lar do Minotauro com o Fauno pastoral. O nome "Pan", referência ao deus grego, só ocorre na tradução inglesa do título, mas o fauno ou sátiro é um monstro clássico, um espírito de natureza rural que encarna a masculinidade descontrolada. O filme também inclui figuras fabulosas como fadas, um sapo gigantesco que envenena as raízes de uma árvore e o Homem Pálido, que tem os olhos nas mãos e come crianças. Del Toro reconhece livremente sua dívida com os arquétipos junguianos. Estes são supostamente revelados por meio dos símbolos e mitos de várias culturas, e ajudam o inconsciente coletivo a se comunicar com a consciência individual. A referência de Del Toro a Jung manifesta-se de várias maneiras, incluindo o desenho do rosto do Fauno, que invoca o sistema reprodutivo feminino e uma "paleta de cores falopianas" composta de dourados e vermelhos para colorir o mundo da fantasia (Figura 4.6).[25] Outra possível influência aparece nas semelhanças entre os dois monstros do filme, o Fauno e o Capitão Vidal, padrasto da criança protagonista, Ofelia. O Capitão é um oficial do exército espanhol em plena ditadura franquista. Ele levou Ofelia e a mãe, grávida de seu filho, para um moinho remoto onde lidera uma campanha contra as forças rebeldes. Enquanto Ofelia descobre que é a filha perdida do rei do submundo e procura completar três tarefas definidas para provar que não se tornou totalmente mortal, Vidal tenta caçar os rebeldes, exercendo sua autoridade sobre os locais e a esposa por meio de uma brutalidade suave.

Não por acaso, os encontros de Ofelia com o Fauno ocorrem imediatamente antes ou depois das cenas com o Capitão. Por exemplo, antes de a menina se aventurar pela primeira vez no labirinto na floresta próxima ao moinho, conduzida por um bicho-pau que se revela uma fada, vemos o Capitão atirar calmamente em dois homens, levados até ele por seus soldados. Os homens alegavam estar simplesmente caçando coelhos, mas mesmo assim Vidal os executa; posteriormente, um coelho é encontrado na bolsa deles. A limpeza compulsiva e o controle mecânico do Capitão, simbolizados por sua obsessão pelo mecanismo do relógio de bolso rachado de seu pai, contrastam fortemente com a bagunça e a suavidade do Fauno e seu mundo, mas, mesmo com todas as diferenças, existem paralelos suficientes para tornar a cautela de Ofelia em relação ao seu suposto guia completamente credível. Voltando às influências junguianas confessadas por Del Toro, podemos pensar em um exemplo ao analisarmos a *sombra* do outro — as características reprimidas que o eu consciente esconde da vista pública. Se o Capitão é a sombra do Fauno ou vice-versa, não sabemos.

O Fauno e as fadas estão a muitos quilômetros de distância de Sininho e do sr. Tumus. A relação entre o Fauno e Ofelia nunca fica confortável; em vez disso, Ofelia permanece ambivalente em relação ao Fauno, e o Fauno não hesita em aconselhá-la quando ela falha em realizar sua segunda tarefa após a hemorragia da mãe. Depois que Ofelia diz a Mercedes, uma mulher local que trabalha para os soldados no moinho, que um fauno a visitou, Mercedes responde: "minha avó dizia que devemos ficar longe deles", e na mesma hora o Capitão aparece e chama pela filha. Quando Ofelia diz ao Fauno que completou sua primeira tarefa, ele está comendo uma carne vermelha não identificável com a qual alimenta uma fada — sua ligação com a natureza não é apenas com a parte vegetal do reino selvagem, mas também com o bestial. Mais tarde, ele visita Ofelia em seu quarto, invadindo o espaço dela, evocando um incidente da própria infância de Del Toro, que acredita ter sido visitado por um fauno que vivia atrás de um armário em seu quarto, na casa de sua avó.[26] As repentinas mudanças de estado do Fauno entre raiva e calma refletem mudanças similares na personalidade do Capitão, especialmente porque muitos dos conflitos de Ofelia têm a ver com obediência — o Fauno se enfurece quando ela desobedece a suas instruções de não comer nada do reino onde ela deve entrar para cumprir a segunda tarefa, e ela se oferece para desistir do trono em vez de completar o que acredita ser a terceira tarefa, o sacrifício de seu irmãozinho. As figuras monstruosas de sua vida a empurram para papéis que ela não deseja exercer, pois de ambos os lados a cobrança por uma princesa obediente é a mesma, mas sua rebeldia se recusa a deixá-la.

Interpreto que o Fauno oferece um comentário geral sobre o destino dos monstros clássicos. À medida que Ofelia avança em suas tarefas, o Fauno fica mais jovem a cada vez que aparece na tela. A primeira mudança é bem sutil, mas aos poucos as rugas do seu rosto se suavizam, seu cabelo se torna mais cheio e exuberante, e os rangidos que acompanham seus movimentos soam menos decrépitos e mais como árvores se movendo na brisa. A atenção e a visão de Ofelia o rejuvenescem. No entanto, quando o Fauno a repreende por ignorar suas instruções, revela uma ansiedade sobre as consequências mais amplas de sua desobediência. Suas últimas palavras antes de desaparecer na escuridão do quarto de Ofelia são reveladoras:

> Você não pode voltar! A lua estará cheia em três dias. O seu espírito permanecerá para sempre entre os humanos! Você vai envelhecer como eles, morrer como eles! Toda a sua memória vai se desvanecer no tempo. E nós vamos desaparecer junto com ela. Você nunca mais vai nos ver!

O Fauno faz uma conexão explícita entre o compromisso de Ofelia com sua tarefa e com a sobrevivência do Reino Subterrâneo. A ameaça da perda da capacidade de ver o fantástico está inextricavelmente ligada à memória e à sobrevivência. Aqui existe, no meu entendimento, um comentário sobre a forma como os monstros clássicos sobrevivem no mundo. Sua existência está ligada à visão humana e à lembrança humana. É justamente porque a sociedade contemporânea honra o passado clássico que a memória de seus antigos criadores sobrevive e os mantém vivos. A vontade de Ofelia de ir para o subsolo, para a caverna do Fauno e para a escuridão, reflete nossa vontade psicológica como humanos de ir procurar nas sombras os monstros que nos dizem que estão lá. O guia de Ofelia é o seu livro de contos de fadas. Nossos guias são os compêndios de mitos clássicos que circulam entre as crianças e nunca perdem o poder de atração.

Del Toro coloca o Fauno, em vez de um Minotauro, no centro de seu labirinto, embora compartilhe uma paisagem ocupada por criaturas de uma ampla gama de origens e da própria imaginação fértil do cineasta. Essa escolha faz dos monstros clássicos uma peça-chave na qual todas as outras monstruosidades se baseiam. O Mundo Subterrâneo só é acessível e interpretável por intermédio do Fauno. Embora o primeiro encontro de Ofelia com o universo paralelo seja com um bicho gigante que se revela uma fada, ele não pode falar com ela e, em vez disso, a leva até o Fauno. O clássico torna-se um ponto de passagem, um portal, embora não tenha sido aqui domesticado e civilizado. O Fauno alimenta-se do monstruoso contemporâneo, incrementado pelas horríveis e incompreensíveis realidades da Guerra Civil Espanhola. O horror político torna-se a escuridão, que pode encontrar uma nova forma de expressão.

***

Ao rastrear as aparições do monstro clássico ao longo da segunda metade do século XX e início do século XXI, algumas características elementares de como essa entidade atua na cultura contemporânea se destacaram. Essas criaturas respondem mal ao tratamento literal e reverencial — afinal, não se trata de deuses, mas de monstros. A natureza fantástica e irreal da animação *stop motion* de Ray Harryhausen foi a primeira a lhes dar vida substancial na tela, livrando-os do problema do "homem fantasiado". O recente retorno do gênero espada e sandália lhes ofereceu uma nova oportunidade para entrar na tela, mas a sinceridade com que muitas vezes são manipulados e os closes da tecnologia computacional gráfica os petrificam como desenhos sofisticados em vez de figuras poderosas causadoras de medo. Incorporar o monstro no enredo para que o herói possa derrotá-lo torna-se a prioridade, em vez de considerar o que o monstro pode fazer.

Os monstros que parecem prosperar na tela são aqueles cujas novas encarnações não os amarram a uma abordagem fervorosamente sincera quanto a suas origens. *O labirinto do Fauno* oferece novamente um exemplo interessante. O Fauno é interpretado por Doug Jones, que também interpreta o Homem Pálido e já havia aparecido como monstro em outros filmes de Del Toro. Jones se tornou o Fauno com a ajuda de uma máscara de látex e de maquiagem, não por meio de computação gráfica. Uma das razões pelas quais o Fauno é eficiente é o fato de realmente *existir* algo na tela, visível e real. Monstros animados não são recebidos com expectativa graças à suspensão genérica da descrença; monstros gerados por efeitos de computador, por mais ricamente detalhados que sejam, não conseguem captar a mesma sensação de existência, de tangibilidade, proporcionada por um ator. Novas tecnologias em próteses e avanços na cosmética cinematográfica poderiam ter feito Harryhausen reconsiderar seus preconceitos contra o "homem fantasiado".

Monstros clássicos em filmes revelam um paradoxo de monstruosidade. Por sua própria natureza, os monstros permanecem na fronteira entre o real e o irreal. Eles mostram uma ambiguidade ontológica que surge de sua localização em regiões limítrofes, de limiar. Sabemos que eles estão lá, mas esperamos que não estejam (ou talvez vice-versa). Eles derivam seu poder desse talvez — no caso dos monstros clássicos, isso se manifesta tanto na insistência de que eles têm um papel a desempenhar em uma história moderna quanto em sua inescapável conexão com o passado antigo. As diferentes abordagens que o cinema faz dos monstros clássicos, os brotos que mapeei neste capítulo, comprovam que, quando essa tensão não é respeitada, os espectadores se tornam a Medusa e transformam o monstro em pedra. Onde os pré-requisitos do papel de um monstro são estanques e estáticos, tanto pela tecnologia computacional quanto por linhas limitadas de enredos rasos, o solo fornecido para o monstro crescer é pobre. A demanda por controle se manifesta mais em estratégias diretas do que através dos processos de classificação que delineei no capítulo 1 — mas ela existe da mesma forma.

Essas tentativas de classificação estão, como tenho argumentado, condenadas ao fracasso com monstros clássicos, em parte devido à sua natureza *a*moderna, na medida em que resistem a ser forçados a voltar à antiguidade (por mais bem construídos que sejam), e em parte porque sua natureza rizomática lhes permite aparecer em múltiplos lugares ostentando múltiplas formas, fazendo quaisquer apelos à autenticidade visual ou narrativa absoluta desabarem assim que são feitos. Esse traço das monstruosas aparições desses convidados ilustres nos adverte de que o monstro clássico não gosta de ser levado muito a sério. O mundo do mito antigo, seu berço, não é onde ele procura habitar; ao contrário, ele se alimenta de outras fontes de monstruosidade, nutrindo-se de nossos medos, mas mantendo a forma clássica. Será que esse padrão se transfere da tela grande para a telinha? É hora de nos voltarmos para o mundo da televisão e descobrir se os mesmos desafios provocam o monstro clássico nesse ambiente.

5

MONSTROS E MITOLOGIAS EM *HÉRCULES: A LENDÁRIA JORNADA*

O estudo da recepção de clássicos na televisão representa um desafio, devido ao seu caráter efêmero como produto. Até o surgimento do DVD e do box nos anos 1990, depois que um programa ia ao ar, havia poucas oportunidades de vê-lo novamente, a menos que a série escolhida fosse lançada em VHS ou que você fosse organizado o suficiente para gravar os episódios. O tipo de coisa que entrou no cânone televisivo do clássico "imperdível" também se enquadra em certo padrão, melhor exemplificado pela adaptação da BBC de *I, Claudius* [Eu, Cláudio], em 1976 — um escândalo naquele tempo, mas que usava o cenário histórico como pretexto para exibir suas dançarinas.[1] Não parece, à primeira vista, um terreno fértil para monstros.

De fato, a televisão (e os classicistas que trabalham na televisão) parecem preferir temas ligados à História. Isso surge em documentários históricos, como aqueles encabeçados por Mary Beard ou Bettany Hughes, encontrados em emissoras de TV aberta ou no History Channel, por exemplo. Pode ser um drama ambientado no mundo antigo, como *Roma,* da HBO, *Spartacus,* da Starz, ou o leve *Plebs,* da ITV2. Tenho para mim que isso está enraizado em opiniões segundo as quais a televisão é de alguma forma um meio cultural menos valioso que o cinema, estabelecidas nos anos 1950 e 1960 conforme os filmes tentavam competir entre si mas não com o tipo de programação televisiva de qualidade encontrada em uma gama de provedores de conteúdo terrestre e digital hoje em dia. O apelo à história clássica, um bastião de respeitabilidade, justifica a produção de uma série ou programa que explore essa história, usando o meio de baixo prestígio que é a televisão para comunicar o "alto" conteúdo cultural da antiguidade na forma documental ou dramática.[2] A reality-série *Bromans,* da ITV2, atingiu o auge da combinação desses dois opostos culturais.

Onde fica o mito clássico nesse cenário? Os contos de monstros, heróis e deuses que proporcionaram enredos populares no cinema contemporâneo não foram recontados da mesma forma na televisão. Em vez disso, o mito se tornou a reserva da "telefantasia", um termo gerado pelos fãs que se refere a uma gama de produções televisivas que emprega uma flexibilidade incrível e genérica para explorar mundos autocentrados construídos para diversão do público.[3] Um exemplo popular pode ser *Buffy, a caça-vampiros*, que transforma a história de Pigmalião em um conto sobre um nerd que cria uma namorada robô perfeita ("I Was Made to Love You" [Fui feita para te amar], 5.15).[4] Da mesma forma, em *My Little Pony: a amizade é mágica*, reimagina-se o Minotauro na figura de Iron Will, um coach de assertividade que é um pouco assertivo demais ("Putting Your Hoof Down" [Como colocar os cascos no chão], 2.19). Os roteiristas selecionam elementos míticos para usar em episódios individuais em vez de tomar um mito como eixo narrativo completo. Como Willis astutamente observa, essas aparições descontextualizadas não são fracas nem superficiais, mas se encaixam na narrativa mais ampla e nas tradições interpretativas da cultura popular.[5]

Dito isso, o cinema e a televisão fazem exigências variadas sobre o material clássico. Um filme deve funcionar como uma narrativa livre; uma série precisa oferecer um conjunto de episódios que se unam de forma coerente em relação a sua história, personagens, estilo visual e tom geral, além de oferecer variedade suficiente para evitar o tédio do espectador. Os "especiais" de TV sobre determinado assunto tendem a funcionar melhor para um tema histórico específico do que para um mito. Apesar do potencial da televisão para contar histórias em maior escala, os únicos projetos que aceitaram o desafio foram os relatos de Tony Robinson sobre a *Ilíada* e a *Odisseia* sob a marca do programa *Jackanory* ("Odysseus: The Greatest Hero of Them All" [Odisseu: o maior herói entre todos os outros], 1986) e *The Storyteller: Greek Myths* [O contador de histórias: mitos gregos] (1990), de Jim Henson, uma minissérie de quatro episódios que recontou mitos selecionados no distinto estilo visual da Jim Henson Creature Shop.

Um notável ponto fora da curva que ilustra as possibilidades e limitações do mito é *Hércules: a lendária jornada* (1995-1999).[6] Neste capítulo e no próximo, vou explorar como essa série em particular lida com monstros clássicos, como o mundo que constrói é transportado para a sua série spin-off *Xena: a princesa guerreira* e comparar isso com o emprego de monstros clássicos em uma telefantasia em grande parte alheia ao mundo antigo, *Doctor Who*. Essas séries oferecem uma sofisticada adaptação do mito sem o peso da sede de autenticidade que perturbava os monstros clássicos nos meus estudos de caso relacionados a filmes. O que acredito que tenha acontecido na televisão é que as preocupações de apresentar a história "autenticamente" se aglomeram em torno do drama histórico, no qual uma ratazana que aparece em um banquete se torna um sinal de conhecimento histórico "genuíno", jogando a favor das expectativas de representação precisa de um passado irrecuperável.[7] Para os telespectadores, ver o mito na televisão representa a decisão consciente de deixar de lado o realismo e não o alarde sobre a exatidão.

Dito isso, a telefantasia também leva a sério a questão da credibilidade. Manter a verossimilhança sociocultural é uma parte relevante da agenda telefantástica, pois ela deve permanecer geralmente plausível para que seus elementos fantásticos desafiem as percepções do público sobre a realidade.[8] Uma vez estabelecida uma regra sobre como um mundo fantástico funciona, ela deve ser aplicada consistentemente; por exemplo, *Doctor Who* confirma que os Senhores do Tempo podem trocar de sexo com o Mestre e Missy antes de seguir para os Doutores Doze e Treze. A tensão cuidadosamente equilibrada entre manter o realismo social e cultural e usar o fantástico para combater as convenções proporciona exatamente o espaço tênue em que os monstros clássicos podem se adaptar às oportunidades oferecidas por um novo ambiente. Dessa forma, *Hércules: a lendária jornada* é livre para construir um mundo onde os monstros reforçam os temas centrais da série sem necessidade de justificar sua existência.

Monstros como adversários

Esta é a história de um tempo passado — um tempo de mitos e lendas, quando os deuses antigos eram mesquinhos e cruéis, e atormentavam a humanidade com sofrimento. Apenas um homem ousou desafiar seu poder: Hércules. Hércules possuía uma força que o mundo nunca havia visto, uma força superada apenas pelo poder do seu coração. Ele viajou pela Terra, lutando contra os servos de sua perversa madrasta Hera, a todo-poderosa rainha dos deuses. Onde quer que houvesse maldade, onde quer que um inocente sofresse, lá estaria... Hércules!

Locução da abertura de *Hércules: a lendária jornada*

Hércules: a lendária jornada (1995-1999) recebeu surpreendentemente pouca atenção acadêmica, pelo menos por parte dos classicistas. Embora isso possa em parte derivar de pressões que os estudiosos da recepção de clássicos suportam para justificar seu estudo além do mundo antigo, há também questões práticas. São 111 episódios, cada um com duração de cerca de 45 minutos. Isso soma mais de oitenta horas de televisão para assistir, ao contrário de duas horas e meia de um longa-metragem médio — sem contar os cinco filmes feitos para a TV exibidos em 1994, seis temporadas de *Xena: a princesa guerreira*, cinquenta episódios de *O jovem Hércules* e um filme de animação sobre Hércules/Xena de 1998. Embora a tecnologia do DVD tenha disponibilizado a série aos seus fãs em formato de box, dar a essa quantidade de material a atenção que ela merece é uma perspectiva assustadora.

No entanto, é a enorme riqueza do material que faz de *Hércules* um caso de estudo tão excelente, sobretudo por causa da construção do mundo da série. Como a maioria das telefantasias, *Hércules* caracteriza-se pelo que Hills chama de hiperdiegese, ou "a criação de um vasto e detalhado espaço narrativo do qual apenas uma fração é vista ou encontrada diretamente dentro do texto, mas que no entanto parece operar de acordo com princípios de lógica interna e extensão".[9] Junto com seu spin-off *Xena: a princesa guerreira* (1995-2001) e com *O jovem Hércules* (1998-1999), a série oferece um registro de como a sociedade contemporânea vê o mito antigo; ela desenvolve um mundo consistente ao longo de seis temporadas e preserva um quadro detalhado das atitudes culturais durante o período em que foi produzida.[10] Ao longo da produção, a forma como os monstros são tratados muda drasticamente, em parte devido à própria evolução do sentido de identidade da série e em parte devido a uma mudança na caracterização do seu herói.

A própria *Hércules* é um spin-off de cinco filmes feitos para a TV encomendados pela Universal Television para distribuir a canais associados nos Estados Unidos como parte de um pacote de filmes de ação produzidos pela Renaissance Pictures. Os cinco filmes foram *Hércules e as Amazonas*, *Hércules em busca do reino perdido*, *Hércules e o círculo de fogo*, *Hércules no mundo dos mortos* e *Hércules no labirinto do Minotauro*. Essas películas estabeleceram a "marca" Hércules e seu estilo visual como comercialmente viáveis e persuadiram os executivos de TV a encomendar uma série baseada neles antes de terem visto as avaliações dos filmes.[11] Os filmes estabeleceram que o mito grego estava lá para ser adaptado em vez de seguido servilmente; por exemplo, *No mundo dos mortos* recorreu à tradição quando Dejanira dá a Hércules um manto envenenado pelo sangue do centauro moribundo Nesso, mas criou um final redentor no qual Hércules retorna do submundo depois de capturar um Cérbero fugitivo.

As seis temporadas utilizaram a mesma sequência de abertura, que se manteve idêntica ao longo de toda a vida do programa, apesar de sua personalidade em desenvolvimento. Essa introdução, mostrada após o início da atração, ilustra a atitude geral de *Hércules* em relação aos monstros. Em uma sequência que dura cerca de um minuto, o público assiste a nove monstros, em uma contagem conservadora: uma hidra, uma mulher-demônio, um gigante, uma besta aquática, dois centauros, a ave do Lago Estínfalo, o Minotauro e um lagarto extremamente grande. A sequência inclui vários outros pontos de contato da série — aldeões, mulheres sedutoras, soldados temerosamente vestidos, mas incompetentes, e Kevin Sorbo exercitando seus músculos no papel principal (Figura 5.1). No entanto, a sequência de abertura dá a maior parte de sua atenção aos monstros, o objeto implícito da força sobre-humana que a locução atribui ao protagonista, e um subconjunto dos servos de sua madrasta Hera. Ao espectador são prometidos monstros, e, pelo menos a princípio, monstros são o que o espectador recebe.

Hércules se divide perfeitamente em três fases: a primeira e a segunda temporadas; a terceira temporada e a primeira metade da quarta temporada; e da segunda metade da quarta temporada até o final da sexta. Cada uma representa diferentes etapas na identidade do espetáculo e seu manejo

Figura 5.1 Kevin Sorbo como Hércules.

dos monstros. Durante as duas primeiras temporadas, a atração apresenta suas bases, constrói os personagens e define seu mundo. A primeira temporada apresenta grandes monstros em oito de seus treze episódios, com monstros sendo prometidos aqui e a alusão a monstros sendo feita durante os diálogos acolá — apenas três episódios não têm conteúdo de monstros. Cada um desses três episódios tem uma sequência independente de luta que substitui o combate central de monstros — há uma gangue de crianças-soldado que chega possuída por Ares, o deus da guerra, que também faz uma aparição pessoal ("Ares", 1.5); proezas de artes marciais enquanto uma mulher procura pelo marido perdido ("The March to Freedom" [A marcha para a liberdade], 1.8); e lutas de gladiadores até a morte ("Gladiator", [Gladiador] 1.10).

A segunda temporada também mostra um grande volume de monstros, com 14 de 24 episódios contendo essas criaturas, uma catapulta "monstro", e o episódio final apresentando um gatinho que soa como um monstro na caverna onde está preso ("The Cave of Echoes" [A caverna dos ecos], 2.24). Os episódios sem monstros muitas vezes apresentam deuses como protagonistas-chave, e eventualmente monstros e deuses aparecem no mesmo episódio. Algum elemento sobrenatural dá as caras a cada semana, contrabalançado pelo compromisso de Hércules com sua humanidade. Essa primeira fase apresenta monstros mais antropomórficos, que muitas vezes funcionam como matilhas de soldados, o que facilita as cenas de luta cuidadosamente coreografadas e visualmente impressionantes. Quando penso no que conta como monstro, emprego o rótulo em sentido amplo para ir além do cânone clássico e incluir, por exemplo, Piro, o monstro do fogo ("The Fire Down Below" [O fogo logo abaixo], 2.9), e os mesomorfos que parecem orcs ("Let the Games Begin" [Que comecem os jogos], 2.16), criados especificamente para a série, sem pertencer a qualquer outra tradição mítica. Uma ampla mistura de monstros que atendem a essa definição serve a diversos propósitos nas duas primeiras temporadas.

Vários episódios apresentam monstros genéricos que são serpentes, outras cobras ou coisa parecida. Em "Pride Comes Before a Brawl" [O orgulho vem antes de uma luta] (1.7), Iolau luta contra algumas enguias gigantes que atacam ele e uma garota enquanto se escondem em um rio; em "The Festival of Dionysus" [O festival de Dionísio] (1.4), Hércules precisa estrangular o que só posso descrever como um guarda-chuva serpentino com presas que habita o covil à la vilão de James Bond no qual ele havia sido jogado. Como indicador dos clássicos, pode ter havido um eco à famosa estátua representando Laocoonte e seus filhos, com a figura central se agarrando duas cobras enviadas para matar o sacerdote e seus filhos por quase ter revelado o ardil do cavalo de Troia.[12] A prevalência da serpente como adversária também pode apontar a influência que o conceito de Joseph Campbell sobre a jornada do herói exerceu como dispositivo de contação de histórias em Hollywood;[13] segundo esse modelo narrativo, a conquista de um dragão é parte central do crescimento do herói rumo à independência. Além disso, também parece ser uma homenagem à aventura mais antiga e atestada de Hércules: Hera enviou um par de serpentes para matar o Hércules bebê em seu berço, mas o jovem semideus as estrangulou.[14] Dessa forma, as influências clássicas moldam até mesmo os monstros mais mundanos considerados necessários para um formato de ação e aventura.

Hércules também recorre aos doze trabalhos do Hércules já adulto, que, nas antigas narrativas, apresentam uma multiplicidade de monstros contra os quais o herói prova sua humanidade ao derrotar o não humano. De acordo com o que se tornou a lista canônica dos trabalhos recitada no compêndio mítico de Apolodoro, Hércules lutou contra o Leão de Nemeia, a Hidra de Lerna, o Javali de Erimanto, as Aves do Lago Estínfalo, os cavalos carnívoros de Diomedes, o gado de Gerião, e Cérbero, o cão de três cabeças que guarda o submundo. Embora alguns desses monstros apareçam em *Hércules*, a série prioriza a consistência interna de seu universo telefantástico em detrimento da armadilha da autenticidade. Esse movimento é impulsionado pela decisão antecipada de traçar um novo rumo entre a desolação do mito grego original e o estilo "empolado" dos filmes italianos *peplum*. Em vez disso, os produtores decidiram optar por um estilo "irreverente" e por dar a Hércules "um senso de humor contemporâneo".[15]

Como resultado, os doze trabalhos de Hércules como um conjunto fixo desaparecem da série, principalmente porque tradicionalmente eram designados como penitência de Hércules por ter matado seus filhos. Tais eventos, juntamente com o resto da trajetória do mito, "dificilmente teriam apelo para o público moderno, acostumado com heróis honestos e finais felizes".[16] Em vez disso, a série começa com o assassinato cometido por Hera contra Dejanira e seus três filhos, estabelecendo o antagonismo que impulsiona o conflito a cada semana ("The Wrong Path" [O caminho errado], 1.1). No entanto, a série acena aos monstros dos doze trabalhos, particularmente o Leão de Nemeia, a Hidra e as Aves do Lago Estínfalo — ou, para ser mais precisa, a Ave, que Hércules mata depois que ele e um grupo de refugiados que está escoltando em meio ao Pântano Estínfalo são atacados ("The Road to Calydon" [A estrada para Caledônia], 1.3). Tendo transformado um bando de aves terríveis em um único adversário, um pássaro parecido com um pterodátilo, os episódios subsequentes referem-se religiosamente à Ave no singular.

A Ave é o monstro canônico mais bem representado. Iolau combate uma hidra sem cometer o erro de cortar sua cabeça, referindo-se a uma batalha anterior como a fonte de seu conhecimento sobre o monstro ("Pride Comes Before a Brawl", 2.7). Uma hidra de duas cabeças aparece na abertura, mas ela pertence ao filme televisivo *Hércules e as Amazonas*. Mais tarde vemos a batalha em um flashback enquanto Iolau reconta a história ("The Cave of Echoes", 2.24). No entanto, os monstros dos doze trabalhos aparecem frequentemente em diálogos, muitas vezes para consolidar o status de Hércules como assassino de monstros; por exemplo, quando ele se refere ao problema que tem enfrentado para terminar de construir o muro de sua mãe, Alcmena (uma piada corrente até a morte de Alcmena), ouve a pergunta: "é mais difícil que o Leão de Nemeia?" ("The Warrior Princess" [A princesa guerreira], 1.9). A série usa os monstros da "autêntica" história de Hércules para sinalizar fidelidade às fontes antigas sem restringir o que esses monstros podem fazer, nem trazer as partes mais horríveis da tradição mítica.

Muitas histórias na primeira fase da série giram em torno da suposição subjacente de que os monstros são "como nós", uma ideia que *Buffy, a caça-vampiros* (1996-2003) também começaria a explorar em breve. Essa premissa se desenvolve por intermédio dos ciclopes ("Eye of the Beholder" [O olho que vigia], 1.2) e dos centauros ("As Darkness Falls" [Enquanto a escuridão cai], 1.6; "Outcast" [Proscrito], 2.5; "Centaur Mentor Journey" [A jornada do centauro mentor], 2.23). A mensagem geral é que esses monstros representam meros mal-entendidos: se eles fazem coisas ruins, a culpa é dos humanos que os tratam mal. Os monstros clássicos mantêm a monstruosidade, retornando às teses sobre monstros de Cohen, instalando-se às portas da diferença.[17] O caso do ciclope é particularmente direto; ele redirecionou um riacho para longe de um vilarejo e em direção à vinha de Hera, não por causa de qualquer lealdade à rainha dos deuses, mas porque o capanga dela é comparativamente gentil com o ciclope, que passara anos sofrendo abusos por parte dos aldeões. Mais tarde, um dos aldeões o chama de "aberração", apenas para outro aldeão se levantar em sua defesa e chamá-lo pontualmente de "homem". A trégua que Hércules intermedeia no episódio reforça a ruptura do laço entre a aparência e o caráter moral.

A situação com os centauros é mais complexa, pois eles oferecem uma forma de falar sobre o racismo. "As Darkness Falls" [Quando a escuridão cai] (1.6) segue os acontecimentos de *Hércules no mundo dos mortos*, onde o centauro moribundo Nesso engana Dejanira para dar a Hércules um manto encharcado com seu sangue venenoso. Hércules assiste a um casamento que é perturbado por Nêmis, gêmeo de Nesso, que rapta Penélope, a noiva, e espera convencê-la a se casar com ele, matando Hércules. Ele é ajudado por outros dois centauros, Creso e Deric, e a namorada humana de Deric, Lyla. Primeiro encontramos os centauros reclamando da mesa que lhes foi dada no casamento; apesar de trabalharem para o pai de Penélope por dez anos, eles foram colocados entre as crianças e no local onde os animais serão amarrados. Mais tarde, ficamos sabendo que Nêmis e Penélope costumavam brincar juntos, mas o pai dela o expulsou quando ele começou a ficar muito "íntimo". Deric e Lyla decidem sair antes do confronto final com Nêmis; Deric explica que "Nêmis nem sempre [havia sido] ruim... a vida, a morte, o [desgastaram]." Nêmis se redime no final do episódio enquanto segura uma caverna em colapso para permitir que Hércules e Penélope escapem, sacrificando sua vida pela deles, o que leva Penélope a suspirar que sabia que o amor de Nêmis era verdadeiro; ela "só lamenta[va] que seu amor o [tivesse] levado tão longe".

Deixando de lado por um momento a questão da apologia ao estupro, essa fala cimenta a moral do episódio de que Nêmis foi um bom centauro que se tornou mau por causa de suas experiências de vida, e que o preconceito que os centauros enfrentam coletivamente é injustificado. A ligação entre a experiência dos centauros e o racismo americano é explicitada no episódio "Outcast", da segunda temporada, quando uma multidão incendeia a casa de Lyla e Deric. Lyla é morta, apesar de Deric e seu filho, o centauro Kefor, sobreviverem. Quando Hércules encontra a irmã de Lyla, ela explica que um grupo denominado cretenses havia envenenado o povo da cidade contra eles. Os cretenses usam uma linguagem carregada de tons racistas, por exemplo, "não gostamos de centauros nem de amantes de centauros nesta cidade", "não queremos esses tipos por aqui" e "centauro bom é centauro morto". Lyla é chamada de "vadia amante de centauros", e diversas referências são feitas sobre ensinar uma lição aos "centauros imundos". Hércules precisa persuadir Deric a não matar nenhum cretense e rastreia os verdadeiros culpados. Ao fazer isso, ele diz explicitamente a Deric que não ele não está errado por reivindicar seus direitos, e enfatiza a importância de seguir o devido processo legal. Kevin Sorbo considerou positivos os temas desse episódio: "Achei que havia uma grande mensagem neste episódio sobre [os males do] racismo, e considero bom que enviemos tais mensagens." Fica nítido que os paralelos são intencionais.[18] O episódio enquadra o racismo como um preconceito pessoal que pode ser erradicado por meio da reeducação, como muitas culturas progressistas dos anos 1990, mas ignora os fatores estruturais que perpetuam o preconceito racial ao excluir as minorias da participação em instituições sociais.

O episódio "Centaur Mentor Journey" [A jornada do centauro mentor] é construído sobre o mesmo tema, e Sorbo observa: "Sim, foi um episódio sobre direitos civis."[19] Hércules é enviado por seu mentor moribundo, o centauro Ceridian, para ajudar Cassius, um jovem centauro que lidera um movimento do Poder Centauro em um protesto contra a segregação no bebedouro da cidade. A proibição foi imposta por um magistrado corrupto, que deseja incriminar os centauros por violência, como parte de um plano para confiscar os bens de outro homem. Quando conhecemos o magistrado, ele afirma que os centauros só servem para ser ferreiros, combatentes e trabalhadores. Mais tarde, tranquilizando um amigo, ele pergunta: "se os centauros começarem a beber da mesma fonte que os humanos, onde isso vai acabar? Queremos que brinquem com nossos filhos? Nossas mulheres?" Mais uma vez, o romance interespécies causa problemas, até porque o próprio Cassius tem uma relação muito intensa com uma mulher humana. O episódio termina com Hércules liderando os centauros em uma marcha de protesto pacífica até a fonte, os planos do magistrado sendo expostos e todos bebendo simbolicamente do mesmo copo. Mais uma vez, o racismo é enquadrado como o resultado das falhas morais de um indivíduo e não como o resultado de uma história de séculos — uma longa história de um grupo oprimindo outro.

Os centauros exploram o fenômeno social contemporâneo do racismo americano a partir da distância segura da antiguidade, e substituem as discussões sobre miscigenação por preocupações implícitas com a bestialidade. Os centauros proporcionam um espaço particularmente bom para que essas questões sejam exploradas. Os antigos gregos os viam como hipermasculinos em sua sexualidade e violência, fora dos limites do civilizado, portanto, a definição da contraparte da cultura humana.[20] Seu hibridismo permite que a série os retrate de forma simpática, delineando sua natureza parcialmente humana, o que, por sua vez, torna-se central para seu papel de monstro criado pela animosidade humana (Figura 5.2). Pode-se alegar que uma das razões pelas quais *Hércules* oferece esse tipo de conteúdo é precisamente o fato de ser telefantástico e de ter passado por várias formas de radar disciplinador. Eu acrescentaria que o escopo da antiguidade, por mais que esteja gasto, permite que um monstro antigo ganhe vida novamente por meio de uma monstruosidade moderna. No entanto, é notável que essa interpretação do centauro racionaliza o monstro, recorrendo a uma prática de alheamento que emerge da tradição colonial ocidental.[21]

Outra fonte de angústia contemporânea, o medo da mulher empoderada, manifesta-se por meio da linguagem do monstro em "The Warrior Princess" [A princesa guerreira] (1.9). Esse episódio apresenta Xena, uma senhora da guerra que deseja matar Hércules como parte de seu plano para conquistar a Grécia. Para prendê-lo, Xena seduz Iolau e cria um confronto. Hércules está prestes a afastar-se da situação, mas, um aldeão o desafia — "Ela é um monstro! Tal como o Leão de Nemeia e a Ave do Lago Estínfalo! Você não se esquivou de lutar contra eles, e não pode se esquivar de lutar contra ela!" Hércules concorda e prossegue com o resgate de Iolau. No final do episódio, os companheiros reparam sua relação com uma brincadeira leve. Iolau diz: "se você vai me dar um sermão, deve ser sobre o tipo de mulher que me atrai"; ao que Hércules responde: "Sim, você combinaria bem com uma viúva-negra." A comparação entre os monstros com os quais lutou antes e Xena faz Hércules retornar para lutar contra ela. Ela é posicionada na lista de monstros atrás do Leão de Nemeia, a Hidra e a Ave, e comparada a uma monstruosa viúva-negra.

Figura 5.2 Um centauro de *Hércules: a lendária jornada.*

Os significantes da monstruosidade são fortemente sexistas, e têm um impacto extra porque Xena subverte as normas de comportamento feminino. Ela se apresenta a Iolau como uma garota indefesa e hiperfeminina que por acaso comanda um exército, mas seus impulsos homicidas e ambições expansionistas se manifestam no cenário da batalha-clímax, onde ela se volta contra Iolau depois que Hércules se recusa a matá-lo. A trama a categoriza como um monstro a ser tanto desejado quanto temido. Posicionar a fêmea assassina como o equivalente do monstro desumano é o sinal da atribuição de gêneros aos monstros estabelecida nos dois primeiros episódios da primeira temporada. O primeiro monstro que Hércules deve enfrentar é uma mulher-demônio ("The Wrong Path", 1.1), seguido dos ciclopes de "Eye of the Beholder" (1.2). Em oposição à racionalidade inerente aos ciclopes, a mulher-demônio engana os homens até que se apaixonem por ela e os transforma em pedra quando a tocam, enviando suas almas para Hécate. Ela assume a forma de uma bela garota usando uma longa saia branca, da qual emerge a cauda de uma serpente. Quando Hércules pisa na saia, sua serpentina metade inferior é revelada, e ele deve evitar tocar em seu chocalho ou ser picado. Ela acaba sendo transformada em pedra por seu próprio ferrão, sinal de sua inerente ameaça sexual.

A caracterização da sexualidade feminina ativa como sendo monstruosa espelha medos mais amplos presentes na cultura popular sobre mulheres que têm controle sobre seus próprios desejos. Os antigos monstros gregos também operavam sob um paradigma binário que opunha caos e feminilidade versus ordem e masculinidade. Essa divisão se articula de forma particularmente clara nos mitos da criação, como a conquista da racionalidade de Zeus sobre a desordem desenfreada de Gaia.[22] No entanto, a forma como as mulheres que controlam sua própria atividade sexual são retratadas na primeira temporada de *Hércules* fala sobre um medo cultural relativo à mulher emancipada, que se manifesta no uso físico e linguístico de monstros na série. Esse padrão poderia ser visto como parte de uma reação mais ampla contra vários avanços nos direitos das mulheres, particularmente na área da liberdade reprodutiva;[23] esta última particularmente proeminente na época após duas marchas de protesto em Washington que bateram recordes, promovidas pela Organização Nacional das Mulheres, em apoio ao direito ao aborto legal, em abril de 1989 e abril de 1992. Como resposta, a conquista dos monstros codificados como femininos torna-se uma forma de reforçar e assegurar a masculinidade de Hércules na fase inicial da série.

A atitude sexual feminina não é a única maneira de as mulheres serem monstruosas; a maternidade também se torna um local de monstruosidade por intermédio do personagem de Equidna, a mãe de todos os monstros. Seu arco de histórias em *Hércules* é uma de suas raras aparições na cultura popular, embora ela tenha excelentes credenciais míticas. Equidna aparece na *Teogonia* de Hesíodo como a mãe de, entre outros, Cérbero e da Hidra de Lerna, tendo, portanto, uma conexão prévia com o mito de Hércules. No episódio "The Mother of All Monsters" [A mãe de todos os monstros] (2.7), ela se apresenta como a mãe não só da Hidra, mas também da Mulher-Demônio (agora um personagem específico) e da Ave do Lago Estínfalo. Ela planeja enviar seu capanga Demétrio para seduzir Alcmena (a mãe de Hércules), de modo a sequestrá-la para usá-la como isca para atrair seu filho, e posteriormente matar ambos. Alcmena mereceria morrer por ter criado um assassino, e Hércules, por sua vez, mereceria morrer por ter matado os filhos de Equidna.

O episódio levanta algumas questões preocupantes sobre o monstruoso, o maternal e o sexual que não chega a resolver. Os paralelos entre Equidna e Alcmena são constantemente reforçados. Quando Equidna vê Demétrio pela primeira vez, ela diz: "Sim, você vai se sair bem" — não apenas como um lacaio, mas como um lacaio suficientemente atraente para capturar o interesse de Alcmena. Equidna dá uma voz explícita ao desejo feminino, mas seu tom insinua que ela e Alcmena têm um padrão comum de atração masculina; há também um componente queer implicado no fato de Equidna seduzir Alcmena por tabela. Demétrio consegue seduzir Alcmena, e Hércules experimenta um tipo muito particular de horror quando chega em casa e interrompe um abraço apaixonado dos dois. Quando Alcmena é lançada aos pés de Equidna (ou ao rabo) depois de acreditar que Hércules foi morto, as duas têm um diálogo acalorado:

> **Equidna:** Doeu ver seu filho morrer? Seu coração se partiu?
>
> **Alcmena:** Não vou lhe dar a satisfação de me ver chorar. Me mate logo e acabe com isso.
>
> **Equidna:** Você não vai escapar tão facilmente depois de ter criado um assassino.
>
> **Alcmena:** Hércules não é um assassino.
>
> **Equidna:** Sim, ele é. Ele matou meus filhos, um após o outro! Nenhuma mãe deveria ter que suportar isso.
>
> **Alcmena:** Seus filhos eram monstros como você. Eles assassinaram e mutilaram a ponto de qualquer deus corrupto o suficiente desejar usá-los.

A disputa sobre quem é a melhor mãe e quem criou monstros verdadeiros continua quando Hércules resgata sua mãe e está prestes a matar Equidna. Pouco antes de ele a esfaquear, Alcmena o detém:

> Nós não somos monstros! Não somos instrumentos de morte e destruição, somos seres humanos! Além disso, agora eu sei como ela se sentiu quando seus filhos morreram. Ela agiu da mesma forma que eu teria agido.

O argumento duplo de Alcmena é decididamente estranho. Por um lado, ela e Hércules são diferentes de Equidna; por outro, a maternidade cria um vínculo que ela entende. Assim, ao espectador é oferecida uma justaposição deliberadamente contraditória de monstruosidade e não monstruosidade, de alteridade e simpatia — tudo articulado por meio da identidade materna. A sociedade ocidental é, por tradição, profundamente ambivalente quanto à sexualidade das mulheres mais velhas, especialmente aquelas que já passaram da idade fértil, como demonstra a dificuldade, até muito recentemente, de se encontrar bons papéis hollywoodianos atribuídos a atrizes que já passaram dos quarenta anos;[24] essa ambivalência torna-se o ódio do qual esse monstro se alimenta.

A monstruosidade de Equidna é desenvolvida em "Cast a Giant Shadow" [Uma sombra gigante] (2.10), quando Hércules resgata o gigante Tifão, que tinha um pé preso em uma rocha havia mais de cem anos. Ele explica que isso foi causado por sua esposa — "Hera queria que ela fizesse coisas ruins, mas ela estava sempre feliz quando eu estava por perto." Só depois de Hércules e Tifão terem desenvolvido uma relação é que se revela que a mulher de Tifão é Equidna, e os filhos que ele está ansioso por ver são os monstros que sabemos que Hércules matou:

> **Tifão:** Diga-me o que ela [Equidna] fez. Ela o machucou?
>
> **Hércules:** Bem, no começo ela tentou, mas depois encontramos um jeito de contornar isso.
>
> **Tifão:** Parece que ela mudou! Antigamente, se eu não estivesse com ela quando ela explodia, as pessoas se machucavam. Ficavam muito feridas.
>
> **Hércules:** Para dizer a verdade, era o que eu pensava que iria me acontecer.
>
> **Tifão:** As crianças estavam com ela? A Hidra, a Ave do Lago Estínfalo, a Mulher-Demônio?
>
> **Hércules:** Bem...
>
> **Tifão:** Espero que eles não estejam se metendo em problemas novamente.
>
> **Hércules:** Eles... têm fama de serem um bando selvagem, não têm?...
>
> **Tifão:** Só porque ninguém nunca olhou para suas qualidades boas. Aposto que você nunca soube que a Hidra sabe tricotar. Ou que a Ave do Lago Estínfalo dança muito bem. E a Mulher-Demônio? Ah! Você deveria ouvi-la cantar.

Visões de uma hidra tricoteira à parte, Hércules sofre precisamente pelo fato de Tifão ter um coração tão bom e não monstruoso. Ele e Iolau ficam intrigados com o modo como um homem tão "doce e inocente" poderia ser casado com o monstro que conhecem. Mais uma vez, vemos um lado simpático aos monstros clássicos que nos força a questionar a imagem que temos de Hércules como herói não problemático e nossas suposições sobre os monstros que conhecemos. Embora Weisbrot afirme que esse episódio "apela para a comédia em vez dos arrepios", e Tifão seja um personagem inegavelmente de coração bom, os eventos reforçam o caso de Equidna em "Mother of All Monsters" de que as ações de Hércules não eram tão louváveis como a série as havia apresentado até então.[25] O fato de Tifão ser capaz de ver o lado amoroso de Equidna também sinaliza que ele não é tão inofensivo quanto os humanos pensam.

Hércules consegue superar esse momento difícil explicando a Tifão que Hera o separou de seus filhos justamente para que eles caíssem numa vida de crime, e que não houve saída a não ser matá-los. Tifão o perdoa, e Hércules o reúne com Equidna. Depois da explicação do porquê de Tifão ter estado preso durante o último século, a reconciliação entre eles é rápida:

> **Hércules:** Hera queria manter você e Tifão separados porque sabia o quanto isso deixaria você brava.
>
> **Equidna:** E deixou. Eu tenho sido tão tola, e tenho feito coisas tão horríveis.
>
> **Tifão:** Mas eu ainda amo você, Equidna!
>
> **Equidna:** Ama? Então venha comigo, meu amor!
>
> **Tifão:** Ah, minha querida!

O último ato que vemos entre os dois monstros é um abraço apaixonado enquanto Hércules e Iolau saem da caverna, envergonhados. A reintrodução de Tifão como figura paterna significa que a maternidade desonesta de Equidna pode ser contida no interior da família patriarcal restaurada. Ela é reintegrada em uma estrutura social aceitável ao se tornar uma esposa e não uma agente livre.

O arco de Equidna também traz à tona a questão da atitude feminina nessa primeira fase de *Hércules*. A razão pela qual Hércules pode justificar suas ações para Tifão é que "não houve outra saída" e que "Hera os tinha sob seu poder, não havia como eles fazerem algo de bom". Hera também é a responsável por aprisionar Tifão para que ele não possa trazer à tona o melhor lado de Equidna. A redenção de Equidna acontece porque a responsabilidade é explicitamente transferida para a deusa, que, não nos esqueçamos, é apenas uma madrasta. A intrusa na família continua a ser a derradeira fonte de monstruosidade.

Hera não é a única olimpiana a armar monstros — o cão do inferno de Ares é o principal foco monstruoso nos três episódios finais da primeira temporada, por exemplo. Nêmis não é absolvido da responsabilidade moral em "As Darkness Falls", mas desculpas são dadas para seu comportamento, o que tem basicamente o mesmo efeito e faz com que o mesmo comportamento seja esperado de outros centauros. Uma parte significativa da forma como os monstros são tratados surge de quem os está usando e para qual propósito nefasto. Haverá uma explicação adequada se eles estiverem agindo de forma independente, porém o mais provável é que eles serão posicionados como ferramentas do vilão central do episódio. Mesmo a serpente guarda-chuva com presas de "The Festival of Dionysus" (1.4) só chega até Hércules porque ficou presa em um buraco e está, presumivelmente, meio faminta.

A primeira fase de *Hércules* vê os monstros principalmente como uma forma de definir o herói, mas também como um espaço para levantar questões éticas sobre a natureza dos próprios monstros. Os monstros clássicos são alocados em múltiplas questões contemporâneas, incluindo a reação contra os avanços dos direitos econômicos e reprodutivos das mulheres, o impacto da Lei de Direitos Civis de 1991, que tornou ilegal a discriminação no trabalho baseada em raça e gênero, e a face mutável do papel dos Estados Unidos nas relações internacionais. Este último tópico, em particular, é levantado por conta do conflito na Bósnia (1992-1995), no qual os Estados Unidos se viram agindo mais como mantenedores da paz do que como policiais do mundo, em um contraste marcante com a Primeira Guerra do Golfo (1990-1991). A necessidade de encontrar um novo modelo de masculinidade que dependesse menos de bater nas coisas do que da reconciliação pacífica de conflitos é responsável por boa parte da ênfase de *Hércules* como herói negociador, usando sua força como último (espetacular) recurso — pelo menos no que diz respeito aos humanos.

A segunda fase de *Hércules*

A segunda fase da série, que compreende a terceira temporada e a primeira metade da quarta, instala sua marca registrada. O clipe "Les Contemptibles" [Os desprezíveis] (3.17), ambientado na França revolucionária, é tipicamente cômico: alguns bandidos são inspirados ao fervor revolucionário pelos antigos filmes do gênero "valentão" de Hércules. Mais episódios abandonam monstros, equilibrados até certo ponto pelo interesse em tecnologia anacrônica e máquinas de guerra (como o monumento megalítico de Dédalo em "Doomsday" [Apocalipse], 3.2). Entre os monstros que aparecem, os tubarões de areia que Hércules e um prisioneiro fugitivo devem enfrentar em "Mercenary" [Mercenário] (3.1) são os que mais se aproximam do "monstro da semana" da primeira fase. Eles vivem sob o solo do deserto e sentem vibrações na areia, saltando para capturar suas presas e levá-las ao o subsolo. O episódio faz uma homenagem às tempestades de areia de *Duna* (1984), bem como aos graboids de *O ataque dos vermes malditos* (1990), explorando a liberdade da telefantasia com expectativas genéricas para ampliar o leque de possíveis histórias disponíveis em qualquer formato.

Em geral, o uso banal de monstros desaparece, assim como as gangues de monstros antropomórficos, substituídos por monstros que ficam no centro da trama semanal em menor número, mas com maior significado narrativo. Isso leva a uma ênfase em monstros falantes, como o dragão infantil Braxus em "The Lady and the Dragon" [A dama e o dragão] (3.10). Apesar das características do *drakōn* no mito clássico, aqui a inspiração parece ter sido tirada da fantasia de Tolkien.[26] A habilidade de Braxus de manter uma conversa nos permite entender que ele foi enganado a pensar que Hércules e Iolau mataram sua mãe, mas isso também vem como uma surpresa para os heróis. "Por que você está falando com ele? É um dragão", diz Iolau, irritado, ao que Hércules, que tenta raciocinar com Braxus, retruca: "É um dragão falante. Dã!", quando Braxus responde. Além de dissipar o equívoco de que ele é um bruto silencioso, Braxus também se revela uma criança impressionável que anseia por retornar à sua casa em Tarso.

O tratamento dado a Braxus explora muitas questões abordadas no episódio com os ciclopes da primeira temporada ("Eye of the Beholder", 1.2), mas há uma reviravolta. Como Braxus não é um monstro antropomórfico, o argumento de que os monstros são "como nós" torna-se muito mais difícil de aceitar. Afinal de contas, Braxus pode incinerar qualquer um que o aborreça. No entanto, a inocência do vilão guerreiro do episódio enverniza o potencial monstruoso de Braxus, e mais uma vez coloca em jogo a questão de ser possível ou não julgar um monstro simplesmente pela aparência. No caso de Aracne ("Web of Desire" [Teia do desejo], 4.4), quando Hércules, Iolau e o capitão pirata Nebula a encontram, a resposta é um simples sim. A história que Hércules conta para explicar a transformação de Aracne difere inteiramente da versão de Ovídio no livro sexto das *Metamorfoses*, em que ela é transformada em aranha após ousar desafiar a deusa Atena para uma competição de tecelagem. Segundo Hércules, Aracne era originalmente uma rainha muito vaidosa e bonita. Ela deu à luz uma filha ainda mais bonita e a jogou no mar por despeito. Os deuses então a amaldiçoaram, transformando-a em um gigantesco híbrido humano de aranha.

O episódio "Web of Desire" se debruça sobre o tema da aparência monstruosa e o que ela significa para Aracne e os que a rodeiam. Depois de identificar Aracne como a criatura responsável por apanhar vários marinheiros naufragados que morrem horrivelmente nas cavernas onde estavam se abrigando de uma tempestade furiosa, Hércules observa: "Aracne se move nas sombras porque tem vergonha de sua aparência. A luz é sua inimiga." No final do episódio, Aracne é derrotada quando seu covil é bombardeado, e o plano de iluminar a caverna é explicitamente enquadrado como uma forma de tornar Aracne desconfortável. Mas a própria Aracne parece não acreditar nessa retórica. Quando o público a vê acariciando o pirata Paxxon depois de o capturar, sua fala é "você acha que eu sou... bonita?", seguida de uma expressão sedutora, e ela diz a mesma coisa para Iolau. Em vez de se esconder na vergonha, Aracne pretende usar seus cativos como hospedeiros de uma horda de aranhas bebês que ela planeja soltar sobre a humanidade desprevenida. Ela se torna mais uma mãe monstruosa, ainda mais ao escolher agir dessa maneira por livre e espontânea vontade. Enquanto Hércules começa a incendiar sua ninhada, ela explica seu plano: "Prefiro pensar nisso como espalhar beleza — o mundo voltará a conhecer a verdadeira beleza."

A composição das cenas se concentra nas pernas de Aracne e em seus dentes vampirescos, mas, apesar da afirmação de Hércules de que sua aparência agora é odiosa, ela se comporta como se quisesse que essa aparência tomasse conta do mundo. Sua transformação de bela mulher em monstro também implica que seu eu interior e o exterior estão agora alinhados. Talvez a suposição de Hércules de que ela teria vergonha de que sua aparência física corresponda às suas qualidades morais se apoie em seu próprio caráter firmemente virtuoso e em seu físico bem desenvolvido. Seja qual for a história que os outros contam sobre ela, Aracne se diverte com sua monstruosidade e procura literalmente infectar os outros com ela. Ela se estabelece com entusiasmo nos limites do possível, tanto em relação ao seu físico quanto à sua ambição. Ela oferece um monstro que se sente confortável com a própria escuridão, que estava lá mesmo antes de sua transformação — de certa forma, isso a torna mais perigosa que a maioria dos adversários de Hércules.

Aparência, disposição interna e monstruosidade são novamente a chave para "The Green-Eyed Monster" [O monstro de olhos verdes] (3.7). O episódio é livremente inspirado no mito de Cupido e Psique. Afrodite não aprova a paixão de Cupido pela mortal Psique e ordena que ele a faça se apaixonar por outra pessoa. Hércules, o "tio favorito de Cupido", é trazido para fazê-lo cair em si, mas é acidentalmente atingido por uma das flechas de Cupido e se apaixona pela própria Psique. Ao ver Hércules arrebatado, o Cupido fica verde de inveja, literalmente, e se transforma em um monstro escamoso voador que lembra um pouco o Grinch. A advertência de Afrodite de que o ciúme o transformaria em uma pessoa diferente deixa de soar metafórica.

Há, inevitavelmente, uma história de fundo. Cupido está sob uma maldição de Hera que o torna monstruoso sempre que ele sente uma pancada de amor não correspondido. Se ele se transformar por três vezes, será um monstro para sempre. Hércules é libertado do poder da flecha ao se lembrar do amor verdadeiro que nutria por Dejanira, Afrodite se rende e Psique recebe o dom da imortalidade para que Cupido nunca mais precise temer se transformar em um monstro de olhos verdes. O final feliz desliza sobre os problemas que o episódio coloca — embora a maldição de Hera torne real o metafórico monstro dos olhos verdes, será que ela realmente faz algo mais do que trazer à tona o que já fazia parte do caráter de Cupido? Cupido fica livre da responsabilidade pela justificativa do "amor verdadeiro", com ecos preocupantes de desculpas dadas por abusadores domésticos.[27] A necessidade de resgatar Cupido de seu eu monstruoso, supostamente imposta por Hera, significa que as implicações completas desse eu não são exploradas — o que pode ser proposital. Os monstros às vezes existem para policiar as fronteiras do possível. Quando Cupido cruza a linha de comportamento abusivo, as normas das relações saudáveis são restabelecidas pela criação de um mundo onde seu comportamento monstruoso não é mais possível. Como Psique, e não Cupido, é quem muda, ainda é a mulher que se apresenta como o problema que precisa ser resolvido, absolvendo ainda mais Cupido da responsabilidade.

Enquanto alguns monstros nessa segunda fase ficam no meio do debate sobre a relação entre aparência externa e monstruosidade, outros são moldados pela comédia leve, característica da série. Em "The Green-Eyed Monster", uma das razões pelas quais Afrodite está preocupada com Cupido é o fato de ele ter começado a andar com más influências — um bando de sátiros com comportamento de jovens universitários, deuses da floresta com pernas e chifres de cabra que não pensam em nada além das festas de túnica. Apesar de Cupido ordenar aos sátiros que tomem cuidado com Hércules, com quem eles acabam lutando, os sátiros nunca são apresentados como uma ameaça que mereça credibilidade, ao contrário dos bandos de monstros guerreiros encontrados na primeira fase da série. Esses monstros antigos são, em sua maioria, inofensivos e criados para serem engraçados. A mudança para o humor e não para o horror é tanto uma resposta à evolução do caráter jocoso de *Hércules* como um mapeamento astuto das características centrais do sátiro — desejo sexual e alcoolismo — em um fenômeno social familiar ao público americano. O estereótipo do atleta universitário idiota e embriagado comunica a essência dos sátiros muito mais rapidamente do que qualquer explicação; ou você sabe o que é um sátiro, ou a identificação de um estereótipo cultural lhe permite preencher as lacunas e deduzir.

Inteligência e *pathos* são misturados em "Monster Child in the Promised Land" [O filho do monstro na terra prometida] (3.6), a conclusão do arco Equidna/Tifão. Quando Hércules e Iolau são avisados de que Equidna e Tifão tiveram outro filho, o ladrão Clepto aproveita a oportunidade para roubar o bebê Obie, com a intenção de entregá-lo ao senhor da guerra local. O senhor da guerra recebeu ordens de roubar Obie para Hera, que deseja torná-lo mau, assim como fez com os demais filhos de Equidna. O episódio retorna às tensões estabelecidas em nossos encontros anteriores com o casal, pois Equidna está perturbada com essa tentativa de Hera trazê-la de volta ao seu rebanho, junto com seu filho. Como ela lamentavelmente observa, "quando se trata do mal, a mãe de todos os monstros é sempre requisitada". O episódio também adia a revelação de como é exatamente o bebê. Obie é escondido por uma manta até o momento em que Clepto vai visitá-lo sob o pretexto de que Hércules e Iolau o enviaram, quando a manta é retirada ao som de acordes dramáticos. O que vemos na verdade parece um dos Muppets — uma pequena morsa verde com tentáculos, que guincha adoravelmente e faz gracinhas de criança. Clepto, que começa vendo Obie como uma pequena e monstruosa moeda de troca, acaba sendo conquistado e passa a considerá-lo "um carinha simpático".

A maternidade monstruosa continua sendo uma ameaça, embora Equidna esteja desesperada de angústia pelo filho roubado. Quando a chefe dos lacaios de Hera aparece, ela se alegra: "que comovente... a mãe de todos os monstros revelando seu lado sensível," no que Equidna a ataca. Obie tanto reafirma sua identidade como mãe de todos os monstros — pois ele também é um monstro — como a faz confrontar seu passado e o que pode vir a ser o futuro de Obie como uma das criaturas de Hera. Ela revive o trauma das mortes anteriores de seus filhos enquanto chora: "Perdi outro bebê, eu sei que perdi." A profunda instabilidade emocional bloqueia sua capacidade de agir. Talvez não seja coincidência que Tifão é quem disciplina Obie quando ele está prestes a ferir Hércules e o impede de sentir o gosto de sangue pela primeira vez, o que daria a Hera o controle sobre ele ("escute seu pai, pequenino", diz Hércules, otimista). A maternidade monstruosa não é capaz de lidar com a tarefa de impedir que o filho-monstro se torne um instrumento do mal — uma mão patriarcal firme ainda é necessária para isso —, mas a encantadora infantilidade de Obie desafia a ideia de que a maldade e a monstruosidade devem andar de mãos dadas.

O poder patriarcal usado para controlar monstros não fica sem questionamento. Em "Beanstalks and Bad Eggs" [Pé de feijão e ovos ruins] (4.1), Hércules e o rei dos ladrões, Autólico, escalam um pé de feijão e descobrem uma mulher humana e um gigante, Leana, e Tufão, cuidando de uma ninhada de ovos de harpia esperando para eclodir (Tufão será mais tarde revelado como irmão de Tifão, explicando a semelhança familiar causada por Glenn Shadix interpretando os dois papéis). O episódio é uma mistura de "João e o pé de feijão" e *Gremlins* (1984); as harpias eclodem enquanto Hércules e Autólico estão no castelo de nuvens, e lembram fortemente Gizmo e seus companheiros mogwai. As semelhanças vão além do visual, já que é possível interpretar os *Gremlins* como um filme sobre a paternidade, e os erros dos mogwai malcriados expressam a ansiedade sobre as atividades ilícitas dos adolescentes. Nesse episódio, as harpias são colocadas como sendo filhas de Leana e Tufão, que no final falam sobre criar bem "aquelas crianças". Como Tufão promete, "elas vão crescer para serem *boas* harpias, você vai ver!"

Essa promessa é difícil. Quando encontramos Tufão pela primeira vez, ele está furioso após descobrir um "homem grego" com Leana, e de fato está furioso com a própria Leana. Essa frustração surge das circunstâncias do seu confinamento — Hades ordenou que Leana deve cuidar da ninhada de ovos de harpia até que eles se abram, a fim de salvar sua aldeia do ataque da harpia, e Tufão deve protegê-los do mal. A convivência tão próxima criou ressentimento, mas também afeto; segundo Tufão confidencia a Autólico, ele gostaria de poder dizer a Leana como realmente se sente. O público é explicitamente convidado a comparar o terno Tifão com seu irascível irmão, e a ver as lições de

Autólico sobre cavalheirismo (tiradas da escola de romance "apareça com uma rosa entre os dentes") como uma tentativa de domar a selvageria do gigante. Essa domesticação não é simplesmente sobre Tufão reparar sua relação com Leana; ele precisa controlar sua fúria para proporcionar o tipo de influência masculina positiva sobre as harpias que Tifão oferece a Obie.

Embora as lições de amor de Autólico não tenham atingido seu objetivo, Tufão percebe que precisa resolver seus problemas de autocontrole para conquistar Leana. O episódio termina com o casal feliz prevendo uma vida de harmonia doméstica e criação de filhos. Mais uma vez, a implicação de que a natureza monstruosa do homem envolvido em uma relação controladora (e, portanto, potencialmente abusiva) pode ser instantaneamente alterada é profundamente problemática, mas conta com o mesmo tropo de que a monstruosidade reside no comportamento e não na aparência. Tufão é apresentado como um gigante "real" que precisa superar sua raiva interior para se domesticar, de modo a se adequar a uma unidade familiar e fazer o papel de bom patriarca. Não acho que o fato de sua parceira ser uma mulher humana seja coincidência. Enquanto a monstruosidade maternal de Equidna requer a intervenção de uma presença paternalista benigna, a mortalidade de Leana permite que o episódio se concentre na necessidade de Tufão de administrar seus horrores internos para desempenhar o papel social que lhe cabe.

Essa transformação é necessária por causa das harpias recém-eclodidas, que são inegavelmente monstruosas tanto na aparência quanto no comportamento. Elas são, no entanto, vulneráveis — uma delas é devorada por uma cobra de nuvens que espreita fora do castelo antes de Hércules a salvar por meio da manobra de Heimlich. Quando tentam descer o pé de feijão, uma delas escorrega e precisa ser salva com uma corda rapidamente improvisada. A preocupação de Leana e Tufão com a segurança das harpias parece incongruente ao lado da batalha de Hércules e Autólico para garantir que elas não causem estragos no reino humano. Como Hércules observa quando se recusa a levar os ovos que não racharam através do pé de feijão com Leana, "quando você tem harpias, não pode se livrar delas".[28] As harpias são ao mesmo tempo ameaçadoras e indefesas, um perigo ainda latente. Sua caracterização como seres potencialmente caóticos, mas ainda assim impressionáveis o suficiente para responder à orientação, coloca uma pressão narrativa implícita sobre Tufão para assumir essa responsabilidade. Sua monstruosidade infantil e sua infância monstruosa voltam à ideia que percorre toda a segunda fase — o que torna um monstro monstruoso nem sempre é tão claro quanto poderia parecer.

Uma vez que *Hércules* se estabelece e pode realmente começar a explorar o mundo mítico que construiu, a série dispensa as serpentes utilitárias da primeira fase. Em vez disso, os monstros estão totalmente envolvidos no enredo e conseguem o desenvolvimento de caráter correspondente. Ainda assim, o próprio Hércules continua a se caracterizar pela habilidade de matar monstros na sequência de abertura, e referências de diálogo apoiam essa apresentação, mesmo quando a proporção de monstros enfrentados diminui e sua inclusão se torna mais sobre qualidade do que sobre quantidade. No entanto, bem quando essa fase mais reflexiva começava a atingir seu topo, o desastre se abateu. Em 3 de setembro de 1997, Kevin Sorbo sofreu um grave aneurisma no braço esquerdo, seguido de uma série de derrames.

A terceira fase de *Hércules*

Após a crise de saúde, Kevin Sorbo sofreu uma perda permanente de dez por cento em sua visão, problemas com o equilíbrio, fraqueza física, dores de cabeça, sensibilidade à luz, ansiedade e ataques de pânico. Embora Sorbo estivesse ansioso para voltar ao trabalho, a equipe de produção teve que descobrir como o espetáculo poderia continuar levando em conta as habilidades físicas alteradas de seu astro. Anteriormente, Sorbo vinha mantendo uma jornada exaustiva no set, acordando às 4h30 da manhã, chegando às 6h30 no estúdio, saindo para a academia às 19h30 e recomeçando tudo de novo após apenas quatro horas e meia de sono.[29] Quando retornou à Nova Zelândia, no final de novembro de 1997, só podia ficar no set por uma hora.[30]

Sorbo trabalhou gradualmente até chegar a uma agenda de produção mais completa. Enquanto isso, porém, era preciso encontrar soluções.

Mais episódios foram prometidos em um prazo apertado, e *Hércules* não iria funcionar sem... o Hércules. Havia também uma pressão intensa para que a atração chegasse a cem episódios, que era na época o limiar que uma série precisava ultrapassar para fazer um bom negócio com as afiliadas e poder gerar receita a partir de reprises.[31] Inicialmente, os roteiristas criaram novos episódios ou reviram os já existentes para tirar Hércules de cena por completo ou minimizar o tempo que ele passava na tela. O fato de a série já ter exibido episódios como "Les Contemptibles" (3.17), fora de seu universo habitual, tornou mais fácil a execução de capítulos semelhantes, como "Yes, Virginia, There Is a Hercules" [Sim, Virginia, Hércules existe] (4.15). Enquanto os atores que interpretavam vários membros da equipe de produção na Los Angeles moderna se preocupavam com o que fariam agora que Kevin Sorbo tinha desaparecido, o próprio Sorbo só teve que aparecer na câmera para uma única tomada e uma fala — a primeira desde o aneurisma.[32] Outros episódios foram igualmente inventivos. Em "Porkules" (4.16), possivelmente resgatando a história de Circe na *Odisseia*, Hércules é transformado em um porco, o que exigiu muita locução, mas pouco trabalho físico. Os episódios de "Memory" [Memória] também usaram o conceito de flashbacks, mostrando as escapadas juvenis de Hércules com Iolau e Jasão. Estes foram tão bem-sucedidos que um segundo spin-off, *O jovem Hércules*, foi encomendado para a Fox Kids Network.

Eu me detenho em Hércules porque a necessidade de responder às novas demandas médicas de Sorbo resultou em uma abordagem diferente dos monstros. Essa mudança é um pouco difícil de acompanhar porque a divisão entre as temporadas não coincide com o momento em que os episódios foram realmente filmados. O aneurisma de Sorbo ocorreu enquanto a série estava em um hiato de filmagem, mas o intervalo da quarta temporada ocorreu entre os episódios 8 e 9, que foram exibidos pela primeira vez em novembro de 1997 e janeiro de 1998, respectivamente. A partir desse ponto, além dos episódios de flashback e de algumas referências de diálogos, os monstros meio que desaparecem da série.

Uma vantagem de voltar às aventuras passadas de Hércules foi que isso permitiu que a série mostrasse o herói lutando contra monstros em uma encarnação mais jovem de si mesmo (interpretada por Ryan

Gosling, em seu último papel como ator infantil de TV). Esses retornos preencheram também o fundo da história, usando o rico interior da telefantasia para fornecer um material narrativo que estava de acordo com a sensação geral da série, mas sem pressionar a recuperação de Sorbo. Essa estratégia é bem ilustrada no episódio "Medea Culpa [Culpa de Medeia]*" (4.11), enquadrada em uma série de reminiscências entre as versões adultas de Hércules, Jasão e Iolau durante uma viagem de pesca. Eles rememoram um incidente que quase desfez sua amizade, um encontro com uma Medeia adolescente (que, não supreendentemente, estava a mando de Hera na tentativa de separar os amigos a fim de que Hércules pudesse morrer horrivelmente). Hércules é capaz tanto de lutar como de não lutar em um único episódio. Gosling, a versão adolescente, enfrenta o monstro enquanto Sorbo, a versão adulta, se senta num tronco e fala sobre peixes.

Esse episódio oferece uma visão do sentido de como os monstros se tornaram parte integrante da identidade de Hércules. Em uma visita ao jovem rei Jasão, uma menina (Hera disfarçada) procura a ajuda de Hércules, dizendo-lhe que seus pais foram mortos por uma "ghidra" que atacou sua aldeia. O diálogo que se segue é instrutivo:

> **Hércules:** Parece que vou ter de encurtar a minha visita.
>
> **Jasão:** Ah, não seja um mau perdedor. Você acabou de chegar aqui.
>
> **Iolau:** Não, não, não, não, Hércules se considera uma espécie de assassino de monstros.
>
> **Jasão:** Um monstro?
>
> **Iolau**: Sim, uma ghidra não é nada menos que isso.

A história que estamos prestes a ver desdobrar-se na tela é enquadrada como fundamental para a formação de nossos personagens adultos de maneiras além da simples superação do ciúme sexual entre eles. Somos levados a ter fé, vendo o início das lendárias jornadas mencionadas no título da série. O que descobrimos sobre a ghidra? Hércules a rotula explicitamente como um dos "pequenos animais de estimação

* Trocadilho com a expressão do latim *mea culpa*, ou "culpa minha" [N. E.].

de Hera" quando descobre que está à solta, sugerindo que a inimizade entre ele e Hera sempre esteve no coração de suas empreitadas monstruosas, e confirmando a conexão de Hera com os monstros. O grupo encontra uma aldeia que foi incendiada pela ghidra, embora não a vejamos. Quando Iolau e Hércules finalmente encurralam a besta em sua caverna, novamente o diálogo é revelador:

Iolau: Você, err, você já matou um monstro antes?

Hércules: Sim, a serpente. Você se lembra? Na caverna de Ares?

Iolau: [Pausa] Talvez você devesse ir na frente.

Hércules: O quê, está com medo?

Iolau: Não!

Hércules: Nem eu.

O esclarecimento sugere um encontro anterior com monstros, mas posiciona este como o primeiro monstro que Iolau e Hércules vão enfrentar como um time. É significativo que os dois adolescentes reconheçam seu medo, e que lhes seja permitido demonstrar insegurança. Há um contraste distinto entre essa tentativa de incursão e as escapadelas mais confiantes dos adultos Hércules e Iolau. O monstro se torna *mais* monstruoso por causa da juventude dos protagonistas e do mistério acerca da ghidra, um novo personagem do mito grego que chega ao mundo. A criatura parece ter sido inspirada pelo rei Ghidorah, às vezes anglicizado como Ghidrah, um monstro que apareceu em uma série de filmes produzida pela companhia cinematográfica japonesa Toho a partir de 1964.[33] Isso marca mais uma característica da terceira fase, na medida em que se amplia para utilizar monstros que obviamente não têm raízes clássicas, mas são identificados como habitantes naturais do universo de *Hércules*.

A natureza desconhecida do monstro é sublinhada pelo diálogo entre Hércules e Iolau assim que eles localizam a ghidra:

Iolau: Você não me disse que ela tinha duas cabeças.[34]

Hércules: Esqueci.

Iolau: Mais alguma coisa que gostaria de mencionar?

Hércules: Sim. O ferrão naquela cauda significa morte instantânea.

Iolau: Algo mais?

Hércules: Sim, ela também cospe fogo.

Iolau: Algo mais?

Hércules: É só isso.

Hércules ocupa uma posição privilegiada como possuidor de conhecimentos monstruosos, enquanto Iolau e o espectador recebem uma cartilha rápida para os preparar para a luta seguinte. O monstro em si parece um crocodilo gigante de duas cabeças (com rabo de ferrão e hálito de fogo), e a coleção de características mortais reforça a ameaça real, fazendo com que a dupla precise da ajuda de Jasão.

O uso da história de fundo para estabelecer a identidade de Hércules sem novas lutas de monstros também aparece em "Yes, Virginia, There Is a Hercules" (4.15). Enquanto a equipe de produção passava por um brainstorming para lidar com o misterioso desaparecimento de Kevin Sorbo, surge uma sugestão que se refere explicitamente à técnica do "preenchimento". Um assistente de produção pergunta: "qual foi o primeiro monstro que ele matou?", o que permite que o episódio mostre uma série de clipes do jovem Hércules lutando contra monstros, incluindo a cobra gigante que "Medea Culpa" mencionou de passagem — assim que a sequência termina, o assistente prevê: "será como *Anos incríveis*, mas com cobras gigantes!", implicando que lutar contra uma serpente deve de alguma forma ser visto como um rito de passagem parecido com a negociação das tensões de um baile de formandos de uma escola secundária.[35] Notei que, na primeira fase da série, o uso de monstros genéricos tendia para as serpentes. O momento intimista retorna a essa ideia, oferecendo uma piada interna sobre o mito para aqueles que estão prestando atenção.

O repentino afastamento dos monstros é bem ilustrado pelo episódio que sucede "Porkules", "One Fowl Day" [Um dia de galinha] (4.17), que apresenta dois projetos malsucedidos de monstros. O primeiro é composto por Iolau e Autólico, acorrentados por Ares como punição por ter transformado seu amigo Discord em uma galinha no episódio anterior. Ares tira a capacidade de falar dos dois, cobre os corpos de ambos de lama, dá a eles pés gigantes e dentes salientes e faz a população local acreditar que essa estranha criatura é um monstro — "É uma abominação! Monstro bom é morto! Vamos destruí-lo antes que ele destrua nossas mentes!" Em um golpe de sorte para a infeliz dupla, P. T. Barnabus aparece e os compra para seu espetáculo de aberrações, e é nesse momento que Hércules consegue quebrar a corrente de Ares e libertá-los da maldição.

Logo que as coisas começam a melhorar, Autólico encontra algo na estrada que o transforma em algo desastroso. Quando a plateia e Iolau o veem, ele acaba se revelando... uma galinha gigante. Mais precisamente, é Discord, ainda na forma de galinha, mas uma galinha gigante. Iolau e Autólico conseguem derrotá-la, mas estão cientes do absurdo da situação:

> **Autólico:** Iolau, espere até Hércules ouvir que nós enfrentamos um monstro sozinhos.
>
> **Iolau:** Sim. Você vai dizer a ele que era uma galinha?
>
> [Pausa]
>
> **Iolau:** Esse será o nosso segredo.

Essa abordagem, ouso dizer, boba dos monstros claramente não teria sido sustentável a longo prazo, e a imagem do monstro como adversário nunca se recupera realmente nessa terceira fase. A série demarca isso no enredo do episódio final, no qual Hera é aprisionada no poço de Tártaro após uma tentativa de depor Zeus e transformá-lo em mortal. Embora nunca seja dito explicitamente, a ausência de monstros na vida de Hércules depois disso poderia facilmente ser explicada como uma consequência direta da ausência de Hera. Ela tem sido a força motriz por trás das monstruosas ameaças que Hércules enfrentou na primeira e na segunda fases, de modo que no mundo da série compreende-se naturalmente que sua derrota levaria a uma diminuição nos ataques de monstros.

A quinta temporada abraça o movimento por um heroísmo sem monstros de múltiplas formas. No primeiro episódio, "Faith" [Fé] (5.1), vemos Hércules e Iolau receberem um convite do rei Gilgamesh, da

Suméria, para ajudá-lo a lutar contra os seus próprios deuses hostis. O nome do rei evoca a tradição mítica da *Epopeia de Gilgamesh*, mas a série não se baseia nessa narrativa em potencial. Embora Iolau esteja cético em se envolver com outro panteão, Hércules observa que "já é hora de ampliarmos nossos horizontes". Poder-se-ia esperar que essa expansão trouxesse uma legião de monstros estrangeiros exóticos, mas, em vez disso, a série se concentra na relação de Hércules com os deuses, onde quer que eles estejam. Uma vez terminado o trabalho na Suméria, Hércules viaja para a Irlanda, Noruega e para um universo alternativo, além de voltar ocasionalmente para a Grécia. O final da série traz os Quatro Cavaleiros do Apocalipse, em certa medida. A motivação de Hércules passa de lutar contra monstros para enfrentar a crueldade arbitrária dos deuses, e o potencial retorno da força final do mal. Grande parte da série explora o que poderia ser chamado de temas espirituais da Nova Era, particularmente os episódios ambientados na Irlanda.

A temporada parece estar suficientemente autoconsciente a ponto de pré-condicionar a resposta que seus telespectadores devem dar a essa mudança de tom e conteúdo. Em "Descent" [Descida] (5.2), Hércules viaja para os portões do submundo sumério para tentar salvar Iolau, movido por profunda culpa pela morte de seu companheiro no final do episódio "Faith". Durante a viagem, ao acampar à noite, a seguinte conversa acontece entre Nebula (que, depois de a termos encontrado pela primeira vez em "Web of Desire", revela-se uma princesa suméria), parte de sua tripulação e Hércules, que está sentado um pouco afastado, de costas para a fogueira:

Dânao: Então, esse é o lendário Hércules?

Nebula: Em carne e osso.

Dânao: Tenho que dizer que estou um pouco desapontado.

Nebula: Por quê? Você esperava que ele voasse?

Dânao: Pensei que ele fosse um pouco mais... eu não sei, inspirador? Quero dizer, ele derrotou a hidra e o ciclope. Eu esperava alguma ação.

Hércules: Dânao, se você veio à procura de emoção barata, está no lugar errado, na hora errada, com o homem errado.

Dânao: Eu não quis dizer...

Hércules: Não importa o que você quis dizer. Não estou aqui para entretê-lo. Apenas... fique fora do meu caminho.

O subtexto gay desse encontro, que pode ser lido como Hércules rejeitando os avanços idealizados de Dânao, é reforçado quando este se afasta do acampamento e tem sua alma drenada para manter vivo o guardião do submundo sumério, mas essa é outra história. A troca é profundamente reflexiva. Há um reconhecimento da mudança de tom da temporada, que prefigura o conflito interior que assolará Hércules enquanto este luta contra a culpa pela morte de Iolau e as dúvidas fundamentais sobre o propósito de sua vida. Apesar das expectativas de Dânao, que pensa saber o que Hércules é, a realidade é um herói irado e inquieto, que desdenha de suas façanhas anteriores. Como telespectadores, sabemos que a presença de Hércules na televisão contradiz terminantemente sua afirmação: ele *está* lá para entreter o público, mesmo que não esteja para Dânao. O que esse momento permite à série é reenquadrar as expectativas desse entretenimento, longe do espetacular, e em direção a episódios com maior foco nas relações.

O universo da série continua a ser povoado por monstros que deixam suas marcas de outras formas, inclusive na sequência de abertura. "Fade Out" [Desaparecimento] (5.20) é baseado nas propriedades mágicas dos olhos de ciclopes fossilizados, embora os irmãos aos quais eles pertenciam estejam há muito mortos. Em "The Academy" [A academia], Hércules e Jasão conhecem o filho humano do centauro Chiron, enquanto "Sky High" [Tão alto como o céu] (5.12) traz um centauro de volta para a tela. O episódio mais uma vez levanta problemas ligados ao racismo. Nagus busca vingança para seu filho, que foi morto por Kurth, um arruaceiro local. Ao mesmo tempo, fica claro que ele havia avisado o filho sobre as companhias que mantinha — "eles só o queriam porque um centauro é um parceiro útil no crime". O fato de o filho de Nagus estar no lugar errado, com as pessoas erradas e na hora errada se torna uma analogia para jovens afro-americanos apanhados pela violência das gangues. Nagus fica ainda mais furioso quando Kurth se voluntaria para ajudar Hércules a transportar cristais perigosos por um vulcão para desviar um fluxo de lava da aldeia, o que ele vê como uma falha da justiça.

As tensões são acentuadas posteriormente pela presença de Ephiny. Seu enredo se passa principalmente em *Xena: a princesa guerreira*, mas por enquanto basta comentar que ela é mãe de Xenan, um filho centauro.[36] Ephiny e Xenan tinham passado brevemente por *Hércules* em "Prodigal Sister" [A irmã pródiga] (4.7), e Hércules tinha sido co-protagonista em *Xena*, por isso há sobreposição suficiente para tornar plausível sua relação com o herói. Em "Sky High", Xenan partiu com seus primos em uma caçada ritual. Xenan nunca aparece na tela, mas Ephiny sabe que ele está em uma área da floresta que será coberta por lava, então ela se junta à ação de transporte dos cristais para protegê-lo. Entretanto, a dinâmica de grupo é tão explosiva quanto o vulcão, devido à longa inimizade entre as amazonas e os centauros.

O episódio explora os estereótipos sobre o comportamento de centauros que o filho de Nagus demonstrou compartilhar, e que a gangue da aldeia assume que Nagus irá seguir; também permite a Nagus demonstrar sua própria bravura e estoicismo quando ele se voluntaria para carregar cristais explosivos pela montanha em um arnês. Nagus tem a oportunidade de redenção, já que ele e Ephiny são capazes de falar sobre a dor de perder alguém amado quando ele se dá conta de que o cônjuge de Ephiny era um centauro, já falecido. A conversa termina com Ephiny observando: "lembre-se do que eu disse antes: as pessoas nem sempre são o que parecem ser." Embora Nagus e Kurth nunca se reconciliem totalmente, Kurth expia seu crime ao se atirar no vulcão para provocar a explosão, salvando a vila e os habitantes locais. A reintrodução de um centauro na série retoma as analogias preestabelecidas entre os centauros e a comunidade afro-americana. A solução oferecida é bastante desconfortável — a raiva justificável de Nagus pelo fato de a execução de Kurth ter sido suspensa, uma interferência nos processos legais oficiais, é descartada pelo autossacrifício final de Kurth, implicando que o atraso judicial será resolvido de forma satisfatória. Essa mensagem otimista está longe da experiência vivida por afro-americanos diante do sistema judicial dos EUA, onde o racismo institucional criou uma hiper-representação de afro-americanos nas populações carcerárias. Os afro-americanos têm sete vezes mais probabilidade de serem encarcerados do que os cidadãos americanos brancos.[37] Ao reiterar o tema de que as aparências não significam monstruosidade, uma recapitulação dos primeiros episódios antirracistas da primeira fase de *Hércules*, "Sky High" aprova inadvertidamente os mecanismos que estão na base das injustiças criadas pelo sistema judicial.

Após o retorno de Iolau ao mundo dos vivos no final de "Revelations" [Revelações] (5.22), os monstros retornam ao diálogo associado à identidade de Hércules, mesmo que monstros a serem derrotados em cenas de luta ainda sejam raros nessa fase. É como se Hércules precisasse de Iolau vivo para ser a versão de si que luta ferozmente contra monstros. Esse ressurgimento foi paralelo à lenta recuperação da saúde de Sorbo, o que lhe permitiu trabalhar cerca de oito horas por dia na primavera de 1999.[38] Ainda assim, apesar de vermos sinais de um retorno à fórmula monstruosa em "Darkness Visible" [Escuridão visível] (6.4), conforme Hércules e Iolau são convocados pelo seu velho companheiro de batalha, o príncipe Vlad da Dácia, para derrotar *strigoi* vampíricos, fatores além do controle do espetáculo tomaram conta. Sorbo havia se proposto a estrelar um novo show, *Andrômeda*, e não estava interessado em se comprometer com mais três temporadas de *Hércules*. Apesar de Sorbo ter se oferecido para completar todos os 22 episódios da sexta temporada, o produtor executivo decidiu concluí-la após apenas oito episódios.[39]

Esse final repentino significava que a série precisava ser concluída da melhor forma possível, e não com um arco de enredo climático. Ainda assim, o episódio final presta uma monstruosa homenagem ao que, de certa forma, foi o coração da série. "Full Circle" [Círculo completo] (6.8) gira em torno de um menino chamado Evander, filho de Ares e Nêmesis (que foi a deusa da retribuição divina até desafiar Hera e se tornar humana). Evander tem poderes psíquicos que fazem acontecer o que ele deseja. Zeus o usa o para resgatar Hera do poço de Tártaro, onde ela havia sido presa no final da quarta temporada, e o episódio traça os consequentes desdobramentos.

Em sua busca pela criança desaparecida no início do episódio, Hércules e Iolau chegam a uma aldeia em chamas. O culpado? Um dinossauro roxo gigante com bolinhas cor-de-rosa que peida fogo, incinerando o que quer que esteja atrás dele. Enquanto Hércules se pergunta "você já teve a sensação de que os deuses estão ficando sem ideias?", vemos uma criança pequena rugindo ali perto. Foi Evander quem havia imaginado aquela criação: em vez de soprar fogo sobre eles, a criatura sopra bolhas. Quando Evander diz ao dinossauro para ir embora, ele diz adeus em tons que francamente lembram o dinossauro roxo e verde Barney, popular na programação infantil dos anos 1990, antes de desaparecer em uma nuvem de bolhas.

Enquanto Hércules recebe adversários "dignos" mais tarde no episódio na forma de três titãs que estão tentando derrubar o Olimpo, entendo que o dragão de bolinhas é um lugar apropriado para *Hércules* terminar seu encontro com monstros. Como adversário, ele é irreverente e brincalhão, encaixa-se perfeitamente no mundo construído na série, seguindo o fato bem estabelecido de que Evander pode fazer as coisas acontecerem conforme sua vontade. Ele faz estragos que podem ser corrigidos pela intervenção da masculinidade forte, mas pacífica, de Hércules e serve como um ponto de encerramento adequado para a jornada que os monstros iniciaram ao longo da série. Do compromisso sincero, mas flexível, com o mito grego que caracterizou a primeira fase da série à monstruosidade embutida no mundo dos personagens, mas não necessariamente visível em tela durante a terceira fase, *Hércules* fez dos monstros clássicos uma base para sua versão da antiguidade. Tão grande foi sua importância simbólica para a definição da série que nem mesmo o problema de saúde de Kevin Sorbo pôde obscurecê-la.

6

TROPEÇANDO NA TELEFANTASIA EM *XENA: A PRINCESA GUERREIRA* E *DOCTOR WHO*

Depois de examinar o mundo de *Hércules: a lendária jornada*, este capítulo se volta para dois outros exemplos de telefantasias: as séries *Xena: a princesa guerreira* — companheira de *Hércules* — e *Doctor Who*. Ambas fazem uma abordagem muito diferente dos monstros clássicos, trabalhando com eles em um contexto episódico mais tradicional. Estes estudos de caso trazem à tona diversas estratégias para lidar com monstros clássicos, e para torná-los objeto de interesse do público-alvo específico de cada série. Este capítulo mapeia as formas como os monstros surgem na televisão fora dos limites particulares de *Hércules*, e traça algumas das técnicas utilizadas em menor escala para criar espaço para os monstros.

Xena: a princesa guerreira

A série *Xena: A princesa guerreira* foi uma produção spin off de *Hércules: a lendária jornada* e estreou em setembro de 1995. Durou seis temporadas, conquistando muitos fãs e se tornando um fenômeno por si própria. Seu objetivo era combinar a força da ambientação no mundo antigo com uma estética de batalha de artes marciais, distinguindo-se de *Hércules* mas se permitindo explorar e desenvolver o mesmo universo (Figura 6.1).[1] Na verdade, *Xena* fez mais sucesso, por isso o mundo comum entre as duas atrações passou a ser referido como "Xenaverso", apesar da precedência cronológica de *Hércules*.

Figura 6.1 Lucy Lawless como Xena.

A sindicação da televisão norte-americana nos anos 1990 levou à consciente estratégia de diferenciação de produtos, atribuindo a cada série individual uma estética própria e comercializando-a para um nicho específico, o que se manifestou de forma particularmente clara em programas de telefantasia.[2] Dada a importância que *Hércules* deu às batalhas do seu herói-título com monstros e deuses, fazia sentido que os produtores encontrassem um "ponto de venda único" diferente para *Xena*, apesar do mundo fictício partilhado entre as duas séries. A sequência de abertura é novamente a chave para entender como a série se posiciona, pelo menos inicialmente. Visualmente, o clipe que abre os episódios não inclui monstros, com exceção de um breve take de um ciclope levantando uma jaula com Gabrielle, a companheira de Xena. Em vez disso, a locução e as imagens que a acompanham posicionam Xena em um mundo mais explicitamente político que o ocupado por Hércules:

> Na época dos deuses antigos, opressores e reis, uma terra sem lei clamava por uma heroína. Xena, uma poderosa princesa forjada no calor da batalha. A força! A paixão! O perigo! A coragem dela mudará o mundo.

Embora possa parecer um pouco grandioso, a comparação imediata que me vem à mente é aquela entre a *Ilíada* e a *Odisseia*. *Hércules* assume os elementos mágicos e fantásticos das aventuras de Odisseu, enquanto *Xena* se apoia no mundo do campo de batalha e do conflito político que se situa no coração da *Ilíada*. As duas investem igualmente no uso do mito clássico para moldar suas próprias práticas de contar histórias.[3] Essa observação é baseada na posição inicial de ambas as séries, uma vez que já vimos que o monstruoso passa a ocupar um lugar secundário em *Hércules*, e as seis temporadas de *Xena* cobrem, por sua vez, uma grande gama de eventos. A distinção fundamental faz sentido para um estúdio que quer apelar para o maior número possível de demografias e gostos do público. Tais escolhas iniciais retêm um poder considerável sobre a direção futura de cada série. Não é por acaso que Júlio César desempenha um papel relevante (se bem que profundamente anacrônico) em *Xena*, ao mesmo tempo que se limita a uma única aparição como convidado em *Hércules* — a corrupção política e a expansão imperial estão muito mais de acordo com os interesses do primeiro do que com os do segundo.

Outro ponto significativo de diferenciação é o gênero dos protagonistas. A motivação comercial por trás da liderança masculina ou feminina em uma série é bastante óbvia, mas há diversas consequências que surgem da subsequente implicação de gênero nas ações que eles realizam. *Hércules* apareceu pela primeira vez como série de televisão em janeiro de 1995, e *Xena* estreou em setembro. As mesmas tendências culturais conflitantes dos avanços feministas e das reações a eles, impulsionadas principalmente pelas preocupações com as liberdades reprodutivas e econômicas das mulheres, moldam ambas as produções.[4] Entretanto, Xena forma a vanguarda de um novo grupo de mulheres guerreiras na televisão dos anos 1990 que dominava o uso da violência, não dependia de homens para se proteger e tinha controle total sobre sua sexualidade.[5] Xena tem senhores da guerra para derrubar como símbolos do patriarcado opressivo que são, em vez dos monstros sobre os quais Hércules demonstra sua masculinidade. Pode-se ler sua própria rejeição do papel de senhora da guerra como sinal de uma consciência feminista elevada. Por outro lado, Xena se posiciona como defensora dos fracos contra os fortes, recorrendo a arquétipos subjacentes de proteção materna que, por sua vez, neutralizam a ameaça de uma mulher agressiva e hostil assumir o *establishment*.

Xena também tem grande potencial para leituras e identificações ligadas ao universo queer, o que catapultou a série para o status de cult. A maioria dos estudos *sobre Xena* tem como foco a comunidade de fãs que cresceu em torno do programa e a exploração da capacidade da internet de construir grupos identitários nos anos 1990. A relação entre Xena e Gabrielle, seu braço direito, foi considerada homoafetiva no início apenas no subtexto, em uma situação muito parecida com a parceria de Hércules e Iolau em *Hércules*, onde insinuações e certos diálogos davam espaço para uma interpretação romântica da conexão dos dois desde o primeiro episódio. Ao contrário de *Hércules*, que muitas vezes usou as relações heterossexuais da dupla principal como elemento de significância para o enredo, *Xena* respondeu às interpretações dos fãs de Xena e Gabrielle como um casal de lésbicas com aceitação, mesmo que a série nunca oferecesse uma declaração explícita e formal.[6] Do ponto de vista histórico da exibição da homossexualidade nas telas, onde a identidade queer tem sido sinônimo de monstro, uma série de TV popular que mostra um relacionamento lésbico estabelecido em seu eixo central foi um grande salto para fora da tradição alienante. Foi oferecida uma chance para que os telespectadores homossexuais se identificassem com suas heroínas, em uma época em que a representação lésbica na televisão americana era escassa.[7] Assim, *Xena* abraça a identidade queer em vez de puni-la ou de reprimi-la, o que significa que os monstros queer de Hollywood não pertencem ao Xenaverso.[8]

Tudo isso significa que *Xena* faz um investimento muito mais fraco no monstruoso, pelo menos o monstruoso como manifestado por não humanos, do que *Hércules*. Vale a pena darmos uma olhada nos comentários inadvertidamente reveladores feitos na autobiografia de Sorbo. Ao explicar suas motivações para se dedicar a outros projetos, ele mostra uma crescente frustração por *Xena* ter se tornado a prioridade de Rob Tapert, produtor executivo e noivo de Lucy Lawless, a atriz que interpretava Xena.[9] Um exemplo que Sorbo apresenta do favoritismo que ele sentia é mostrado em sua fala sobre a disparidade relacionada a monstros:

> Rob também usou *Hércules* como balão de ensaio. Por exemplo, construíram uma nova criatura para o meu programa, e quatro semanas depois o spin-off recebeu dez delas, o que significa que o programa teve um orçamento de produção superior ao de *Hércules*.[10]

A queixa de Sorbo enfatiza a centralidade dos monstros em *Hércules*, mas uma análise detalhada de *Xena* revela um foco muito maior nos senhores da guerra e em outros indivíduos hostis, incluindo os deuses. Uma análise atenta da primeira temporada ilustra bem esse ponto. Nos vinte e poucos episódios iniciais, apenas seis exibem monstros, e há monstros mencionados em diálogos em outros dois. Compare esses números com 14 dos 24 episódios com conteúdo explícito de monstros na segunda temporada de *Hércules*. Embora quase não haja monstros genéricos, as regras básicas estabelecidas por *Hércules* para o universo compartilhado ainda se mantêm, em certa medida, para os monstros que aparecem. No entanto, os monstros da primeira temporada de *Xena* estão organizados em torno de tramas diferentes daquelas que aparecem na primeira fase de *Hércules*.

O primeiro episódio deixa claro que os telespectadores não assistirão ao tipo de batalha de monstros que poderiam esperar em *Hércules* ("Pecados do passado", 1.1). Xena atravessa a Potideia, uma pequena aldeia ameaçada por Draco, um opressor que por acaso é um antigo envolvimento amoroso dela. Depois de resgatar algumas jovens cativas, incluindo Gabrielle, e de pedir a Draco para poupar a aldeia, ela começa a viagem de volta para sua cidade natal, Anfípolis. Enquanto cavalga sobre uma ponte, ela é ameaçada por um ciclope cego. Em vez de lutar com ele, ela usa seu chakram (uma arma circular de metal de origem indiana) para cortar o cinto do ciclope, fazendo a calça dele cair e reduzindo-o a um monte de lamúrias. Na conversa subsequente, Xena revela que foi ela que o cegou no passado, mas o encontro sobre a ponte não envolveu um combate heroico. Depois de aconselhar o ciclope a mudar de atitude, Xena segue viagem. Quando o ciclope captura Gabrielle em uma jaula enquanto a jovem segue o rastro de Xena, ela adota uma nova estratégia verbal para se livrar do problema: Gabrielle finge que vai atrás de Xena para matá-la, e promete trazer uma parte saborosa de seu corpo depois. O ciclope abre a jaula para deixá-la sair, e Gabrielle corre para longe, murmurando: "Graças a deus por esse ciclope estúpido."

Esse primeiro episódio, seguindo a aparição original de Xena na primeira temporada de *Hércules*, apresenta a princesa guerreira como uma personagem renovada, que chega a tentar brevemente desistir de suas armas até perceber que pode usá-las para o bem. Quando encontra o ciclope, sua decisão de oferecer conselhos de conduta em vez de repetir a violência física que infligiu na última vez que os dois estiveram juntos é um sinal de que ela realmente começou um novo capítulo em sua vida. O espectador teria achado bastante peculiar se Gabrielle, uma inexperiente garota da aldeia que encontra um monstro pela primeira vez na vida, tivesse vencido o ciclope em combate. Em vez disso, o roteiro aproveita a oportunidade para defini-la como uma hábil contadora de histórias, já que sua fuga depende mais de acrobacias verbais do que físicas. O primeiro episódio de *Xena* marginaliza deliberadamente os monstros, concentrando-se na maneira como Xena responde quando sua cidade natal e sua família estão sob ameaça.

Enquanto "Os Titãs" (1.7) inicialmente sugere que vai seguir o modelo de *Hércules* de criar um enredo substancial em torno do monstro da semana, o episódio na verdade transporta monstros potenciais para o modo político, o preferido de *Xena*. Gabrielle liberta três titãs ao ler um pergaminho mágico usando a ênfase métrica correta. Quando o titã Hiperion percebe que ela não é uma deusa, faz uma ameaça contra a aldeia local, e mata seu companheiro e rival no amor Crius por se opor a ele. No final, a titã Theia trai Hiperion e o impede de acordar outras centenas de titãs ao ajudar na busca pelo pergaminho que contém o cântico capaz de devolver os titãs ao estado de pedra — que Gabrielle recita devidamente. No sentido mais estrito, os titãs são monstros clássicos, mas esse episódio concentra-se na sua tradicional inimizade com os deuses e no fatal triângulo amoroso. Suas características monstruosas, tamanho e força não naturais são contrariadas pelo discurso articulado e pelos trajes, que combinam com suposições estereotipadas de vestuário no mundo antigo — Theia usa um vestido azul fluido com pregas, enquanto Hiperion e Crius vestem túnicas apertadas com um cinturão. Dada a decisão deliberada de não vestir a maioria do elenco de *Hércules* e *Xena* com roupas "autenticamente antigas", esse figurino posiciona os titãs na tradição clássica, mas diminui sua monstruosidade. O desejo megalomaníaco de Hiperion de libertar mais titãs e derrubar os deuses é contado como uma versão cósmica das batalhas entre senhores da guerra com as quais Xena normalmente se preocupa, remodelando um conto monstruoso dentro do modo narrativo preferido para essa série.

Dois episódios seguem o modelo de "monstro central" adotado em *Hércules:* "Prometeu" (1.8) e "Entre o céu e o inferno" (1.16). Seguindo os titãs hostis do episódio anterior, em "Prometeu" Hera acorrenta o titã homônimo ao título do episódio a uma pedra, o que significa que todos os seus dons, incluindo a cura e a luz, lentamente começam a desaparecer do mundo. Xena e Hércules se unem para libertá-lo, com a complicação adicional de que se trata de uma missão suicida — para quebrar as correntes forjadas por Hefesto que prendem Prometeu, eles precisarão usar uma espada também feita por Hefesto. A resultante explosão de raios subirá pelo cabo da espada para incinerar quem a empunhar, então Xena e Hércules gastam muito tempo (e mal reprimem a tensão erótica) brigando para decidir quem irá realizar esse ato de autossacrifício. Xena chega antes ao topo da montanha onde Prometeu está preso, mas para alcançá-lo precisa passar por um campo de ovos um pouco mais altos do que ela. Quando Xena está em seu caminho, os ovos começam a rachar e os bebês dragões surgem — ou, pelo menos, pessoas pintadas de verde e vestindo trajes verdes, que deveriam fazê-las parecer bebês dragões, convenientemente chocados até o ponto de eclosão naquele exato momento (Figura 6.2).

Esse evento havia sido prenunciado em uma cena anterior na qual Prometeu perguntou a Hera por que ela o estava mantendo preso. Em resposta, ela lhe pediu para observar outras criaturas que eram mais dignas de respeito do que a humanidade. No conto convencional de Prometeu, o titã é condenado a ter seu fígado arrancado por uma águia por ter dado o fogo aos humanos. Um espectador familiarizado com a história esperaria agora ver uma águia. Em vez disso, vemos algo mais parecido com um dragão voando no céu, embora a distância. Outro incidente anterior também fora inspirado por essa reorientação narrativa. Para descobrir como libertar Prometeu, Xena deve passar por um teste que mostrará o quanto está disposta a se sacrificar para ganhar conhecimento. A tarefa envolvia puxar uma tábua pela espinha de um esqueleto de dragão até sair pela boca, mantida aberta por uma corda sendo queimada por uma vela. A tábua se estilhaça e acaba por não ter as respostas escritas nela, de qualquer forma; entretanto, a presença de um esqueleto de dragão que deve ser superado pela habilidade em vez do combate fornece uma visão do monstro encontrado no confronto final do episódio.

Figura 6.2 Xena combate as crias de dragão.

Enquanto Xena e Hércules lutam contra os filhotes, a mãe dragão aparece, prendendo Xena em suas garras — as tomadas rápidas confundem o telespectador, que pensa estar vendo algo parecido com um lagarto e uma águia, até que finalmente vemos um take de corpo inteiro da besta voando, o que revela que ela é inconfundivelmente reptiliana. Há uma emocionante sequência aérea até Xena apunhalar o dragão no pescoço com a espada de Hefesto. Ela então a atira para Hércules, que a desvia com uma pedra gigante em direção a uma das correntes de Prometeu. A corrente se parte em dois pedaços, ninguém se fere e Prometeu pode se libertar das algemas restantes. O dragão atua como o monstro inesperado da semana, com o uso da história de Prometeu como base narrativa confundindo deliberadamente as expectativas do público. O dragão e seus filhotes entram em ação puramente por causa de Hera, mais uma vez seguindo a tendência de *Hércules* de que os monstros são instrumentalizados como agentes do mal pela intervenção divina, em vez de serem intrinsecamente cruéis por si mesmos.

Conquistar monstros e deter Hera está muito mais na linha de Hércules, por isso a trama de "Prometeu" recorre aos antagonistas habituais e a temas subjacentes de um episódio de *Hércules*. A aparição do herói como convidado explica por que esse é um episódio baseado em monstros e não em guerras, mas ainda não fica claro o motivo pelo qual o dragão é o monstro protagonista. Há a possibilidade de a equipe de produção ter pensado que uma águia gigante e seus ovos se aproximariam demais do Roca gigante de duas cabeças e seus filhotes, exibido em *Simbad e a princesa*, de Harryhausen. Alternativamente, uma águia gigante pode não ter parecido suficientemente monstruosa, embora o dragão não realize qualquer ação que uma águia não pudesse realizar. Podemos também estar vendo novamente a influência da afirmação de Joseph Campbell de que o monstro a ser superado pelo herói é sempre um dragão.[11] Seja qual for a causa, a presença de Hércules sinaliza que esse episódio segue a convenção de monstro da semana estabelecida na série parceira.

Embora Hércules não apareça em "Entre o céu e o inferno" (1.16), esse episódio também se enquadra no molde "monstro da semana". Xena viaja para o submundo, onde o assassino em série Atyminius roubou o capacete dourado de Hades, prendeu os bons no Tártaro e está deixando os maus correrem pelos Campos Elísios. Depois de encontrar Atyminius, Xena e seu ex-amante morto, Marcus, se aproximam da torre onde Hades está sendo mantido. Para passar pelas portas da torre, eles devem primeiro enfrentar duas harpias adultas, que nos mostram o que os filhotes no episódio "Beanstalks and Bad Eggs" [Pé de feijão e ovos ruins] (4.1) de *Hércules* vão se tornar quando crescerem. Talvez em nome da maior facilidade visual, enquanto gárgulas escamosas voadoras que são, as harpias atacam Xena e Marcus pelo ar. Xena consegue destruir uma delas, enquanto a outra agarra o colete de Marcus. Ela o tira de dentro da veste, deixando a harpia distraída por tempo suficiente para que os dois humanos entrem na torre. Hades mostra a eles um atalho para o mundo superior, mas, depois de terem recuperado o capacete, os dois retornam para a torre. A harpia sobrevivente os ataca e quase atira Marcus da beira de um penhasco em um abismo flamejante, mas Xena consegue destruí-la e salva Marcus de cair na lava.

A função das harpias é fornecer um impedimento em tons gregos adequados. Elas estão localizadas não no reino dos vivos, onde Xena normalmente atua, mas no reino dos mortos e do sobrenatural. O monstro em ação no reino dos vivos é, de fato, Atyminius. De posse do capacete de Hades, ele volta ao mundo superior e tenta retomar sua carreira de serial killer, com um interesse particular em noivas na noite anterior ao casamento. O assassino em série tornou-se uma das manifestações modernas da monstruosidade na cultura popular, ao lado do terrorista, justamente porque não podemos mais reconhecer categoricamente um monstro quando o vemos.[12] Enquanto Atyminius exibe certas características físicas de um psicopata estereotipado, incluindo um sorriso escancarado fixo ao manusear objetos pontiagudos, ele se torna invisível quando usa o capacete de Hades. As convenções da telefantasia exigem um vilão identificável, mas os poderes de invisibilidade do capacete comunicam o medo de um assassino que é impossível de ser identificado em uma multidão.

Estou me detendo no serial killer porque, apesar do aparecimento das harpias como monstros da semana, eu diria que o episódio situa a verdadeira monstruosidade em Atyminius. As harpias oferecem um obstáculo impessoal, com o acréscimo de um elemento fantástico apropriado para o submundo, mas a monstruosidade de Atyminius é fundamentada e executada no mundo real. A mudança entre os reinos abre espaço para a introdução das harpias, mas o episódio se concentra em uma manifestação mais moderna do monstro.

Os monstros aparecem nos diálogos da série, como também acontece em *Hércules*, porém mais raramente e com menor investimento no monstro como árbitro de caráter. Enquanto Gabrielle pondera sobre a possibilidade de pleitear uma vaga na Academia de Atuação de Menestréis da Cidade de Atenas, Xena traz a notícia de que um ciclope está devorando o gado em Keramis, e se as duas partirem agora estarão lá no dia seguinte ("Gabrielle, a contadora de histórias", 1.13). Isso fornece a desculpa necessária para Gabrielle e Xena se separarem, e para que a perícia de Gabrielle em contar histórias seja ainda mais estabelecida, porém o ciclope e sua fome não particularmente monstruosa nunca mais são mencionados, mesmo quando Xena e Gabrielle se reencontram no final do episódio. Faz sentido um ciclope fornecer o pretexto narrativo para esse episódio se seguirmos o enquadramento do ciclope como figura cômica ao invés de assustadora em "Pecados do passado" (1.1).[13]

Mais interessante é o diálogo em "Guerreira... princesa" (1.15), que resume as expectativas sobre monstros e o modo como *Xena* os ignora intencionalmente. A premissa do episódio é que Lucy Lawless interpreta tanto Xena quanto a princesa Diana. O pai de Diana, rei Lias, pede ajuda a Xena para proteger a filha de assassinos enquanto ela se prepara para se casar com Mineus de Liberium. Xena troca de roupa com Diana e toma seu lugar no castelo, mandando a princesa procurar Gabrielle e ficar a salvo na floresta. Os olhos de Diana se abrem para o sofrimento de seu povo quando Gabrielle divide sua já escassa refeição com uma família faminta. Uma criança da família pede a "Xena" para falar sobre suas aventuras, e Diana improvisa corajosamente:

> Pois bem! Como na época em que eu tinha que matar muitos centauros... centauros não, quero dizer, ciclopes! Centenas deles! Eu dei um jeito em todos eles com a minha coisa redonda de confiança.

Algumas suposições úteis emergem da impressão de Diana sobre o que os heróis como Xena fazem. Ela assume que o cotidiano de Xena é vivido no combate a monstros, confundindo-a com Hércules. O primeiro monstro que ela tenta são os centauros, mas Gabrielle balança a cabeça em negação — centauros não são objetos apropriados de violência desmotivada. A mudança para os ciclopes não melhora muito, mas um eloquente encolher de ombros indica que Xena poderia supostamente combatê-los. O breve esboço de caráter feito por Diana revela tanto a crença de que ser uma heroína envolve principalmente a destruição de monstros quanto uma clara noção de quais monstros precisam ser destruídos.

O fato de Gabrielle reagir tão negativamente à sugestão de Diana de que os centauros são monstros traz à tona o último ponto de contato entre *Xena* e *Hércules*: o retrato da raça centauro. Assim como acontece em *Hércules*, os centauros aparecem na primeira temporada de *Xena*, mas em um contexto muito mais específico — em vez de explorar as tensões entre centauros e humanos em geral, *Xena* enfatiza as tensões entre centauros e amazonas. De certa forma, isso se baseia em laços mitológicos estabelecidos entre os dois grupos, como mostrado nos frisos no exterior do Partenon em Atenas. A batalha entre os centauros e os lápitas é destacada no lado sul, enquanto os frisos do lado oeste são geralmente lidos como uma batalha entre homens e amazonas. O conflito é estabelecido no episódio central "A guerra entre amazonas e centauros" (1.10). Depois que Gabrielle protege Terreis, uma princesa amazona gravemente ferida por uma misteriosa flecha, Terreis a presenteia com seu direito de casta, ou status, dentro da sociedade amazona, e morre em seguida. Isso significa que Gabrielle passa a fazer parte da realeza amazona, e pelo resto da série será periodicamente chamada de volta à tribo em momentos críticos. Nessa fase, a tensão narrativa vem da suposição de que Terreis foi morta por uma flecha disparada por um centauro. Quando o centauro Phantes é capturado e sua flecha parece corresponder àquela que matou Terreis, Xena deve caçar o verdadeiro culpado — um senhor da guerra, Krykus, que deseja usar a inimizade histórica entre amazonas e centauros para conquistar mais território na sequência da carnificina promovida entre os dois grupos.

Esse episódio intensifica bastante a desconfiança entre as duas raças. Quando Xena percebe que a morte está sendo imputada aos centauros, ela pede à rainha das amazonas que explique melhor a situação:

> **Xena:** Qual o problema de vocês com os centauros?
>
> **Rainha Melosa:** São animais nojentos. Você sabe como eles são. Perto do rio há uma aldeia de centauros e homens. Eles querem nossas áreas de caça. E agora foram longe demais. Você precisa ir embora.

Figura 6.3 Xena, Gabrielle e as amazonas em *Xena: a princesa guerreira.*

As amazonas veem os centauros como sub-humanos, mas também como uma ameaça às suas terras ancestrais. Homens e centauros são confundidos como perigos semelhantes para a nação das amazonas, partindo significativamente da ideia de que "homens são animais", que remonta a Circe transformando os marinheiros de Odisseu em porcos na *Odisseia*. Entretanto, as sugestões de que as amazonas estariam sob a ameaça de forças externas que procuram deslocá-las são baseadas em paralelos visuais e culturais problemáticos desenhados entre as amazonas e as tribos indígenas americanas (Figura 6.3). O uso das tradições culturais de um grupo historicamente oprimido, como danças e trajes rituais, pelo grupo dominante (aqui representado pela produtora Renaissance Pictures) perpetua essa opressão, principalmente porque os membros do grupo oprimido são forçados a assumir os costumes do grupo dominante (como o uso do inglês) a fim de sobreviver. Dito isto, *Xena* está ciente dessas questões até certo ponto; as preocupações envolvendo os centauros a respeito da questão da miscigenação, exploradas em *Hércules,* são suplantadas por uma luta mais ampla que as amazonas e os centauros enfrentam pela sobrevivência contínua de ambos os grupos às margens da sociedade humana.

"A guerra entre amazonas e centauros" segue alguns padrões estabelecidos por *Hércules* sem chegar ao ponto de equiparar centauros a afro-americanos. Enquanto as amazonas veem tanto centauros como homens como "o outro", a bestialidade dos centauros torna-se mais um ponto de hostilidade.[14] No entanto, a mensagem reiterada de *Hércules* sobre olhar além das aparências está no centro desse episódio. Quando a amazona Ephiny, amiga íntima de Terreis, interroga o recém-capturado Phantes, ele a ataca por seus preconceitos:

> **Phantes:** O que você sabe sobre centauros? Vocês nos desprezam, cospem em nós.
>
> **Ephiny:** Eu tinha uma amiga que admirava os centauros. Ela não via você como o animal que realmente é. Ela sentia que um dia iríamos trabalhar juntos. Ela pensava que vocês fossem corajosos e nobres.
>
> **Phantes:** Bem, se sua amiga gostava tanto de centauros, onde ela está agora?
>
> **Ephiny:** Você a matou.

Phantes: Eu não fiz isso.

Ephiny: Ela também me disse que os centauros têm um grande senso de honra. Isso é verdade? Você poderia jurar pelo nome do seu pai?

Phantes: Juro pelo nome de Tildus, o Grande, que não matei sua amiga. Não que o juramento de um centauro signifique alguma coisa.

Esse diálogo transmite a visão progressista de Terreis, bem como o preconceito injusto que sofrem os centauros. O juramento de Phantes faz Ephiny unir forças com Xena para revelar o envolvimento de Krykus na morte de Terreis, forçando-a a enfrentar o próprio preconceito. Da mesma forma, quando Phantes é libertado, ele diz a seu pai, Tildus, líder dos centauros: "eu também percebi algo sobre essas amazonas. Elas não são nossas inimigas." Xena, igualmente, tem a oportunidade de provar a Tildus, que já havia lutado ao lado dela, seu caráter renovado. A mensagem final do episódio é que a redenção é sempre possível, por mais trabalhosa que seja.

A mudança de atitude de Ephiny tem consequências de longo alcance, como descobriram Xena e Gabrielle no episódio final da temporada, "Magia ou medicina?" (1.24). A caminho de Atenas, tentando contornar a guerra entre os mitoanos e os tessálios, elas encontram Ephiny em trabalho de parto, escondida sob um monte de folhas. Ela e Phantes estavam viajando para Atenas porque ele queria que seu bebê nascesse lá, mas o centauro foi morto por uma tropa mitoana. O trio, junto com um general mitoano ferido e incógnito, seguem para um templo de cura tess*ál*io, onde Xena escandaliza Galeno, sacerdote-chefe de Asclépio, ao fazer uma cirurgia real em vez de apenas rezar otimisticamente. Ephiny dá à luz, e a questão levantada por "Outcast" [Banido] (*Hércules,* 2.5) de como exatamente se lida com os cascos é respondida: Xena faz uma cesariana para trazer um centauro recém-nascido ao mundo no exato momento em que os minoanos estão prestes a capturar o templo.

Ephiny recita todos os estereótipos que se esperaria de um diálogo "entrando em trabalho de parto em circunstâncias difíceis" (incluindo o obrigatório "o bebê... eu acho que está chegando!"). No entanto, a gravidez e a revelação de que o pai era um centauro são fundamentais para a trama. Como Ephiny é humana, não há sinal de que o bebê será um centauro, e ela não divulga voluntariamente essa informação. Quando Marmax, o general mitoano, pergunta por que ela e seu marido queriam que o bebê nascesse em Atenas, ela responde que os atenienses são mais tolerantes, mas se recusa a elaborar a argumentação. Quando Marmax a incentiva a fazer força durante o parto, é revelado um lado inesperadamente perspicaz:

> Esse foi um chute forte. Vai ser um centaurozinho saudável. Sim, eu soube desde o momento em que você falou que queria que o bebê nascesse em Atenas, porque eles são mais tolerantes... Phantes era um centauro.

O general sanguinário prova ser um assistente eficiente durante a cesariana (uma vez que Gabrielle está, nesse momento, inconsciente). Ele até mesmo segura o centauro recém-nascido perto de Ephiny enquanto Xena costura a incisão. Quando os mitoanos invadem o templo, prontos para a carnificina, ele os detém e diz que está pronto para negociar a paz. Durante a conversa inicial entre eles, Ephiny explica seu passado com Phantes:

> **Marmax:** Você não sabe como são tiranos esses tessálios. Eles devem ser destruídos. Minha família foi jogada para uma matilha de lobos famintos por não se curvar aos seus deuses.
>
> **Ephiny:** Meu marido foi despedaçado por cães de caça dos mitoanos enquanto seus homens observavam e riam.
>
> **Marmax:** Não pode ser verdade.
>
> **Ephiny:** Phantes já foi meu inimigo mortal. Depois eu aprendi sobre o perdão, e com isso aprendi sobre o amor. Só espero que meu filho cresça para viver em um mundo livre do seu ódio cego.

Nesse ponto Marmax não sabe que Phantes era um centauro, mas o público entende que sua morte por cães é ainda mais cruel no contexto da caça de animais por esporte e da desumanização geral dos centauros. No entanto, o comentário de Ephiny sobre aprender a amar o inimigo revela a mudança em sua compreensão do que constitui um monstro e sua capacidade de ver além de seus próprios preconceitos. O bebê recém-nascido, mostrado precariamente com seus cascos no fim do episódio, simboliza a passagem do ódio ao amor; Marmax também é capaz de esquecer sua raiva após assistir, literalmente, ao nascimento de uma nova esperança.

A monstruosidade dos centauros passa a ser negada. Assim como em *Hércules*, eles são um povo com cultura própria que, se começaram a agir de maneira monstruosa, foi por conta das atitudes que os outros têm em relação a eles. Em *Xena*, eles são mais frequentemente analisados pela percepção das amazonas do que vistos como cultura independente (como acontece em *Hércules*). Curiosamente, os centauros tornam-se um pretexto para a exploração do tema da maternidade, que se mostra importante em momentos posteriores. Xena deixa um bebê com um centauro chamado Kaleipus, e seu reencontro com essa criança serve como um importante ponto de reviravolta na terceira temporada, trazendo implicações muito surpreendentes para a série. Após esse evento, os centauros desaparecem de *Xena*. Em vez disso, as temporadas seguintes viajam através de uma grande variedade de culturas mundiais, incluindo passagens pela China e Índia, e exploram as diferenças e similaridades culturais humanas.[15]

Com um senso de completude narrativa, *Xena* retorna ao filho de Ephiny, Xenan, em um de seus episódios finais ("O último dos centauros", 6.17). Um longo período de animação suspensa no final da quinta temporada coloca Xena e Gabrielle fora de ação por 25 anos. Dessa forma, grande parte da sexta temporada gira em torno da descoberta do que aconteceu com velhos amigos de ambas no quarto de século que se passou. Elas vão em busca de Xenan quando o espírito de Ephiny aparece para Gabrielle e lhe pede para proteger seu filho da perseguição do senhor local, Belach, que colocou a cabeça dele a prêmio. Depois de conhecer Belach (que se descobre ser filho de um dos ex-amantes de Xena), Gabrielle e Xena encontram Xenan e a filha perdida de Belach, Nika, que está grávida e a ponto de ter seu bebê. Enquanto isso, Belach ordena a matança dos companheiros centauros de Xenan na tentativa de encontrá-lo.

Quando Xena, furiosa com a carnificina desnecessária, confronta-o antes de sequestrá-lo e levá-lo até o cemitério, Belach expõe sua principal objeção ao relacionamento entre Nika e Xenan:

> Tudo isso eu construí, essa é a minha conquista. Mas não significa nada sem a minha filha para me dar um herdeiro. Eu quero um neto para ser amado e celebrado, não o filho bastardo de um centauro.

O episódio "O último dos centauros" retoma um problema que *Hércules* colocou — o medo da miscigenação articulada por meio da concepção de relações interespécies —, assim como reconta o enredo de Ephiny por intermédio de seu filho. Xena até mesmo realiza uma segunda cesariana para trazer o novo bebê ao mundo, embora em um procedimento sem complicações. Belach acaba aceitando as escolhas de sua filha, após um dramático impasse no qual Nika se interpõe fisicamente com seu filho recém-nascido entre pai e marido, em uma cena que lembra a intervenção das Mulheres Sabinas. Ao invés de partir para começar uma nova vida, Nika e Xenan ficam e se estabelecem em terras que pertenciam à mãe dela. O sentimento odioso de Belach, que via os centauros como monstruosos, baseado na crença de que sua filha tinha sido "roubada" e de que seu legado tinha sido arruinado, é substituído pelo apaziguamento, por meio da integração do "monstro" à família. O novo nascimento sinaliza mais uma vez a esperança e, por sua vez, questiona os parâmetros para definir o monstro: onde Xenan preencheu os critérios fixos de Belach, seu neto centauro infantil os desestabiliza.

Xena inicialmente se posiciona como mais preocupada com os assuntos dos homens do que com delitos cometidos por monstros. Ao longo de suas seis temporadas, a série desloca sua atenção para a maldade sobrenatural e divina, mas os monstros nunca são tão centrais conceitualmente como são em *Hércules*. Os monstros que aparecem na primeira temporada de *Xena* têm muitas semelhanças com os "monstros-chefe" do programa parceiro, mas a série da heroína os vê como uma interessante forragem narrativa para episódios individuais e não como um tema central unificador.

Doctor Who

Meu último estudo de caso também vem da telefantasia, mas vai além do mundo de *Hércules* e *Xena* para explorar o que acontece com monstros clássicos fora de um cenário televisivo situado na antiguidade. Suas aparições, como observei anteriormente, são muitas vezes breves, geralmente como uma ponta rápida feita por algum ator especial ou talvez um personagem central em um episódio individual. Esses casos não se tornam menos importantes por ocorrerem em meio à cultura popular, apesar de os acadêmicos os considerarem superficiais ou preguiçosos. Como Willis argumentou, embora possa ser mais difícil interpretar o que está acontecendo durante essas referências, elas ainda são parte de um uso mais amplo e continuado do mito clássico na cultura popular.[16]

A plasticidade do mito permite que a cultura popular o use como inspiração para contar histórias revisadas e alteradas.

Com isso em mente, vale ressaltar que a maioria das séries de televisão onde os monstros clássicos aparecem se enquadra nos critérios telefantásticos de Johnson.[17] Essa regra se aplica até mesmo a exemplos de produções ostensivamente estabelecidas no mundo real. Por exemplo, *Dexter* é uma série sobre um adorável serial killer que persegue assassinos foragidos da justiça. O gênero fantástico é usado para que os espectadores possam suspender sua descrença e desfrutar de um vigilantismo escrupuloso, encaixando os limites do horror dentro do modo procedimental de investigação policial popularizado por programas como *CSI*. A confusão deliberada entre verdade e ficção permite que monstros clássicos encontrem um lugar mesmo em um contexto supostamente científico e técnico. No caso de *Dexter*, um dos vilões a quem o protagonista persegue usa um capacete ao estilo Minotauro para caçar as vítimas femininas, que ele prende num labirinto construído especialmente para isso. A telefantasia promove um ato de equilíbrio entre o realismo "autêntico" (para que possamos acreditar no que está à nossa frente) e a construção de uma ficção impossível (para que não possamos confiar no que está disponível aos olhos). Tais oportunidades simplesmente não estão presentes, digamos, em *Coronation Street*, *Emmerdale* ou mesmo *Friends*, onde o realismo social impulsiona a narrativa em direção ao formato de novela e para longe das fronteiras que emolduram a realidade. Como a telefantasia brinca deliberadamente com as fronteiras entre o real e o irreal, os monstros podem deslizar para dentro e se tornar parte do espetáculo.

Outra característica central da telefantasia é sua dependência deliberada da subversão do gênero; ou seja, ela utiliza a verossimilhança genérica para reforçar o sentido do familiar e, ao mesmo tempo, miná-lo. Assim, vemos episódios de *Jornada nas estrelas* baseados no modelo faroeste e episódios de *Hércules* reimaginando filmes clássicos como *Quanto mais quente melhor* e *Buffy, a caça-vampiros*, se ramificando para o teatro musical. O fato de o público saber como determinado gênero "deve se comportar" significa que, na maioria das vezes, por estar em conformidade com essas normas, a telefantasia pode mudar as expectativas para proporcionar uma variedade plausível e uma visão divertida. Para um formato que salta de um gênero para outro como uma forma integral de fornecer uma gama de cenários de enredo, especialmente quando a direção geral da série é vaga e aberta ("ir ousadamente aonde nenhum homem foi antes" significa que há sempre outro lugar para ir), o mito clássico fornece uma fonte útil de histórias familiares para os escritores de séries explorarem. A flexibilidade do mito e seu estoque de histórias prontas abre caminho para os monstros clássicos trabalharem em produções telefantásticas.

O estudo de caso específico que pretendo fazer ignora os limites do tempo e do espaço, e é conhecido por exibir monstros de todos os tipos. *Doctor Who* é uma série de ficção científica britânica longeva e muito amada, que foi ao ar pela primeira vez em 1963. Até o final de 1989, o programa funcionava no formato "serial", com quatro a seis episódios curtos agrupados em uma única história. Após um hiato (e um filme de pouco sucesso), o programa foi relançado em 2005, seguindo o molde de arco de temporada com doze ou treze episódios que se tornara dominante nos cerca de quinze anos de interrupção. A série enfoca as aventuras do Doutor (às vezes Doutora), um Senhor do Tempo que se regenera e que viaja pelo universo através da TARDIS com um grupo de companheiros humanos, alienígenas e robóticos.[18] Em suas viagens, o Doutor encontra várias novas e emocionantes raças alienígenas, algumas das quais apresentam características monstruosas, e alguns seres que são pura e simplesmente monstruosos.

Vale a pena perguntar por que *Doctor Who* se incomoda com monstros clássicos. Como até mesmo uma visão superficial da série evidencia, os escritores evocam muitas raças alienígenas, humanoides e outras para atuar como catalisadoras na exploração do conceito de ser humano. Os alienígenas não humanoides nem sempre são monstros, mas não faltam vilões. Um dos meus preferidos são os Adipose ("Parceiros no crime", 4.1), pequenos alienígenas brancos e fofinhos criados a partir da gordura do corpo humano, refletindo bem o pânico da sociedade britânica contemporânea diante de uma suposta epidemia de obesidade. Considerando que a série tem a capacidade de criar monstros adaptados às ansiedades corriqueiras do mundo contemporâneo do público que a assiste, a escolha de se apoiar em monstros clássicos aponta para algumas expectativas diferentes sobre a função que eles estão destinados a desempenhar.

Parte do objetivo de cada encontro com o "outro" em *Doctor Who*, monstruoso ou não, é traçar paralelos, explícitos e implícitos, com a humanidade. Do ponto de vista da recepção de clássicos, isso acontece tanto por meio de encontros com monstros clássicos como nos chamados "históricos", quando o Doutor e seus companheiros voltam no tempo até o período clássico. Esses eventos "históricos" rapidamente encontraram um contratempo: não é possível mudar o material de origem. "The Myth Makers" [Os criadores de mitos] (1965), ambientado nos estágios finais da Guerra de Troia, encontrou uma questão semelhante; os troianos foram apresentados como muito mais simpáticos do que os gregos, contra quem estavam lutando, mas tiveram que ficar do lado dos perdedores.[19] Nem todos os mitos trazem esse tipo de problema, mas levam a outra tentação. Como veremos, *Doctor Who* às vezes cedeu à sedutora atração de uma trama pronta: o formato televisivo pode contar com o mito para fornecer uma estrutura preconcebida em vez de aproveitar a oportunidade para se envolver seriamente com o monstro em si.

O primeiro serial "clássico" da série a incorporar monstros clássicos, de uma forma explicitamente baseada na natureza ficcional de suas histórias, foi "The Mind Robber" [O ladrão de mente] (1968). O Doutor e seus companheiros, Jamie e Zoe, são arrastados para um lugar estranho, povoado por seres ficcionais, como Gulliver, Rapunzel e um unicórnio. O lugar é governado por um Cérebro Mestre, que tem como fantoche o Mestre da Terra da Ficção,* responsável por fornecer o material criativo necessário para alimentar aquele mundo. Eles constroem uma armadilha para colocar o Doutor nessa função, substituindo o Mestre. Como parte desse plano, o Mestre envia o Doutor para dois cenários envolvendo monstros clássicos, o Minotauro e a Medusa, a fim de fazê-lo alinhar-se com a narrativa preexistente e assim ficar sob o controle do Cérebro Mestre. Os fios narrativos dos mitos tornam-se precisamente o perigo que o Doutor precisa evitar.

O primeiro indício que temos disso se mostra quando o Doutor deve lembrar Zoe e Jamie de que um unicórnio correndo na direção deles não existe realmente, fazendo-os gritar "Não é real!"; ele observa

* Não confundir com o arqui-inimigo homônimo do Doutor, o Mestre [N.E.].

que a criatura existia porque eles acreditaram nisso, e que essa crença estava começando a afetá-lo. Quando eles se encontram em um labirinto, o Doutor pega um tentador novelo de barbante e comenta que aquela "é a maneira clássica de se atravessar um labirinto". Assim, não surpreende que, quando Zoe e o Doutor chegam ao centro, encontrem ossos humanos e ouçam um rugido. Zoe tenta se lembrar da história do Minotauro, e então vemos sombras dos chifres de um touro na parede. Embora tenhamos alguns breves takes da cabeça do Minotauro, o Doutor tira Zoe do perigo de forma relativamente rápida (episódio 3):

Zoe: Doutor, ele está se mexendo! Está se aproximando! Vai atacar!

Doutor: Zoe, é uma lenda! Outra besta mítica como o unicórnio!

Zoe: Mas está aqui!

Doutor: Não! O Minotauro é uma besta mítica! Diga isso!

Zoe: O Minotauro é uma besta mítica, não existe! Desapareceu!

Doutor: Sim, sim, receio que tenhamos dificultado sua estadia.

A Medusa representa mais um desafio. Quando o Doutor e Zoe voltam à caverna à procura de Jamie, descobrem uma estátua que começa a ganhar vida. Se Zoe vai ceder à tentação de olhar para a Medusa torna-se o gancho entre os episódios 3 e 4 da série. Talvez, curiosamente, não poder vê-la torne mais difícil para Zoe se comprometer com a irrealidade da Medusa (episódio 4):

Doutor: Não olhe nos olhos dela! Não olhe! A Medusa não existe, você deve acreditar nisso!

Zoe: Estou vendo as pontas dos dedos dela [como gelo?].

Doutor: Não, isso, isso é mármore. Pense nela como uma estátua de mármore saída de uma lenda!

Zoe: Mas ela é real! Eu tenho que olhar para ela, eu tenho que olhar!

Uma espada se materializa aos pés do Doutor, tentando-o a matar a Medusa; em vez disso, ele deixa Zoe olhar para o monstro em um espelho de bolso, e a estátua se torna imóvel novamente. Esse ato revela que o Doutor tem melhor compreensão do mito grego do que o Mestre. Ao adotar uma abordagem não violenta que se encaixa no conto preexistente, ele evita o engano da narrativa proferida. A natureza dos monstros clássicos como histórias, contadas em paralelo com o unicórnio (a única outra criatura que desaparece pela racionalidade), é o que os torna perigosos no mundo em que o Doutor os encontra. "The Mind Robber" vê os riscos dos caminhos narrativos fechados associados a mitos, particularmente aqueles que privilegiam a conquista do herói, e compreende a armadilha que essas velhas histórias familiares podem construir.

Seguindo "The Mind Robber", a sequência dos seriais clássicos se preocupa principalmente com o Minotauro, dando à criatura mais três encarnações, todas elas contando diferentes histórias sobre suas origens e morte (embora talvez a questão da continuidade tenha sido menos preocupante em uma época em que o streaming e os DVDs eram uma ideia mais fantástica do que qualquer coisa que os roteiristas pudessem inventar). O primeiro serial a dar ao Minotauro um papel conceitual sério foi "The Time Monster" [O monstro do tempo] (1972). O serial foi influenciado pela teoria popular de que Atlântida existia, porém fora destruída por uma erupção vulcânica em Tera.[20] Embora o Palácio de Cnossos tivesse se tornado fortemente associado ao mito de Teseu, o elo minoano compartilhado permitiu aos roteiristas alocar o labirinto e seu monstro típico em Atlântida.

A trama gira em torno das tentativas do Mestre de controlar Cronos, um devorador do tempo que vive fora dele, preso dentro de um cristal e que costumava ser adorado pelos atlantes, até que eles se deram conta do perigo que ele representava. Depois que o Mestre não consegue libertar Cronos por meio de experimentos em Cambridge nos anos 1970, ele convoca o sumo sacerdote de Atlântida e viaja no tempo para recuperar a prisão de cristal de Cronos. O Doutor e sua companheira, Jo Grant, o perseguem e descobrem seus planos de conspirar com a rainha Galleia para encenar uma revolta palaciana e derrubar o rei Dalios. Os conspiradores enviam Hippias, membro do conselho real, para um labirinto sob o palácio, onde o Guardião protege o cristal. Jo (usando um belíssimo vestido do período Alto Minoano) e o Doutor o seguem, mas não conseguem impedir o Mestre de colocar as mãos no cristal, invocar Cronos e basicamente destruir totalmente a cidade.

O Guardião é, naturalmente, o Minotauro, embora os atlantes não o chamem assim. O rei Dalios explica ao Doutor como a besta foi criada, e o nome simplesmente vem à tona (episódio 5):

Doutor: Mas quem é o Guardião?

Dalios: Uma besta. Um homem. Você decide. Ele já foi meu amigo, um conselheiro de confiança, um grande atleta. E, assim como eu ansiava pela sabedoria que os anos passados poderiam trazer, ele ansiava por uma grande força. A força do touro. E uma longa vida para usá-la.

Doutor: Bem, essa é uma ambição inofensiva, eu pensaria.

Dalios: Eu também. Mas Cronos, em sua ambição cega, lhe deu seu desejo: não apenas a força, mas a cabeça do touro. E assim ele permaneceu durante os últimos quinhentos anos ou mais.

Doutor: O Minotauro!

Dalios: Desculpe?

Doutor: Não, não importa. Por favor, continue.

Essa história de origem evita qualquer sugestão de bestialidade (sempre uma questão difícil para o Minotauro) e, em vez disso, atribui a Cronos a responsabilidade pela confusão entre humano e besta. A criação do Minotauro surge da ambição humana combinada com o senso de humor desumano de Cronos, reiterando o velho adágio sobre ter "cuidado com o que você deseja". O rei Dalios menciona em outras oportunidades que sua própria vida é anormalmente longa, e o espectador pode intuir que seus desejos também foram realizados de forma não natural. Dalios fala do Guardião com tristeza genuína, e sua caracterização como um homem que teve o azar de cruzar o caminho de uma inteligência alienígena caprichosa torna sua monstruosidade mais patética do que temível.

A apresentação do Guardião também causa compaixão. Quando o sumo sacerdote desaparece misteriosamente, transportado para Cambridge nos anos 1970, o rei Dalios leva Hippias para o subsolo do palácio a fim de lhe mostrar a localização secreta do labirinto. Assim que a porta é aberta, ouve-se um grito; Dalios assegura a Hippias que é apenas o Guardião, e berra: "Volte para o seu descanso... sou eu, Dalios!", antes de fechar o labirinto mais uma vez. Hippias está compreensivelmente perplexo (terceiro episódio):

Hippias: O quê? Quem era? Você disse que nenhuma outra pessoa compartilha o grande mistério.

> **Dalios:** O Guardião não é mais uma pessoa... uma coisa, uma criatura horrível demais para se imaginar. Metade homem, metade besta. Venha.

O Guardião recebe todas as características padrão da monstruosidade, com a sugestão de um monstro que ultrapassa os limites do possível, acrescido pelo fato de o público o ouvir em vez de vê-lo. No entanto, quando finalmente aparece na tela, ameaçando Jo depois de ela ficar presa dentro do labirinto (episódio 6), as expectativas genéricas são atendidas: o Minotauro parece exatamente com aquilo que já supomos, com a cabeça de um touro terminando no pescoço, o peito nu e uma veste que cobre da cintura ao meio da coxa. Embora haja a possibilidade de criar um Minotauro inovador, a base do estilo visual da série em um cenário minoano hiper-real oferece pouco espaço para se desviar do que os telespectadores esperam ver.

O encontro final com o Guardião é curto e bastante anticlimático (embora esse seja talvez o menor dos problemas de "The Time Monster"). Jo corre dentro do labirinto espelhado, tentando evitar a besta, enquanto o Doutor domina os guardas do lado de fora para entrar e resgatá-la. Enquanto Jo está encurralada, Hippias inesperadamente vem ajudar no resgate e luta com o Guardião até que ele o atira contra uma das paredes espelhadas, matando-o. Isso dá ao Doutor tempo suficiente para chegar e remover sua capa antes de evocar outro conjunto de expectativas genéricas, desta vez sobre touradas; o Minotauro, claramente tendo passado um período de férias na Espanha, obriga-se a cabecear a capa, e o Doutor o faz correr através de uma parede espelhada. Ele fica caído, inconsciente ou morto, enquanto o Doutor e Jo passam pelo buraco que se abriu na parede e descobrem o cristal.

O Minotauro não pode ser separado do seu labirinto. Uma vez que o cristal foi descoberto, ambos serviram ao seu propósito. Embora o mito tenha sido alterado para atender às exigências etiológicas da série, a fidelidade à pegada mítica continua a influenciar até onde essas mudanças vão. O ressurgimento da narrativa fixa talvez seja mais bem compreendido a partir da perspectiva da verossimilhança genérica. "The Time Monster" desafia principalmente nosso senso de normalidade diante da ideia de viagens no tempo e da revelação de que Cronos é realmente um alienígena malévolo. Assim sendo, o segmento não tem o escopo para ser mais aventureiro com o Minotauro.

O serial "The Horns of Nimon" [Os chifres de Nimon] (1979-1980) oferece a terceira abordagem da fase clássica da série sobre o Minotauro, mais uma vez seguindo a tendência de torná-lo um alienígena e dessa forma evitando o assunto da bestialidade.[21] A série oferece uma interpretação mais ou menos fiel do mito de Teseu em vez de usá-lo como "ponto de retirada" para uma narrativa original.[22] Enquanto "Horns" faz referências que requerem um conhecimento completo do mito para serem apreciadas, como as convenções de nomes de pseudoanagramas (Skonnos para Knossos e Aneth para Athenas, por exemplo), a maioria dos telespectadores vai entender a referência por trás dos sacrifícios sendo levados a uma besta com uma cabeça de touro gigantesca que vive em um complexo que lembra um labirinto, do qual ninguém nunca volta. A profunda penetração do mito do Minotauro na cultura popular é o que torna acessível tal referência em uma narrativa que reconta sua história, precisamente porque o monstro central é imediatamente reconhecível. Ao contrário de "The Time Monster", que adia o aparecimento do Guardião não falante, o Nimon (pronunciado como nai-mon) é apresentado no fim do primeiro episódio do serial e desempenha um papel importante na trama.

O Doutor e sua companheira Romana encontram uma nave "skonniana" levando o último grupo de sacrifícios para o Nimon. Quando o acordo for cumprido, o Nimon supostamente lhes dará uma tecnologia avançada para substituir sua frota falida e estabelecer um segundo Império Skonnan. Os tributos de Aneth descrevem o Nimon como "o grande deus de Skonnos!", e completam: "Dizem que ele é uma criatura terrível com grandes e incríveis poderes." Romana, contudo, julga que isso soa mais como um complexo de personalidade insegura (episódio 2). Também é terrivelmente conveniente que o Nimon apareça pela primeira vez depois de uma grande guerra civil em Skonnos que aniquila a todos menos o exército e Soldeed, o cientista e engenheiro que construiu o complexo que o Nimon habita. Quando Romana e os tributos entram no complexo, descobrem a despensa do Nimon, composta pelos tributos anteriores em animação suspensa, e a carcaça murcha de um tributo cuja força vital foi devorada.

O Nimon obviamente não é um viajante celestial filantrópico, mas a vanguarda de uma força invasora. Depois de convencer seu planeta vítima a construir uma base para ele e a lhe trazer uma oferenda, ele constrói um gigantesco circuito positrônico que permite transportar uma cápsula entre os pontos A e B quase imediatamente. O Nimon em Skonnos convoca mais dois Nimons para ajudar. O monstruoso mascarado como banal. Soldeed fica encantado em ajudar Nimon porque acha que está conseguindo a melhor parte do negócio (episódio 3):

> Você consegue o que quer quando dá às pessoas o que elas querem. Se houver um pouco de desequilíbrio, certifique-se de que está a seu favor. O Nimon é simples. Poderoso, brutal, sim; cientificamente avançado, sim; mas simples em seus desejos. Eu o bajulo um pouco; isso satisfaz seu ego bestial e ele nos dá o que eu peço. Eu conduzo o Nimon em uma corda longa.

Soldeed fica, naturalmente, horrorizado ao descobrir que o Nimon não é, como ele foi levado a acreditar, o último sobrevivente de sua raça. Sua incredulidade alimenta em parte a decisão final de entupir o forno nuclear de Nimon e fazer o complexo explodir. O Nimon pode explorar a arrogância e ganância de Soldeed por causa de sua própria vaidade em superá-lo — mais uma vez o monstro revela o nosso verdadeiro eu.

O monstro obviamente reconhecível assume a responsabilidade primária pela sinalização do mito que estamos ocupando, ainda que existam outros pequenos acenos para detalhes específicos, como a "corda longa" de Soldeed. Embora o serial seja bastante consistente na hora de recontar o mito, do ponto de vista do monstro clássico ele se torna a encarnação da reprodução do monstruoso. Skonnos não é o primeiro planeta que os Nimons conquistaram usando esse estratagema. Romana é transportada acidentalmente para seu planeta atual, Crinnoth, que foi totalmente explorado. O monstro sempre consegue encontrar um novo lugar para ir e uma nova maneira de chegar lá — e até mesmo de reconstruir o seu próprio labirinto. São justamente a fraqueza e a vaidade humanas que criam a porta por onde o Nimon pode entrar.

O serial "Underworld" [Submundo] (1978), que se afasta do mito do Minotauro, dá um último exemplo do poder das expectativas míticas na fase clássica de *Who*. O episódio é uma releitura velada do mito de Jasão e os Argonautas. Uma tripulação encabeçada por Jackson está há cem mil anos em busca dos bancos genéticos transportados pelo navio P7E (pronunciado, em inglês, quase como "Persephone"). Quando o Doutor chega, a tripulação finalmente rastreia o navio até o núcleo de um planeta recém-formado. Eles perfuram a superfície e descem para um sistema de cavernas, no qual se encontram o P7E e a sala de controle onde os bancos estão armazenados. Com o tempo, o computador perde o contato com a realidade e agora se revela como sendo o Oráculo, servido por uma espécie de videntes que se transformaram em máquinas douradas, enquanto os guardas e as tropas escravas são os descendentes humanoides da tripulação original do P7E.

O Doutor e sua companheira Leela encontram Idas, um trog cujo pai foi levado para ser sacrificado ao Oráculo. Quando o Doutor lhe mostra um mapa do sistema de túneis, o diálogo oferece o primeiro gesto ostensivo em direção ao modelo mítico (episódio 3):

> **Doutor:** Você reconhece isto?
>
> **Idas:** Uma árvore. Nós chamamos de árvore.
>
> **Doutor:** Uma árvore no fim do mundo. Onde nós estamos?
>
> **Idas:** Aqui.
>
> **Doutor:** Onde está o seu pai? Entendo. Podemos ir logo para lá?
>
> **Idas:** Não.
>
> **Doutor:** Por que não?
>
> **Idas:** É proibido.
>
> **Doutor:** Por quê?
>
> **Idas:** O lugar é guardado por dragões invisíveis. Nem mesmo os guardas podem usá-lo, só os videntes. Eles têm poderes especiais.
>
> **Doutor:** Eu também tenho, Idas, eu também tenho! A árvore no fim do mundo está sempre guardada por dragões. São dragões de fogo, não são? Com línguas de fogo

Como se isso não bastasse, no final desse serial o Doutor fala sobre outro Jasão que esteve em uma longa jornada, procurando um velo de ouro, e se pergunta se os mitos podem ser profecias do futuro em vez de histórias do passado (episódio 6). Enquanto o cão-robô K-9 emite um sonoro "não" a essa proposta, os roteiristas não dão nenhuma pista sobre o modelo de inspiração para "Underworld". A ideia de que o mito clássico pode de alguma forma oferecer uma verdade universal deve muito ao conceito que Joseph Campbell formulou sobre o monomito, um padrão mítico subjacente ao qual todos os mitos acabam se conformando. Enquanto a teoria de Campbell tem sido criticada de forma convincente por apagar qualquer elemento do mito que não se encaixe em seu modelo, sua popularidade nos anos 1960 e 1970 pode ter alguma responsabilidade pelo ciclo sugerido à medida que esse episódio termina.[23]

Como parte da adaptação de "Underworld" *à* narrativa de Jasão, esse episódio duplica o tradicional dragão guardião do velo de ouro. Primeiro, encontramos os "dragões invisíveis" mencionados por Idas no diálogo. Eles se revelam como lasers que guardam um poço de gravidade, que Leela facilmente aniquila com um detonador depois de identificar suas localizações atirando uma maçã através do portal. O segundo é o próprio Oráculo, que tenta enganar a tripulação com um par de bombas de fissão no lugar dos bancos genéticos. O Doutor localiza os verdadeiros bancos e envia os falsos de volta ao Oráculo, e eles acabam explodindo o planeta. O sopro ardente do dragão se transforma em uma explosão devastadora, e o Doutor assume o papel de Medeia, superando o monstruoso guardião.

Enquanto as ações dos monstros não se desviam do roteiro mítico, a forma como o dragão monstruoso do mito Jasão se transforma em dois depende muito da tecnologia. Ao contrário dos aparatos usados pelos grupos do Doutor e de Jackson, que podem ser misteriosos para os espectadores da série, mas estão sob controle, os lasers do dragão e do Oráculo tornam-se monstruosos porque não são entendidos como ferramentas tecnológicas. O medo de Idas diante dos dragões de lasers contrasta com a solução blasé dada pelo Doutor. A tecnologia autônoma com ideias próprias torna-se aterrorizante; o Oráculo computadorizado em particular dá ordens a seus subordinados em vez de estar sujeito à autoridade humana, como o bem-comportado K-9.

Com o relançamento em 2005 e o início do "Novo Who", a série estabeleceu uma relação diferente com eventos "históricos" e temas míticos. O formato de um leque de episódios dentro de um arco permitiu ao Doutor viajar para a frente e para trás no tempo, aterrissando apenas por um breve momento em determinado cenário. Apesar disso, o mundo antigo é basicamente deixado de fora, embora os roteiristas demonstrem predileção por associar o clássico à eternidade. A certa altura, uma versão "auton" de Rory Williams, um dos parceiros do Doutor, espera há quase dois mil anos por uma misteriosa caixa chamada "Pandorica" para abrir e libertar Amy Pond, sua esposa. Ele assumiu a forma de um centurião romano, de pé em seu posto. Da mesma forma, quando o Doutor faz uma breve visita a Pompeia ("Fogo em Pompeia", 4.2), os telespectadores que haviam passado pelo curso de Latim de Cambridge aplaudiram bastante ao avistar, em carne e osso, Caecilius, o *paterfamilia* que apresenta aos alunos os verbos e substantivos latinos. Embora os monstros que estão por trás da explosão de Pompeia não sejam de forma alguma clássicos, o passado ainda encontra uma maneira de retornar. Quando o Doutor mais tarde se regenera para assumir a forma de Caecilius, isso também sugere que o mundo antigo ainda vive.

Dois episódios da nova fase de *Who* se envolvem com monstros clássicos, e ambos ocorrem na sexta temporada. O arco geral começa e termina com a morte do Doutor no Lago Silencio, no deserto de Utah, engendrada por uma espécie misteriosa chamada Silêncio, que os humanos esquecem quando está fora da vista. Questões de identidade e autoidentificação são colocadas no centro das preocupações do enredo dessa temporada. A familiaridade dos monstros pode ter a intenção de compensar o Silêncio; o produtor do programa, Steven Moffat, quis torná-los mais assustadores que os grandes adversários anteriores.[24] Os dois episódios com monstros clássicos são o terceiro e o décimo primeiro de uma série de treze — ou seja, ocupam posições estruturais paralelas na temporada, dois episódios após o início e dois antes do fim. A familiaridade do monstro clássico e seus parâmetros narrativos talvez os tornem lugares "mais seguros" para a temporada avançar depois de começar e terminar com o que a equipe de produção viu como um terror inovador e intensificado.

A "Maldição da mancha negra" (6.3) acontece em um navio pirata do século XVII. Sempre que um membro da tripulação se corta, uma misteriosa sereia começa a cantar antes de aparecer e afundar a pessoa no esquecimento. Qualquer pessoa ferida é marcada pelo aparecimento de uma mancha preta na palma da mão. Aqueles que são marcados também se tornam suscetíveis ao canto da sereia — como diz o capitão Avery, "A música os transforma em tolos". Lentamente, mais e mais membros da tripulação são aparentemente vaporizados. Após a sereia levar o filho do capitão, Toby, o Doutor decide deixar a sereia ir na direção de Rory, que cai no mar e está se afogando. Quando o Doutor, Amy e o capitão picam deliberadamente seus dedos para serem levados também, acordam em uma nave espacial, presos em uma fenda temporal no mesmo lugar onde está o navio pirata. Sua tripulação alienígena morreu após sucumbir a um vírus humano. A Sereia acaba sendo a interface virtual da enfermaria do navio, os pontos negros eram amostras de pele e a tripulação é mantida em animação suspensa enquanto a Sereia os mantém vivos.[25]

Esse episódio segue a fórmula de olhar para os bastidores de um monstro e revelar sua verdadeira natureza; o Doutor descarta murmúrios de que os piratas são "amaldiçoados" como uma reação humana inapropriada ao cenário, e tenta continuamente decifrar como a Sereia "funciona". O episódio entrelaça o folclore marítimo com o mito antigo (embora as sereias de Homero fiquem sentadas na costa, em vez de serem criaturas marinhas em si), o que fica claro quando o Doutor se refere à criatura como *mermaid*, nomenclatura atribuída à sereia típica que conhecemos no Ocidente, geralmente bela e de natureza benevolente, em contraste com a criatura mitológica chamada de *siren* no inglês, que se refere a um tipo de sereia perigosa que atrai marinheiros para a morte. As primeiras hipóteses que o Doutor levanta para explicar o comportamento da sereia se baseiam em preconcepções sobre o que é uma sereia, por exemplo, que ela poderia usar a água como um portal para se materializar. Mais tarde, revela-se que ela realmente se manifesta por meio de reflexos, mas a suposição de que algo rotulado como uma sereia irá se comportar de certa forma é o que orienta o pensamento inicial do Doutor.

Até que o próprio Doutor seja forçado a tocar a sereia, a ideia de que ela deve ser mortífera permanece em jogo. Enquanto se prepara para entrar na TARDIS, ele observa com humor: "ela está lá fora agora, lambendo os lábios, fervendo uma panela, ralando queijo." O fato de a sereia ficar vermelha e ser capaz de lançar bolas de fogo não ajuda, embora o Doutor acabe percebendo que essa é a resposta do programa às pessoas que tentam interferir no tratamento daqueles que estão sob seus cuidados, assim como um corpo reage a uma ameaça de infecção. Sua bela forma humana é explicada por um circuito que lhe permite "tornar-se uma médica humana para humanos". A estranha reação à sua canção surge conforme "ela anestesia pessoas e depois coloca seu corpo em êxtase" na enfermaria da nave alienígena. Em vez de serem consumidos, os corpos dos membros da tripulação são restaurados pelo encontro com a sereia (embora, considerando que simples cortes muitas vezes acionem seu transporte, essa talvez não seja uma surpresa muito grande).

O Doutor conclui que a nave deve voltar ao espaço porque, apesar de ser uma entidade médica essencialmente benigna, a Sereia ainda é perigosa: "Quero dizer, imagine se a Sereia fosse a terra? Ela teria que cuidar de cada humano ferido." O capitão Avery decide ficar a bordo por causa de seu filho Toby, que está com febre tifoide. Ainda que seja capaz de mantê-lo vivo, a Sereia não pode curá-lo, e um retorno à Terra significaria a morte, inevitavelmente. O episódio termina com o capitão Avery pilotando a nave alienígena no espaço selvagem (já que ao que tudo indica uma nave se parece muito com um navio). Embora a natureza da monstruosidade da Sereia tenha mudado, a tecnologia fora de controle continua sendo o perigo subjacente; no entanto, a interpretação e a compreensão adequada de suas ações permitem que o episódio chegue a um resultado positivo no geral.

"O complexo de Deus" (6.11) faz uma abordagem semelhante do manuseio de um monstro clássico, mas o tom emocional é diferente. Nessa ocasião, o Doutor, Rory e Amy são transportados para o simulacro de um hotel inglês mal conservado que não tem saída, juntamente com outras pessoas atemorizadas (incluindo um alienígena) que vão sendo capturadas por uma besta misteriosa, uma a uma. Cada um dos "hóspedes" cativos tem "seu quarto", um aposento habitado por um horror particular tão pessoal para o indivíduo que não poderia ter sido outra coisa. Uma vez descoberto o quarto, um fervor misterioso toma conta do hóspede, no que ele começa a repetir a frase "todos louvem a besta" e a procurar por si próprio o monstro, para ser morto por ele.

Apesar de o Doutor inicialmente supor que o monstro se alimenta do medo, revela-se que na verdade ele se alimenta da fé, que é um mecanismo normalmente utilizado por qualquer ser humano ao encontrar seu pavor mais primordial. O Doutor derrota a besta quando Amy encontra seu quarto, onde uma pequena Amelia Pond tem medo de que o Doutor nunca mais volte para buscá-la. Ao sacrificar sua fé nele, ele é capaz de dar à besta a oportunidade de morrer.

A revelação do monstro fica suspensa, mas o episódio dá algumas dicas fortes. O hotel decadente e permeado pelo medo vira um labirinto. Vemos breves takes do olho do monstro, seus chifres raspando o teto e sua sombra antes do momento em que o Doutor o prende no salão de cabeleireiro do hotel para descobrir o que ele é. Ouvimos apenas metade da conversa, pois o Doutor pensa em voz alta, o que é uma característica do 11º Doutor, enquanto traduz simultaneamente os grunhidos do monstro:

> Você pega os medos mais primitivos das pessoas e os coloca em um quarto. Um inferno sob medida para cada um. Por quê? O que você disse? Aaah, o que é essa palavra? Reter? Não, prender. Isto é uma prisão.
>
> Então o que somos nós? Companheiros de cela? Seu almoço? Nós não estamos no ponto. Foi o que Joe disse, que não estávamos prontos. E daí? O quê, você vai nos preparar? Você o quê? Substituir? Substituir o quê? O medo? Você viveu tanto tempo que até seu nome está perdido. Você quer que isso pare. Porque você é apenas instinto. Então me diga... me diga como lutar com você.

A inversão do cenário de fé do Doutor encerra uma questão até então invisível, que tem mantido o hotel de pé. Acontece que o monstro é um alienígena e um Minotauro, e tem sido tão cativo quanto suas vítimas. O colapso do ambiente artificial revela que eles estão de fato presos em uma nave-prisão espacial. O Doutor descobre que sua programação central apresenta falhas, ficando preso em um único cenário. O labirinto subjacente e a monstruosidade do mito do Minotauro são reimaginados como um sistema disciplinar fora de controle, alinhados com a ideia de Foucault do panóptico, onde o prisioneiro é controlado precisamente porque é visto o tempo todo. Essa prisão errante se baseia nos medos sociais contemporâneos de sistemas de justiça irresponsáveis que se dizem transparentes, mas são exatamente o oposto. Em uma reviravolta de "The Horns of Nimon", o próprio predador se torna a presa, detido junto com seu grupo de reféns:

> **Amy:** O que é isso? Um minotauro ou um alienígena? Ou um minotauro alienígena? Nunca imaginei que faria essa pergunta esta manhã.
>
> **Doutor:** Quero dizer, na verdade são ambos. Sim. Aqui vamos nós. Um primo distante do Nimon. Eles aterrissam em planetas e se comportam como deuses para serem adorados, o que dá certo até os habitantes avançarem o suficiente para construir bunkers, prisões.

Ao contrário do Nimon, esse monstro tem uma mensagem para o Doutor, transmitida em seu último suspiro:

> **Amy:** O que ele está dizendo?
>
> **Doutor:** Uma criatura antiga banhada no sangue dos inocentes. À deriva no espaço através de um labirinto mutável infinito. Para tal criatura, a morte seria um presente. Então, aceite-a. E bons sonhos. [Ouvem-se os rosnados do Minotauro.] Eu não estava falando de mim.

Não é preciso ser um gênio para perceber que o Minotauro estava falando sobre o Doutor. Se esse insight é o que o leva a deixar Amy e Rory em uma bela casa com terraço e um carro esportivo de luxo na garagem no fim do episódio, não fica claro; no entanto, quando se separa de Amy, ele explica que está fazendo isso enquanto ela ainda está viva. "O complexo de Deus" retoma o mito do Minotauro para os propósitos do episódio e do arco da série. O Minotauro se conecta aos nossos medos pessoais mais profundos, mesmo que apenas para evocar nossa fé mais elementar, e a uma contraparte do próprio Doutor.

O "Novo Who" constantemente aborda a posição ética do próprio Doutor dentro do seu universo construído. O desenvolvimento mais significativo nessa frente tem sido a introdução do Doutor da Guerra, uma figura que está fora das convenções numéricas normais de nomenclatura para as regenerações do Doutor, e que renegou a identidade deste para lutar na Guerra do Tempo. O Minotauro fala com o canto mais escuro do caráter do Doutor, empurrando a fronteira entre a aparência monstruosa e o ser monstruoso.[26] Além de sacrificar a confiança de Amy no Doutor, o Minotauro convida o público a questionar sua fé nele também.

Mudando de canal

Analisar os monstros clássicos em *Hércules*, *Xena* e *Doctor Who* nos leva para onde? Primeiramente, eles nos mostram que a telefantasia ambientada no mundo antigo logo se depara com problemas diante dos monstros clássicos. As narrativas são limitadas, só podem ser reconfiguradas com dificuldade, e, uma vez contada determinada história, retornar a ela pode ser um desafio. Embora a série *Hércules* tenha seu foco no embate com monstros e em sua conquista, houve uma movimentação no sentido de uma estrutura de episódios menos monstruosa e pesada, mesmo antes que os problemas de saúde de seu protagonista impusessem mudanças. Apesar de partilhar o mesmo universo telefantástico, *Xena* não assumiu um envolvimento com monstros clássicos, usando-os apenas para fornecer ocasionalmente forragem para episódios, e não como ideia temática central.

Em segundo lugar, *Doctor Who* nos ajuda a esclarecer as outras possibilidades disponíveis para o gênero telefantástico ao se envolver com monstros clássicos. Como a série não está ambientada no mundo antigo, não tem a obrigação de focar especificamente em monstros clássicos. O universo da ficção científica oferece uma gama de alienígenas (que podem ou não ser monstruosos) para atuar como antagonistas do Doutor e seus companheiros. Embora essa gama em potencial possa inicialmente fazer o monstro clássico parecer redundante, a natureza da telefantasia funciona a favor dele. A necessidade de uma familiaridade genérica no enredo para equilibrar o conteúdo de caráter inacreditável, a constante busca por verossimilhança suficiente para levar adiante o fantástico, torna os caminhos do mito clássico tão atraentes quanto as convenções de romance policial ou do thriller de espionagem como uma estrutura reconhecível para trabalhar com alienígenas inauditos ou viagens no tempo. A decisão de fazer esse deslocamento em direção ao genérico, de usar essa narrativa mítica pré-formada, abre as portas não somente para o herói clássico, mas também para o monstro clássico.

Os limites já flexíveis da telefantasia permitem a entrada do monstro clássico, principalmente porque uma das convenções desse tipo de programa é o fato de que qualquer material disponível pode ser remodelado para promover os interesses da série e de seu público contemporâneo. Talvez isso explique por que os monstros clássicos não tendem a aparecer na programação televisiva que não é de alguma forma telefantástica, e quem sabe esclareça por que as remontagens rígidas de mitos são muito menos comuns do que parecem ser no cinema. O impulso de autenticidade que causou tais problemas na tela grande parece assustar os produtores de TV, ou levá-los a expandir os limites da telefantasia para acomodar a monstruosidade de forma imaginativa. O monstro clássico pode, assim, encontrar um espaço que não é restrito por suas encarnações anteriores ou por algum senso legítimo de autenticidade. A necessidade da telefantasia de ter algo familiar para o público compreender não anula sua própria propensão para o incrível.

Os dois últimos capítulos deste livro explorarão essa maleabilidade, a capacidade de se encaixar em narrativas alternativas e de assumir formas por caminhos particulares. Dois monstros clássicos icônicos, a Medusa e o Minotauro — os dois que *Doctor Who* enfrentou primeiro —, serão nossos guias no terreno onde eles estão construindo seu novo lar.

7

UMA MEDUSA COMPLETAMENTE MODERNA

Diz-se que o regente do mar a violou no templo de Minerva: a filha de Jove se virou e cobriu o rosto casto com a égide, e, para que isso não acontecesse sem punição, transformou os cabelos da Górgona em cobras.

Ovídio, *Metamorfoses* 4.798-801

A Medusa, segundo contam, era uma sacerdotisa no templo de Atena, até chamar a atenção do deus Poseidon.. A divindade, consciente apenas de seus próprios prazeres, estuprou a jovem e se satisfez. Isso já teria sido ultraje suficiente se não tivesse acontecido no próprio templo de Atena, desonrando o espaço que deveria ser sagrado tanto para a deusa virgem quanto para a mulher que lhe servia (Poseidon e Atena nunca haviam se entendido, não depois da confusão em Atenas, quando a cidade a elegeu sua padroeira pelo dom da oliveira e desprezou o dom de Poseidon de prover uma nascente de água salgada). No entanto, em vez de se vingar do deus que lhe mostrou tanto desrespeito, Atena se voltou contra sua fiel sacerdotisa, e a transformou em um monstro. Seu cabelo foi substituído por cobras, seus olhos se tornaram faíscas, e qualquer um que encarasse seu olhar se transformava em pedra. Ela viveu com suas duas irmãs, as górgonas Esteno e Euríale, até que Perseu veio buscar sua cabeça por ordem do rei Polidecto, uma jornada de matança. Perseu a decapitou, e de seu sangue brotaram o cavalo alado Pégaso e o gigante Crisaor. Quando Perseu voou de volta para casa, gotas de sangue caíram sobre o Saara e geraram cobras venenosas. Assim que Perseu já havia conseguido o que queria daquele terrível troféu, Atena toma a cabeça para si e passa a carregá-la em seu escudo, um terror para todos os que contemplam a deusa.

Essas são informações mais ou menos familiares sobre a história da Medusa que podemos encontrar nas fontes antigas.[1] Há problemas com esse mito, como acontece com todos, causados pelo número de versões que circulam. Apolodoro, que compilou um manual de mitos nos séculos I ou II, fala em três Górgonas, todas com serpentes no lugar dos cabelos, presas, braços de bronze, asas de ouro e o poder de transformar as pessoas em pedra com o olhar. Por razões inexplicáveis, somente a Medusa é mortal e, portanto, a única que Perseu pode abater.[2] Hesíodo, que escreveu um poema sobre as origens dos deuses muito antes, no século VIII ou VII a.C., também fala de duas irmãs imortais e uma mortal.[3] Ovídio parece ter introduzido a Medusa como humana e não como um monstro mortal em suas *Metamorfoses*, publicadas por volta do ano VIII. Ele não se preocupa com o fato de isso poder afetar sua relação com as outras duas Górgonas, e as elimina de sua versão.[4] A inovação de Ovídio se tornou a história clássica, uma vítima de estupro transformada em arma replicada nas coleções de mitos que, por sua vez, alimentam a imaginação daqueles que criam a cultura popular de hoje.

Desde a antiguidade clássica, a Medusa tem (como seria de esperar) fascinado e causado repulsa em igual medida. Ela tem sido reimaginada como adversária e aliada, dependendo do ponto de vista. Freud a tomou como símbolo da formação psicossexual, argumentando no pequeno ensaio "A cabeça de Medusa" (publicado postumamente em 1922) que essa entidade foi criada por um menino que viu a mãe nua e percebeu a possibilidade real de castração. As serpentes que formam o cabelo da Medusa devem ser entendidas como representando os pelos pubianos femininos. Erich Neumann, um psicólogo influenciado por Jung, argumentou em *The Origins and History of Consciousness* [As origens da história da consciência] (1949) que as presas da Medusa representavam o útero devorador da grande mãe que o herói deve abater, e que as serpentes eram símbolos fálicos agressivos. Em contraste, a teórica francesa Hélène Cixous virou essas interpretações misóginas de cabeça para baixo em "The Laught of the Medusa" [O riso da Medusa] (1975), interpretando esse ser como perturbador dos sistemas masculinos de significado, criando um caos subversivo para seu deleite.

Essas preocupações teóricas levam a interpretações obcecadas com o momento da decapitação da Medusa e a natureza do seu olhar: o que significa a noção de ser olhado por uma figura que transforma você em pedra? E quando ela olha para si mesma? O desencarne da Medusa e a elevação do seu olhar (em comparação com a relativa impotência da maioria dos olhares femininos) levam a considerações sobre identidade e sobre a natureza da petrificação dentro desse tipo de mundo. Da mesma forma, seu corpo desprovido de poder levanta questões sobre voyeurismo e sobre quem tem prazer em observar, já que esse corpo é fetichizado justamente no momento da morte; ela está limitada a ser o objeto impotente do olhar masculino? Menciono esses debates de ordem intelectual porque eles ilustram bem a dança que acontece em torno da Medusa — em torno de sua sexualidade, seu poder, sua atitude, sua aparência. A cultura popular desloca e altera as perspectivas sobre a Medusa com tanta variedade quanto a psicanálise e a teoria crítica.

A imagem da Medusa mantém um poder considerável dentro da esfera política atual. As famosas imagens de Medusas decapitadas criadas por Cellini e Caravaggio proporcionaram ampla oportunidade para os hábeis usuários de Photoshop aplicarem os rostos de mulheres do universo da política em montagens da Medusa. Theresa May, Angela Merkel e, em particular, Hillary Clinton foram submetidas a esse tratamento, que as coloca na posição de monstro conquistado.[5] A Medusa torna-se, assim, um símbolo do poder feminino que ultrapassa seus limites, mas é trazido de volta — exterminado pela justa ordem masculina, cerceado por uma narrativa contada inúmeras vezes. A visão do corpo desfalecido torna-se prazerosa para aqueles que desejam ver derrotada a fêmea desafiadora.

Como tenho dito, e continuarei a dizer, não há valor em tratar as várias versões da Medusa, ou qualquer outro monstro, como flores para prensar em um álbum, ou borboletas a serem colocadas no formol. Quero mapear algumas das formas que essas diferentes versões assumem em função da maneira como se manifestam na cultura popular. O espaço disponível para elas pode não permitir mais do que o estereótipo misógino — a mãe devoradora, aquela que esvazia os homens de sua masculinidade, a mulher arrogante que precisa ser punida —, ou pode permitir uma inversão desse estereótipo: a figura libertadora e poderosa que destrói o patriarcado com um olhar. Pode permitir, ainda, outras leituras, aproveitando a falta de definição queer da Medusa e de seu olhar, e outras abordagens mais modeladas pelas possibilidades do que pelas preconcepções de como a história "deve ser". Aqui está o valor de explorar os movimentos da cultura popular, embora (como vimos ao discutir os atrativos que a narrativa predefinida oferece para a telefantasia) a tentação de cair em algo culturalmente confortável esteja sempre por perto.

Da mesma forma, nem todas as recepções planejadas são bem-sucedidas. Fiquei particularmente animada em 2014, quando a Sony Pictures Animation anunciou que havia adquirido os direitos de uma comédia de animação intitulada *Medusa*, que seria dirigida por Lauren Faust, diretora de criação e produtora executiva por trás do sucesso de *My Little Pony: a amizade é mágica*. Faust anunciou em novembro de 2015 que não estava mais ligada ao projeto, citando "diferenças criativas", e o status da produção no IMDB atualmente consta como "desconhecido". O desejo de levar uma história em determinada direção pode acabar com um conto e seu reconto antes que ele sequer tenha começado.

Com isso em mente, vamos começar um breve e incompleto mapeamento de algumas visões recentes que povoam o atlas da Medusa e unir alguns pontos. Naturalmente, este relato não pretende atingir a completude, mas os estudos de caso ajudam a destacar pontos importantes em sua história, onde recontos se reúnem e novos brotos se tornam possíveis.

A Medusa no cinema

Talvez o melhor lugar para começar a considerar as diferentes formas como a Medusa se manifesta seja uma comparação de como ela é tratada em três filmes recentes: a versão original de *Fúria de Titãs* (1981), seu remake de 2010, também chamado *Fúria de Titãs,* e *Percy Jackson e o ladrão de raios* (2010). Cada um desses filmes faz uma abordagem distinta de sua história. Considerar as versões oferecidas em narrativas semelhantes nos ajuda a entender o que pode estar em jogo em suas várias encarnações.

A Medusa criada por Ray Harryhausen para a primeira versão de *Fúria de Titãs* se tornou icônica, com sua cauda de cobra agora mais ou menos garantida quando alguém imagina como uma Medusa deve parecer.[6] Os ecos de sua visão chegam a muitas outras mídias; por exemplo, os influentes games *Age of Mythology* [A era da mitologia] (2000) e *Zeus: Master of*

Olympus [Zeus: mestre do Olimpo] (2000) apresentaram Medusas ao estilo de Harryhausen, e moldaram o engajamento das pessoas com o mito tanto quanto o filme original. A Medusa de Harryhausen é deliberadamente feia; sua pele tem escamas e ela é registrada como totalmente monstruosa. Ela é apresentada pela primeira vez ao enredo quando Perseu pergunta às bruxas estígias como derrotar o Kraken, e elas lhe dizem para pegar a cabeça da Medusa — "um titã contra um titã", uma bruxa grita alegremente. Essa Medusa vive sob um templo grego tradicional, filmado nas ruínas da antiga Pesto, e seu covil é sombrio, iluminado por tochas cintilantes e com uma chuva constante ao fundo. A ilha que ela habita está localizada à beira do submundo; embora Perseu viaje para lá em uma balsa pilotada por um barqueiro-esqueleto, ele pisa na linha entre os dois mundos em vez de cruzá-la, encontrando a Medusa na fronteira onde ela habita. Além de seu temível olhar, ela está armada com um arco e flechas, que fazem a presa entrar em sua linha de visão.

O encontro é incrivelmente tenso e arrastado; há muita perseguição enquanto Perseu atrai a Medusa para a posição certa e se atira para o golpe decisivo. Até mesmo a obtenção da cabeça em si cria um problema, pois seu sangue venenoso é forte o suficiente para corroer as pedras do templo e as serpentes continuam vivas. A Medusa apresenta um desafio significativo, e, como a locução deixa claro quando Perseu brande a cabeça fora do templo, uma parte central do herói consiste em encontrar e cumprir seu destino. Nessa releitura, a Medusa está firmemente incorporada ao mundo do filme. Ela recebe um lugar específico, e um papel implícito na monstruosa cosmologia que faz do Kraken um titã (mesmo que ninguém no enredo explique claramente como esse sistema funciona). Ela também mantém sua característica distintiva, o olhar mortal, o que a torna uma inimiga desejável e perigosa.

No entanto, enquanto vemos o lugar onde ela vive, não sabemos de onde veio. O filme não faz qualquer tentativa de oferecer uma história de origem, o que é coerente com a atitude mais ampla em relação ao sobrenatural no mundo dessa produção — o único monstro bem explicado é Calibos, cuja transformação como castigo de Zeus é um ponto-chave da trama. Caso contrário, os traços monstruosos presentes na história são tão normais e inquestionáveis quanto o fato de os deuses possuírem templos e, às vezes, optarem por se manifestar neles. O estupro da Medusa por Poseidon, apresentado como o fiel consorte do antagonista de Perseu, a deusa Tétis, é totalmente elidido do roteiro. Isso é particularmente estranho em um filme que aborda a agressão sexual dos deuses, de Zeus em particular. Tétis relembra, para riso geral, a época em que Zeus se transformou em um molusco para tentar seduzi-la, e ela se transformou em um tubarão em resposta. Mas essa Medusa, o filme implica pelo silêncio, sempre foi monstruosa, e assim Poseidon pode permanecer como mero capanga do Kraken.

A versão de 2010 de *Fúria de Titãs* faz referência a muitos elementos da Medusa de 1981, embora inevitavelmente com uma reviravolta que ou os exagera ou os supera (já que o filme de 2010 não pode suportar ser inferior ao seu antecessor). Sua moradia foi deslocada do rio Estige para o submundo propriamente dito, e tornou-se uma prisão em vez de um lar (muito parecida com o labirinto do Minotauro). Ela se comporta como se estivesse brincando com os humanos que entram em seu covil e não como uma caçadora perseguindo sua presa, embora também esteja armada com arco e flechas. A maior mudança visual, no entanto, está em sua representação física. Embora seu corpo ainda seja totalmente serpentino e sua cauda de chicote tenha se tornado mais longa, ela tem um rosto feminino altamente estilizado e seu decote foi realçado.[7] Ela aparece, portanto, reconhecidamente mais feminina — ou, talvez mais precisamente, sua representação está mais alinhada com um estereótipo feminino sexualizado, apesar do fato de ela ter uma cauda.

O suspense que acompanhou a Medusa de 1981 de certa forma desaparece na sequência de 2010, o que cria uma cena de ação dinâmica na qual Perseu, seus companheiros e a Medusa caçam um ao outro em meio às ruínas do templo, colocadas acima de um abismo cheio de magma flamejante. A sequência resultante parece ter sido desenhada para traduzir quase perfeitamente um game, mas também muda o equilíbrio de poder na interação — em vez de a Medusa dominar seu espaço e forçar Perseu a negociá-lo, tanto os aliados de Perseu quanto a Medusa enfrentam um ambiente hostil, cheio de abismos, rochas vacilantes e superfícies instáveis.[8] O espaço em si torna-se um antagonista, o que significa que a Medusa precisa ser conquistada como um esforço de grupo e não como uma façanha solo, que é o que acontece na versão de 1981. No processo, alguns membros do bando morrem, às vezes de forma dramática, para que Perseu possa alcançar seu objetivo.

Uma mudança de atitude em relação às mulheres ao longo das três décadas entre os dois filmes *Fúria de Titãs* resulta em uma Medusa que oferece um grande desafio físico, mas também aparece mais sexualizada. A combinação da força elevada da Medusa e sua hiperidealizada feminilidade significa que ela deve ser monstruosa, sendo ao mesmo tempo feminina demais e não suficientemente feminina. Sua destruição é justificada pela salvação de Andrômeda, que se autossacrifica (o fato de que Andrômeda se revelará uma general razoavelmente competente na sequência, *Fúria de Titãs 2,* não é mencionado nem aqui nem lá.) A mulher ultra-atraente é apresentada como monstruosa, pelo menos em parte, por causa de seu distanciamento do mundo superior e do restante da humanidade, mas também por causa de sua história de origem. A versão de 2010 faz a surpreendente escolha de oferecer uma narração completa da violação da Medusa por Poseidon e seu posterior castigo, ordenado por uma impiedosa Atena, contada por Io, guia de Perseu e mais tarde seu interesse amoroso. No entanto, qualquer sugestão de que isso possa levar a uma abordagem mais simpática para a aquisição da cabeça é firmemente frustrada quando Perseu se volta para seu bando ao entrar no covil e instrui os homens a não "olhar a vadia nos olhos". A questão implícita de culpar a vítima é até certo ponto necessária pela exigência da trama de que a Medusa seja uma antagonista devidamente sobrepujada, mas há uma estranha disjunção entre a precisão mitológica, por um lado, e o que poderia ser a resposta emocional esperada dos personagens, por outro.

Finalmente, a Medusa de *Percy Jackson* ocupa um terreno totalmente novo.[9] Como o romance-base, o filme se passa na era moderna, em uma realidade em que os deuses e monstros do mundo clássico vivem em paralelo com o mundo humano, com os seres humanos vivendo na abençoada ignorância, desconhecendo a existência desses seres e o caos que isso ocasionalmente provoca. A Medusa precisa assumir uma forma que possa existir nesse cenário, e surge em uma moradia convenientemente adequada — uma loja de jardinagem abandonada, por onde Percy e seus amigos passam no início da viagem ao Hades para resgatar a mãe de Percy. À medida que exploram, eles são separados. Annabeth, filha de Atena, fica cara a cara com a Medusa, que inicialmente aparece como uma mulher elegante usando casaco de couro, turbante e óculos escuros. Ela logo anuncia sua relação com a mãe de Annabeth:

> **Medusa:** Você tem um cabelo tão bonito. Eu já tive o cabelo assim. Já fui cortejada. Desejada por muitos pretendentes. Mas tudo isso mudou por causa de sua mãe, a mulher que me amaldiçoou. Que me transformou...
>
> **Annabeth:** Não olhe!
>
> **Medusa:** ...nisto. Dizem que os olhos são a janela da alma. Eu espero que você ache meus olhos... atraentes.

Ela tira o turbante, depois os óculos; a câmera focaliza seu rosto cercado de cobras, dando ao espectador a visão que Annabeth não pode e não deve ter. Mais tarde, quando as cobras da Medusa lhe dizem que há outro semideus no centro do jardim, ela rumina: "O filho de Poseidon. Eu namorei o seu pai" — e empurra uma fila de estátuas no estilo dominó até o lugar onde Percy está escondido. Embora Percy seja apanhado, Annabeth dirige um caminhão para dentro da loja e manda as estátuas pelos ares, dando a ele uma chance de escapar. Quando a Medusa pega seu iPhone caído no chão, ela vê o garoto vindo por trás através do reflexo da tela antes de ser decapitada — uma reviravolta publicitária no elemento habitual do escudo brilhante.

Essa Medusa difere daquelas que aparecem em *Fúria de Titãs* de diversas maneiras significativas. A cauda de cobra empurraria as convenções do filme de "normal o suficiente" para longe demais, e é substituída por um casaco que cobre o corpo inteiro e um conjunto de ângulos de câmera que nunca mostram os pés da Medusa. A atuação física sinuosa de Uma Thurman sugere uma disposição serpentina sem que precisemos de mais pistas visuais.[10] A Medusa não é abertamente sexualizada, uma escolha compreensível em uma produção voltada ao público adolescente. Das três, essa é a única Medusa que fala e, portanto, a única que está no comando da comunicação de sua própria história. Sua fala também se torna hipnótica em sua tentativa de convencer os garotos a olhar para ela. A dinâmica de poder é ainda mais complicada por sua condição de adulta, que lhe dá a autoridade de pessoa mais velha, apesar de seu objetivo claro de prejudicar Percy e seus amigos.

A Medusa fala de um passado que Percy e Annabeth desconhecem, um mundo de autonomia sexual adulta, inexplicável diante da escolha da mãe de Percy de permanecer com seu horrível padrasto (mais tarde se revela que o odor corporal de Percy disfarça sua presença quando está perto de monstros). O filme deixa implícito que as acusações da Medusa não significam nada para Percy. Enquanto Annabeth preenche alguma história de fundo (como o fato de que os olhos da Medusa ainda funcionarão após a decapitação), o filme em si não fecha a lacuna da história. A ligação entre namorar o pai de Percy e ser amaldiçoada pela mãe de Annabeth é deixada totalmente sem resposta, então é apenas por meio do conhecimento preexistente ou de mais pesquisas que a conexão vem à tona — caso contrário, esse diálogo é apenas mais um comentário confuso em um mundo que Percy já acha totalmente estranho. As palavras da Medusa são para seu próprio amargor, e a possibilidade de vingança sobre os filhos dos indivíduos que causaram seu sofrimento é claramente atraente. Esse é também o único exemplo em que a Medusa fala com outra mulher. O diálogo se concentra no conflito feminino intergeracional, colocando a ênfase da história subjacente no mal causado por Atena na narrativa original, assim como reforçado pela linguagem mais neutra, "namoro" (para se referir ao que foi um caso de estupro no mito original), utilizada para descrever a relação entre a Medusa e Poseidon.

O que é que se consegue colocando esses três retratos cinematográficos da Medusa um ao lado do outro? Antes de mais nada, essa justaposição ilustra nitidamente (como se houvesse alguma dúvida a esta altura) que as manifestações contemporâneas da Medusa estão longe de serem coesas, embora possam compartilhar alguns pontos de contato. Mesmo algo tão simples quanto a aparência não mostra consistência — enquanto o cabelo de cobras e os olhos perigosos são consistentes, cada retrato faz uma abordagem diferente da metade inferior e, consequentemente, das questões de movimentação que surgem de acordo com cada escolha feita. Duas Medusas não têm falas, ou melhor, não têm a oportunidade de falar com frases coerentes; a terceira não só tem o domínio completo de seu aparato vocal como fala longamente e com autoridade. A linha visual entre o humano e a serpente, na verdade, entre beleza e monstruosidade, é móvel, e afeta o modo como cada manifestação do monstro funciona dentro de seu ambiente.

Em segundo lugar, essa comparação ajuda a mapear os pontos da história da Medusa que geram fascínio, e as áreas que causam rupturas narrativas. A batalha entre monstro e herói é repetidamente circum-navegada — talvez isso não surpreenda, considerando que esses três exemplos são, de uma forma ou de outra, recontos de mitos, porém é necessário destacar esse local de conflito como um aspecto-chave até mesmo porque ele inevitavelmente opõe o macho e a fêmea. A história da origem da Medusa se mostra particularmente desafiadora — uma versão a apaga, uma versão simultaneamente a reconhece e a diminui, e uma versão alude a ela conscientemente. O vilão pode ser Atena ou Poseidon. O elemento sexual pode ser coagido ou consensual. Nenhuma dessas decisões sobre a história de origem é neutra.

Em terceiro lugar, e ainda em relação ao que foi dito, a comparação traz à tona o peso do significado do gênero para cada versão recontada da história da Medusa e para a monstruosidade de forma mais geral. Para *Fúria de Titãs* de 1981, o gênero está subordinado à monstruosidade. A criação de Harryhausen enfatiza as qualidades físicas monstruosas do corpo da Medusa em detrimento das sexuais, o que, combinado à falta de explicação da história de origem, efetivamente dessexualiza a Medusa, diminuindo o gênero como vetor de tensão entre ela e Perseu. A versão de 2010, ao contrário, aproveita a mudança nos padrões de como o corpo da mulher pode ser representado na tela para dar à Medusa formas tão sexualizadas e femininas quanto a computação gráfica permitir, e atribuir a ela uma identidade erótica (por mais questionável que seja) com a exposição de sua história de origem. O efeito é fazer dela um monstro sexual, hiperfeminino e hiperameaçador ao mesmo tempo, em contraste com a masculinidade humana do próprio Perseu. A Medusa de *Percy Jackson* encarna uma sexualidade mais contida (compreensível se pensarmos no público-alvo), mas projeta uma atitude ameaçadora, que se envolve em relações adultas totalmente estranhas aos protagonistas do filme. O fato de ela ser enquadrada praticamente como ex-namorada do pai de Percy ativa todos os estereótipos sobre mulheres mais velhas rejeitadas e os padrões de vingança que se tornaram os trunfos das novelas e thrillers dos séculos

XX e XXI. A Medusa pode ser usada para encarnar dois estereótipos femininos negativos conflitantes, às vezes até ao mesmo tempo, o que a coloca em um lugar de monstruosa feminilidade.

A cabeça da Medusa: decapitação, representação e visualização

Vamos voltar à maneira como a Medusa tem sido tratada na literatura popular recente, embora sua história pareça ter sido relativamente negligenciada como fonte de inspiração mítica. Devo observar que não estou incluindo o que poderia ser chamado de versão "fiel" ao original, ou histórias que se comercializam explicitamente como uma versão do mito da Medusa para crianças — o que acontece nesses textos adaptados de "nível básico" precisaria de uma discussão à parte.[11] O que me interessa é o tipo de texto em que a Medusa encontrou espaço para morar além das fronteiras previsíveis do recinto fornecido pelo mito antigo. Peculiarmente, ou talvez não, tais textos parecem ser menos abundantes do que se poderia prever.

As encostas férteis da literatura voltada para o público jovem adulto (*young adult*) e o romance cômico leve se afastam da Medusa como personagem significativo, optando por se concentrar mais geralmente nas vidas e amores das divindades e semideuses, em oposição a episódios míticos específicos. Embora o protagonista da série *Percy Jackson* tenha seu nome inspirado em Perseu, a série abrange toda a gama do mito clássico e seus habitantes, sem se limitar a uma história em particular. Alternativamente, a ficção *young adult* parece atraída quase magneticamente pelo mito de Hades e Perséfone, uma história de amor que acontece contra todas as probabilidades, embalada e pronta para ser contada, desde que você esteja disposto a ignorar o fato de que a heroína é raptada pelo próprio tio. De qualquer forma, a Medusa parece despertar pouco interesse nesses gêneros. Menção honrosa deve ser dada a *Dusssie*, de Nancy Springer (2007), que apresenta uma adolescente cuja entrada na puberdade é marcada pelo fato de seu cabelo se transformar em cobras, assim como aconteceu com sua mãe e sua tia Medusa. A ligação entre a sexualidade feminina em desenvolvimento e o monstruoso é bem clara, assim como a chegada às vezes aterrorizante da primeira menstruação e a descoberta de que o corpo até então obediente tem uma mente firme e própria.

Percebo que talvez a falha da Medusa em encontrar vida na palavra escrita não deva ser uma surpresa. A Medusa é um monstro que não só precisa ver e ser visto, mas que representa aquilo que não pode ser visto sem um preço fatal a ser pago. Talvez seja inevitável que ela encontre vida nos lugares onde pode ser vista, uma multiplicação quase irônica daquilo que não foi feito para ser visto, em nossa era de reprodução digital. O fato de uma de suas presenças mais abundantes, e domesticadas, ser o logotipo da marca Versace assinala um elo conveniente entre a sua necessidade de ser vista e também de não ser vista, um significante que todos entendem, mas para o qual ninguém olharia pelo próprio bem, perdido como símbolo de status, mas poderoso por meio da associação com a marca (Figura 7.1). O caráter monstruoso de suas modelos, com sua obrigatória magreza agressiva e crônica, olhares extravagantes e gélidos através da lente da câmera, fazem de uma grife de alta-costura um lugar ainda mais atraente para a Medusa morar.

Não estou sugerindo que a recepção da Medusa esteja viva apenas em relação à sua imagem. A importância de sua visão e da visão que se tem sobre ela pode se tornar um ponto de orientação útil tanto para representações escritas quanto visuais, como se faz no romance *Medusa's Web* [Teia da Medusa], de Tim Powers (2015). Quando Scott e Madeline Madden retornam à decadente mansão de Hollywood onde cresceram, após o suicídio de sua tia, juntamente com seus primos Claimayne e Ariel, eles são apanhados em um mistério sobrenatural que tem a ver com "aranhas". Estas consistem em símbolos de oito pernas que transportam quem as olha para trás ou para a frente no tempo, seja no seu próprio corpo ou no de outra pessoa. A troca é completada quando alguém olha para a "aranha", cimentando a transição. As mesmas aranhas podem ser usadas várias vezes, o que as torna "sujas", embora as "limpas" possam ser criadas por meio da foto e da impressão. A experiência de olhar para uma aranha envolve uma fase inicial intemporal, uma sensação de cair em meio a formas maciças incompreensíveis e depois um encontro com o outro tempo.

Figura 7.1 O logotipo da Versace.

Enquanto esse fenômeno paranormal se baseia fortemente em imagens aracnídeas, as conexões com a Medusa são desenvolvidas ao longo de todo o livro. Ela está embutida no cenário do romance por meio de um muro de mosaicos da Medusa nos jardins das mansões:

> O rosto não tinha mais de quinze centímetros de diâmetro e era feito com apenas doze pedras lisas, pretas e brancas — dois retângulos pretos para os olhos, um menor para a boca, triângulos brancos para as bochechas e um leque delas para a testa —, mas os caracóis dos cabelos serpenteados espiralavam em todas as direções ao longo do restante do muro, em uma variedade de tons de púrpura contra um fundo dourado. Madeline lembrou-se de como eles pareciam brilhar, até mesmo pulsar, na luz acobreada dos fins de tarde de outubro. [tradução livre][12]

O muro da Medusa torna-se um marco onde os personagens se encontram, mas também aponta para a importante relação entre a Medusa e a misteriosa existência das aranhas. Acontece que todas as aranhas descendem de uma original, conhecida como a Medusa, localizada próxima a Taranto. Em uma etapa da visão de uma aranha, Rudolph Valentino descreve sua experiência de vê-la na infância para Scott:

> "Meus amigos e eu entramos nas cavernas, e em uma eu vi o afresco muito antigo, nos túneis profundos." Ele sorriu e levantou a lata do filme. "Era esta, a mãe de todas elas, a Medusa. O governo dinamitou aquele túnel depois. As pessoas disseram que o Vaticano ordenou." [tradução livre][13]

Durante uma visita posterior, Scott aprende que as aranhas são "aparentemente criaturas bidimensionais que não têm concepção de tempo ou volume espacial", e que sua relação com a "grande aranha", a Medusa, significa que todas elas estão ligadas entre si.[14] A monstruosidade de romper nossa experiência linear do tempo está ligada a um monstro que transcendeu o tempo.

Medusa's Web se concentra na questão de olhar ou não para a Medusa em suas várias encarnações de aranha. No início do romance, Ariel usa uma aranha pela primeira vez em quatro anos, e grande parte da linguagem em torno do consumo de aranhas ecoa em torno do vício em substâncias, incluindo o termo "spiderbit" ("picada de aranha", alusão às picadas no corpo dos usuários de heroína) para aqueles que usaram aranhas, mas estão tentando desistir delas. Essa empreitada é mais difícil do que parece — as aranhas aparecem em pratos e vidros quebrados, e os protagonistas muitas vezes se veem diante de uma aranha desonesta que precisa ser eliminada. Por exemplo, Scott fica desconfiado quando Claimayne diz que Ariel não vai buscar um refrigerante para ele e descobre uma aranha em uma janela rachada da cozinha, que ele devidamente quebra;[15] quando ele volta para casa em outra ocasião, descobre Ariel e Madeline presas na cozinha perto de um prato quebrado de biscoitos do qual Ariel está tentando se livrar.[16] As aranhas inesperadas precisam ser analisadas secretamente, com visão periférica, ou com óculos especiais de lentes distorcidas. Os personagens até mesmo são forçados a ver aranhas contra a sua vontade por wheelbugs, pessoas que tentam explorar os usuários de aranhas. Essa imagem dá à Medusa ainda mais liderança, tornando cada vez mais difícil não olhar para ela.

A trama depende da existência de um filme sobre exorcismo, que já pertenceu a Rudolph Valentino, mas está desaparecido nos dias de hoje. As filmagens da Medusa original foram colocadas em quadros pretos girando na velocidade correta a fim de pará-la. Vê-la causaria a paralisia da aranha original, desconectando assim a dimensão das aranhas da nossa. A única desvantagem é que quem assiste ao filme provavelmente morrerá — olhar para a Medusa continua sendo fatal. Nobremente, Scott se oferece para assistir, esperando salvar a irmã de um destino similar. Ele sobrevive, e o rolo do filme pega fogo no projetor sem lubrificação que ele usou para exibi-lo, destruindo os traços finais da Medusa original. Isso não é bem o equivalente a uma decapitação; Scott diz que a Medusa estaria saindo de nossa realidade, mas isso não é o mesmo que deixar de existir em todas as realidades.[17] O papel da Medusa em *Medusa's Web* não se envolve explicitamente com seu contexto mítico, mas se concentra nas características-chave de ver e não ver como portas de entrada para experiências monstruosas. A visão e a atitude são, até certo ponto, desativadas como métodos de interação com as aranhas menores, mas o encontro visual final com a própria Medusa permanece ao mesmo tempo procurado e evitado, desejável e perigoso.

Ênfase semelhante sobre o significado da visão para a Medusa, embora mais fundamentada em sua própria tradição mitológica, impulsiona *The Medusa Amulet* [O amuleto da Medusa], de Robert Masello (2011). O romance toma a famosa estátua da Medusa de Benvenuto Cellini e o relato na autobiografia do artista sobre conjurar espíritos no Coliseu, a fim de construir uma história de mistério e aventura baseada na ideia de que Cellini encontrou e decapitou a Medusa em um pântano místico (Figura 7.2). Ele trouxe os juncos e a água do lago de volta ao nosso mundo junto com a cabeça decapitada. Os juncos foram envoltos em prata para criar uma coroa de flores que tornava seu portador invisível. Ele posicionou um pequeno amuleto de prata com a cabeça da Medusa por fora, e um espelho por dentro, sob o qual colocou a água do lago. Se alguém olha para o espelho ao luar, não se transforma em pedra, mas em um ser imortal. O próprio Cellini passa por esse processo, assim como sua musa e amante, a modelo Caterina, e seu assistente, Ascanio. O casal é separado quando Cellini é sequestrado, e ambos assumem que o outro está morto.

Figura 7.2 *Perseu com a cabeça da Medusa*, de Cellini, Florença.

Embora essa "história de origem" seja contada em flashback ao longo do romance, a maior parte da trama acompanha as tentativas de um historiador de arte, David Franco, de encontrar a Medusa para dá-la a uma mulher misteriosa que está disposta a adquiri-la a qualquer custo (a mulher é, naturalmente, Caterina). Enquanto a própria Medusa aparece apenas no início e no fim do romance — como um monstro sibilante a ser decapitado, e depois como uma cabeça desencarnada mantida no cofre de uma casa urbana parisiense —, sua representação artística está no coração da trama. David segue pistas em papéis fornecidos por Caterina que mostram evidências de que Cellini construiu o espelho da Medusa, mas precisa lutar para além do conhecimento de que a Medusa de bronze de Perseu é a única que ele já esculpiu. Essa estátua de bronze também se torna importante para a trama, pois é por causa dela que David conhece Olivia, uma guia de turismo com um interesse peculiar por teorias da conspiração nazistas, com quem ele se envolve romanticamente.

Os nazistas desempenham mais do que um papel passageiro na trama. Enquanto a Medusa aparece principalmente como um artefato, sua monstruosidade é deslocada para outros. O amuleto foi roubado de Cellini durante a Segunda Guerra Mundial pelo próprio Hitler, que também tomou a mansão na França, o Chateau Perdu, onde Cellini se reinventou como o Marquês de Sant'Angelo depois de encenar a própria morte. Quando Sant'Angelo encontra Hitler pela primeira vez, "sente a iminência de algo poderoso... e maligno".[18] Enquanto seus subalternos tentam explicar o significado do amuleto, Sant'Angelo usa seus poderes mágicos para penetrar na mente de Hitler, apenas para descobrir que "o poder do *Führer* era maior do que qualquer coisa que ele já havia encontrado, como se ele estivesse canalizando o próprio diabo".[19] No fim, Sant'Angelo salta de uma torre do castelo para escapar, deixando o amuleto para trás. A monstruosidade da Medusa se encarna em um dos maiores monstros do século XX — e sua morte também ecoa a da Medusa. David e Ascanio infiltram-se no Chateau, pegando Hitler de surpresa. Armado com a própria *harpe* de Cellini, a espada estilo grego usada para decapitar a Medusa, David arranca a cabeça de Hitler. Ao fazê-lo, "sentiu como se a lâmina estivesse agindo por conta própria, faminta por completar uma tarefa antiga".[20] A maldição da imortalidade faz com que, pouco antes de Ascanio e David desencadearem uma explosão de gás para destruir o Chateau e seus habitantes, David tenha a experiência inquietante de ver a cabeça decapitada, viva, sob o braço de um capanga de confiança.[21]

O leitor sabe que essa não é a imaginação de David em um flashback anterior, onde a morte da Medusa foi novamente reencenada por Maria Antonieta, cuja corte Cellini frequentou sob o disfarce de primeiro Marquês de Sant'Angelo. A rainha francesa foi acidentalmente exposta ao amuleto depois que este lhe foi enviado como presente pelo Vaticano, que originalmente o confiscara de Cellini. Embora a Revolução ocorra muito cedo após a exposição para que ele tenha certeza de que ela se tornou imortal, ele a segue até a guilhotina, primeiro personificando um padre e, em seguida, fazendo-se passar por uma coroa de flores para se tornar invisível. Cellini acredita que está enganado, até que mademoiselle Tussaud vem para levar a máscara mortuária da rainha executada:

> Pegando sua escova de cabelo, Tussaud puxou as cerdas grosseiramente através do emaranhado de fios, uma, duas vezes, mas no terceiro golpe — assim como Sant'Angelo se sentiu seguro de que seus piores medos não se haviam realizado — os olhos da rainha se abriram, em uma expressão de total desnorteamento e horror.[22] [tradução livre]

O marquês rapidamente esconde a cabeça em um barril próximo, cheio de cal viva, garantindo um rápido desaparecimento, e a substitui por outra cabeça enquanto Tussaud se recupera de um desmaio. Sant'Angelo vinga-se rápida e brutalmente dos responsáveis pela execução e humilhação da rainha, marcando essa reiteração particular da decapitação da Medusa como monstruosa para sua vítima inocente e não para a maldade de seu alvo.

Tanto *The Medusa Amulet* quanto *Medusa's Web* exibem um fascínio pela cabeça da Medusa e pelo poder que ela transmite mesmo quando separada de seu corpo monstruoso. De maneira peculiar, a própria cabeça torna-se uma entidade independente, um filhote do monstro materno, mas permanece plenamente capacitada com a autoridade, o perigo e o terror da Medusa inteira. Em vez do momento da decapitação, em torno do qual gira a história de Perseu, esses exemplos encontram lugar para uma égide moderna, invocando o perigo ao invés de se desviar dele, o aviso de um monstro desmembrado, mas não desarmado.

Recuperando a narrativa

A tendência anterior de recepção leva à objetificação da Medusa e à obsessão sobre sua cabeça decapitada. Outras tendências rejeitam esse tipo de narrativa, operando com ênfase na vitimização da Medusa e procurando recuperar a história de modo a empoderar a criatura. Muitos exemplos ocorrem na ficção *young adult*, que olha para o mundo clássico em busca de inspiração. Esse tipo de literatura provou ser uma categoria de escrita incrivelmente imaginativa e engenhosa, caracterizada principalmente por ser dirigida ao público "jovem". Precisamente como isso deve ser definido é tema de considerável debate entre escritores, editoras, bibliotecas e acadêmicos, mas a maioria concorda que o "público-alvo" dessa ficção seriam os jovens no auge da adolescência, embora o verdadeiro leitor de *young adult* esteja além dessa demografia em ambas as direções, para mais e para menos.[23] A percepção popular sobre o *young adult* é que essa literatura contém principalmente romance paranormal e vampiros reluzentes, como tipicamente caracterizado pela saga *Crepúsculo,* de Stephanie Meyer (2005-2008). No entanto, o *young adult* vai muito além desses cenários, e pode lidar com situações emocionais complexas com mais honestidade e ousadia do que muita coisa chamada de ficção "adulta". Estranhamente, o *young adult* compartilha com a telefantasia a característica de ser um atrativo genérico — enquanto romances individuais se instalam (por exemplo) em uma atmosfera histórica, uma novela contemporânea ou um drama apocalíptico, o gênero como um todo é livre para viajar entre formas, dependendo de como o autor percebe as necessidades da trama (e, com toda a honestidade, foi isso o que recentemente atraiu o público-alvo variado).

Dada essa flexibilidade, era inevitável que o *young adult* se estabelecesse na mitologia clássica. Exemplos bem conhecidos incluem a popular série *Percy Jackson,* que paira na fronteira da literatura infantil com o *young adult*, e a trilogia *Jogos vorazes*, que sofre forte influência do mito de Teseu e do labirinto.[24] Quero olhar para a quadrilogia *Gods & Monsters* [Deuses e monstros], de Kelly Keaton, com sua heroína Ari Selkirk, cujo estranho cabelo prateado que se regenera sempre a marcou como diferente. Ari foi entregue para adoção aos quatro anos de idade, passou alguns anos traumáticos sob os cuidados do Estado e finalmente acabou em um lar adotivo de apoio com um par de fiadores. O primeiro romance da série, *Darkness Becomes Her* [A escuridão se transforma nela], inicia quando Ari descobre que sua mãe cometeu suicídio seis meses depois de se internar em um manicômio.[25] O romance se passa em um universo paralelo onde não um, mas dois furacões ao estilo do Katrina atingem a Louisiana e tornam a cidade de Nova Orleans irrecuperável. O Estado a vende para a Novem, nove famílias influentes que agora o dirigem como um país independente. A mãe de Ari parece ter sido uma das que sofreram de transtorno de estresse pós-traumático após os furacões, acreditando que cobras estavam tentando sair de sua cabeça — algo que soa mais do que plausível para os médicos, que sabiam que as cobras haviam sido empurradas para dentro da terra com as águas da enchente.[26]

Com o tempo se descobre que a mãe de Ari não estava imaginando coisas. A avó da jovem também morreu aos vinte e poucos anos de idade, e sua mãe antes dela. Toda a família estava sob a maldição original da Medusa, que deu à luz uma menina antes de Perseu decapitá-la. Atena persegue a descendência feminina daquele bebê desde então. Cada mulher tem que enfrentar o crescimento da górgona dentro de si quando atinge a maturidade. Como é típico dos romances *young adult*, *Darkness Becomes Her* gira em torno da questão da identidade de Ari, culminando na revelação de sua ascendência medusiana, e o segundo livro, *A Beautiful Evil* [Um belo mal] (2012), prossegue no tema enquanto Ari se conforma com sua górgona interior e o poder petrificante que pode acessar por intermédio dela. Tudo isso acontece em Nova Orleans, agora um feudo privado que sobrevive principalmente do turismo em seu cuidadosamente preservado French Quarter, mas também um paraíso para semideuses, transfiguradores, bruxas, magos, vampiros e outros seres humanos sobrenaturais. Muitos dos clichês definidores da literatura *young adult*, particularmente do romance paranormal, estão aqui presentes, mas a reimaginação da Medusa por meio de sua descendência oferece a possibilidade de um conflito particularmente contundente.[27]

O gancho ligado ao mito da Medusa a partir do qual *Gods & Monsters* cresce é a transformação da Medusa por Atena, recontada quando Ari vivencia um flashback mágico.[28] O momento do estupro de Poseidon e depois o da traição de Atena são dolorosos e confusos — "primeiro estuprada e agora culpada", diz a narrativa, trazendo explicitamente ideias contemporâneas de culpabilização de vítimas, comuns no discurso feminista em torno de como o estupro é tratado na mídia.[29] Ari é impulsionada pela raiva contra a injustiça sofrida pela Medusa, desejando explicitamente vingar-se de Atena por todo o sofrimento e dor causados ao longo das gerações desde a maldição original. Por sua vez, a apresentação de Atena nos romances afasta-se da deusa benigna que cuida da humanidade, e nos mostra uma psicopata que matou o próprio pai e muitos outros parentes divinos. Ela aparece pela primeira vez usando um traje que se movimenta, feito com a pele do titã Tifão, estabelecendo suas credenciais de vilã sem deixar margem para dúvida.[30] Sua crueldade (tanto das variedades casuais quanto das calculadas) em relação a Ari e seus amigos é baseada na crença de que, sendo sua criação, Ari é propriedade dela, para ser possuída e comandada. Em vez de enfrentar um diretor de escola, como pode ocorrer em outros livros do gênero, Ari deve enfrentar um sistema disciplinar, uma pseudofamília abusiva, criada e articulada pela própria deusa da guerra.

A crescente confiança de Ari em sua górgona interior aborda naturalmente o tema *young adult* da reconciliação com nossos demônios pessoais. Há também o demônio literal que deve ser controlado, e esse aspecto fala de uma parte mais obscura da mudança de identidade adolescente, do avanço em direção à maturidade sexual, independência e, de fato, ao entendimento do que significa ser *mulher* em uma sociedade patriarcal e misógina. Conhecemos Ari aos dezessete anos, após o momento da menarca, e os livros acompanham sua transição para fora do ensino secundário e para o mundo adulto. Sua autonomia e atitude sexual a marcam como socialmente diferente — talvez não tanto no mundo desenraizado e antinatural de Nova Orleans, mas certamente no mundo não perturbado pelos furacões. A feminilidade de Ari, em todas as suas formas, é explicitamente monstruosa por sua ancestralidade e implicitamente por sua rejeição às expectativas estereotipadas de gênero.

No entanto a monstruosidade de Ari, inicialmente assustadora e alienante, torna-se fortalecedora à medida que ela se reconcilia com seu próprio corpo e habilidades. Posicionar uma Medusa como heroína da quadrilogia recupera o monstruoso, especialmente no que diz respeito à tradição misógina que gira em torno das Medusas contemporâneas. A identidade de Ari como o Deus Assassino torna-se um atributo positivo, a liberdade sexual um sinal de seu compromisso com a comunidade por ela adotada e com a humanidade (por mais incomum que seja); apesar das tentativas de Atena de fazê-la se ver como feia, os que estão ao redor a consideram bela. Recuperar o monstro nesse caso não significa enfraquecê-lo; toda a narrativa de Ari se concentra em assumir o controle desse poder e desenvolvê-lo em seu potencial máximo. O monstro precisa ser liberado e não contido para derrubar o regime repressivo e abusivo de Atena.

Uma narrativa alternativa de recuperação impulsiona *The Deep End of the Sea* [O fundo do mar profundo], de Heather Lyons (2014). Lyons escreve para o gênero *young adult* e também para o *new adult* mas identifica *Deep End* como um "romance mitológico adulto" na área de perguntas frequentes do seu site.[31] Assim como *Gods & Monsters, Deep End é* escrito na primeira pessoa, colocando o leitor literalmente dentro da pele da Medusa. O romance se passa no mundo contemporâneo, enquanto Hermes finalmente convence Medusa a deixá-lo levar seu caso à Assembleia dos deuses gregos, para forçar Atena a rever o castigo. A Assembleia delibera a favor da Medusa, obrigando Atena a reverter a maldição. Medusa acaba vivendo na casa de Perséfone e Hades no Olimpo enquanto se recupera e aprende a usar as pernas novamente. Ela também percebe aos poucos que Hermes tem se apaixonado secretamente por ela nos últimos dois milênios, permitindo-lhes finalmente consumar sua relação.

Apesar das tentativas dos outros deuses de escondê-lo dela, Medusa descobre que Poseidon a persegue, convencido de que pertence a ele por causa do estupro original (uma peculiaridade dos deuses é o fato de que, quando se apaixonam, é para sempre). Após uma tentativa de sequestro e de Poseidon ter levantado um caso contra Hermes na Assembleia, Medusa é enviada para se esconder em Jackson, Wyoming. Ela precisa lidar com a possibilidade de nunca mais ver Hermes, e enfrentar a inevitável dor de perder uma relação romântica depois de ter acreditado por tanto tempo que sua monstruosidade havia tornado tal coisa impossível; ela também tem, finalmente, espaço e tempo para refletir sobre a experiência de ter sido estuprada e para recuperar essa parte de sua vida. Além de ter aulas de autodefesa, ela finalmente reúne coragem para participar de um grupo de apoio a sobreviventes de estupro e agressão sexual, e chega a uma conciliação interna não só com a experiência (que ainda lhe provoca flashbacks), mas também com seus sentimentos sobre si mesma, Poseidon e, de fato, Atena.

Lyons concentra-se no impacto emocional de ser uma vítima não reconhecida durante um período tão longo. A Medusa internalizou muito ódio enquanto estava isolada em uma ilha no meio do mar, ao contrário dos rumores de seu falecimento nas mãos de Perseu. A extrema fisicalidade das emoções que ela experimenta se manifesta em uma cena particularmente dramática na qual Atena é obrigada a reverter sua maldição perante a Assembleia:[32]

Atena olha para os pés.

— Ela profanou a santidade do meu templo com a sua libido excessiva. Vadia!

Um punho imaginário me dá um soco no estômago. Antes de eu quebrar as regras e começar a gritar, Hermes também se levanta, visivelmente trêmulo.

— Você acha que ela *escolheu* isso? Ela foi *estuprada*, sua idiota!

Suas palavras ecoam por toda a sala. Não consigo olhar para Poseidon, mas sei, apenas sei que ele ainda está me encarando.

As mãos dele, em mim. Sangue, no chão. [tradução livre]

As questões centrais de culpabilização da vítima, da responsabilidade e da imunidade divina se unem nessa cena-chave do julgamento, quando a Medusa não só é incapaz de falar como está proibida de fazê-lo. Deve confiar em Hermes para falar por ela enquanto busca justiça. Sua autonomia se desenvolve ao longo do romance, até que ela dá um chute profundamente satisfatório em Poseidon, que não consegue entender que ela escolheu Hermes em vez dele.[33]

A suspensão da maldição é apenas o primeiro de muitos passos na recuperação da Medusa, embora tenha o efeito imediato de remover a cauda da cobra e "as Meninas", como ela se refere às cobras em sua cabeça. A restauração de seu cabelo e pernas normais marca a remoção da monstruosidade visível e o perigo que a Medusa representa para qualquer pessoa que olhasse em seus olhos. Também são removidas obstruções físicas à intimidade — embora não se faça menção à biologia envolvida no retorno de suas pernas, é significativo que seu encontro sexual inicial com Hermes seja enquadrado como ou primeiro desde que Poseidon a violentou, implicando que a maldição de Atena removeu sua genitália e, consequentemente, a capacidade física para o prazer sexual. A liberdade de finalmente olhar Hermes nos olhos sem o medo de transformá-lo em pedra remove outra barreira à intimidade — como ficou claro nas cenas de abertura, a Medusa sempre se embrulha em tons espelhados quando ele a visita, protegendo tanto a ele da petrificação quanto a ela da culpa de machucá-lo, mas também criando um obstáculo efetivo entre os dois.

A remoção do que a Medusa percebia como traços de monstruosidade, tanto em termos de sua forma quanto de seu poder mortal, poderia ser assumida como o fim da história de recuperação, mas o que *Deep End* deixa claro é que os danos causados vão além da superfície. A Medusa deve reconstruir sua confiança, assumir o controle de sua própria sexualidade, enfrentar o trauma e confrontar o agressor antes de seguir em frente com sua vida. A monstruosidade física da Medusa torna-se uma metáfora da violência física do estupro e do dano que causa ao corpo, enquanto a jornada emocional continua a refletir os tipos de danos psicológicos que os sobreviventes do estupro e do abuso sexual precisam confrontar. O uso de um grupo de apoio verdadeiro localizado na América moderna, onde a Medusa reúne suas forças às de outras mulheres que vivenciaram experiências semelhantes, enquadra explicitamente a experiência da Medusa com o estupro (pois está inquestionavelmente posicionada ao longo do romance) e faz sua jornada emocional refletir a das mulheres modernas. O romance torna-se, se não terapêutico, certamente inspirador, um conto (como diz a capa do livro) "sobre reivindicar uma vida após a tragédia".

Deep End devolve à Medusa sua autonomia, sem que ela se veja ofuscada pela injustiça que sofreu ou pelo impacto que isso exerceu em sua vida. O livro situa a monstruosidade não na aparência da Medusa, mas no mal que lhe foi feito. No fim do romance, não só a Medusa recupera a aparência humana e o senso de identidade como descobre que é realmente uma deusa, transcendendo o problema que a mortalidade representava para sua relação com Hermes. Ela foi transformada pela experiência e recebeu a chave para sua verdadeira identidade divina, que de outra forma poderia ter ficado escondida. A própria Medusa é libertada da monstruosidade, humanizada e atualizada, enquanto o horror de monstro é depositado em Poseidon, o agressor e perseguidor. Essa mudança que busca dar poder à Medusa não difunde sua monstruosidade inerente, mas revela onde reside o verdadeiro monstro: no macho predador, cheio de si e manipulador.

Medusa no espaço

Embora meus estudos de caso até agora tenham tornado a Medusa fácil de ver e ser vista, ela também encontra formas mais alusivas de se manifestar. Um exemplo dessa recepção oblíqua vem de *As crônicas de Medusa,* de Stephen Baxter e Alastair Reynolds (2016). O romance é uma extensa homenagem à novela de Arthur C. Clarke *A Meeting with Medusa* [Um encontro com a Medusa] (1971).[34] O herói da história, Howard Falcon, sofre um acidente catastrófico em um dirigível e é trazido de volta à vida em uma cirurgia pioneira que lhe permite encontrar formas inteligentes de vida alienígena durante a primeira missão tripulada para Júpiter. O romance termina com Falcon se dirigindo a uma entrevista coletiva e com a observação ameaçadora de que ele será necessário como intercessor entre máquinas e homens no futuro — e é esse futuro que Baxter e Reynolds exploram.

As crônicas de Medusa têm seu nome ostensivamente ligado às inteligências alienígenas encontradas por Falcon, que ocupam uma das camadas mais externas de Júpiter. Trata-se de criaturas imensas, parecidas com águas-vivas e que flutuam através de vapor d'água:[35]

> O *Ra* era uma tremenda embarcação, tendo seu envelope de hidrogênio aquecido por fusão mais de oitocentos metros de comprimento. Mas a medusa tinha mais de três vezes esse tamanho, um continente ovoide de carne cremosa do qual pendia aquela floresta invertida de tentáculos, alguns tão grossos quanto troncos de um carvalho, Falcon percebeu, e alguns tão finos que terminavam em curvas mais estreitas e flexíveis que os dedos humanos. [tradução livre][36]

Como Falcon aprendeu após longa e paciente observação, o planeta Júpiter medusiano tem uma cultura complicada, usando canções para compartilhar memórias de indivíduos e eventos.[37] As medusas tornam-se emblemáticas do fascínio mais amplo de Falcon por Júpiter, e da natureza misteriosa do seu núcleo interior. Seu amor por elas como espécie é usado como alavanca para forçá-lo a agir como suposto embaixador da paz pelas máquinas na fase final do romance, ambientado no ano 2850. Essas criaturas pacíficas parecem não se inter-relacionar com seu predecessor clássico.

No entanto, a Medusa sofreu uma remodelação radical. Eu diria que devemos ler o próprio Falcon como uma figuração da Medusa, recorrendo a alusões monstruosas e ao hibridismo. Como o romance original de Clarke estabeleceu, apenas a cirurgia ciborgue experimental nos anos

2080 foi capaz de salvar a vida de Falcon. *As crônicas* deixa claro que ele ocupa posteriormente uma posição única, pois a tecnologia utilizada para mantê-lo vivo não se torna o caminho preferido da humanidade para prolongar a vida. Em parte, esse é o resultado da evolução das máquinas inteligentes, que desaparecem no final do século XX e reaparecem como raça soberana e não servil. Falcon, com suas poucas partes biológicas restantes presas dentro de um chassi mecânico, vem para representar uma aliança conturbada entre humanos e máquinas, exatamente ao mesmo tempo que as respectivas nações se preparam para o envolvimento em uma guerra cada vez mais destrutiva. As decisões tomadas pelos cirurgiões de Falcon na década de 2080 acabam por provocar consequências muito graves, pois sua forma ciborgue o leva a se tornar ao mesmo tempo útil como um embaixador apropriado para as máquinas e suspeito por ser parecido demais com elas para alguém confiar.

A mecanização de Falcon significa que um fluxo constante de atualizações, refinamentos, revisões e intervenções tecnológicas similares é necessário para mantê-lo funcionando. Sua forma e sua aparência mudam constantemente, embora o rosto permaneça o mesmo — como descrito na abertura do romance por um capitão de navio, "o rosto que sua mãe lhe deu, mesmo que tenha se tornado uma máscara um tanto imóvel". [tradução livre][38] A crescente competência humana em engenharia eletrônica torna sua forma física mais sensível e móvel, mas, ainda assim ele permanece máquina, nunca se tornando totalmente antropomórfico. As reações de alguns de seus colegas de audiência quando ele assiste à primeira apresentação de uma sinfonia "neutrina" na Antártica, por volta de 2108, são interessantes:

> Ele ouviu poucos insultos diretos naquela noite, mas conseguiu preencher as lacunas: que ele não era humano nem máquina, mas uma mistura antinatural. Seus movimentos eram estranhos, lembravam os de um inseto, como se, debaixo de sua casca metálica, ele não fosse um homem, mas uma barata gigante em posição ereta. Que ele era, em suma, uma obscenidade. [tradução livre][39]

O que faz de Falcon uma Medusa é seu hibridismo — a meio caminho entre humano e máquina, nem um nem outro, cruzando a fronteira entre o "nós" e o "outro", em um gênero que se preocupa com a influência da tecnologia e o lugar do homem na era do progresso. Seu rosto torna-se aquilo que está congelado, e não o que congela. As tentativas de salvar sua vida o tornaram monstruoso. O fato de Falcon ser identificado como pertencente ao gênero masculino é um artefato da história original de Clarke que inspirou o romance, mas a mudança de gênero serve para ressaltar tanto a tendência da ficção científica a priorizar o sexo masculino quanto a versatilidade do monstro clássico para assumir a forma necessária a cada novo ambiente.[40]

No desfecho do romance, Falcon e seu homólogo robô Adam são ambos sacrificados pelas suas respectivas comunidades. Eles se encontram nas camadas externas de Júpiter para negociar a paz; quando Falcon aperta a mão robótica de Adam, ele também transfere um vírus lógico através da tecnologia que os humanos roubaram das máquinas. A única maneira possível de salvar as máquinas da contaminação é que ambos caiam no coração de Júpiter — um nobre autossacrifício em nome, espera-se, da paz. No processo de queda, Falcon e Adam encontram pressões cada vez mais severas. Adam é capaz de anestesiar seu corpo mecânico para sobreviver, mas os antiquados sistemas mecânicos e componentes biológicos de Falcon não têm qualquer chance. Adam oferece a ele, em primeiro lugar, a chance de ser contido dentro de seus próprios mecanismos, e depois, lenta mas seguramente, de ser assimilado pela máquina para sobreviver e continuar a jornada até o coração do planeta. Finalmente, Adam lança o que resta dos neurônios de Falcon, e replica sua fiação neural dentro de uma estrutura que pode sobreviver às intensas pressões do seu ambiente:

> Então Howard Falcon completou a longa jornada que começou com o acidente do *Queen Elizabeth*. Ele havia ficado entre dois mundos por tempo suficiente, entre o humano e a máquina — útil a ambos, porém sem o voto de confiança de nenhuma das partes.
>
> Temido por todos.
>
> Agora ele e as Máquinas eram um só. [tradução livre][41]

Com a expulsão final de toda matéria biológica, a incorporação de Falcon à máquina torna-se completa — e Adam torna-se o motor da replicação da humanidade, combinando-os na entidade a que o romance então se refere como Falcon/Adam, contendo duas consciências distintas em um único ser físico. O processo de conversão é implementado sobre Falcon por Adam, mas acaba transformando ambos.

Enquanto a Medusa aparece em *As crônicas de Medusa* mais indiretamente do que em meus outros estudos de caso, ela permite uma exploração da monstruosidade mecânica, ou melhor, de seu potencial para causar medo. As circunstâncias únicas de Falcon o posicionam como o interrogador ideal do pavor de máquinas, enquanto sua assimilação final prefigura a destruição do binário humano/máquina. A presença da Medusa sob a superfície da narrativa emerge nesses momentos de crítica tecnológica e hibridismo, revelando que *As crônicas de Medusa* situa a monstruosidade muito mais na Terra do que em Júpiter.

Recuperando Rihanna

Minha Medusa final é, na superfície, ao mesmo tempo profundamente desinteressante e exaustivamente previsível em sua misoginia. A edição de dezembro de 2013 da revista masculina *British GQ* comemorou seu vigésimo quinto aniversário com um ensaio fotográfico dirigido e concebido por Damian Hirst com a cantora Rihanna. Nessa sessão, Rihanna assumiu a persona da Medusa. As fotos a exibem em meio a uma explosão de serpentes inseridas por computador, uma (por coincidência?) tanga prateada em forma de concha, lentes de contato para dar um ar reptiliano aos olhos e não muito mais do que isso além de uma ocasional e útil píton. Trata-se, ao que parece, de um desenvolvimento do tema Medusa Bela e das ideias associadas ao monstruoso feminino, a mulher que deve ser conquistada devido ao perigo que representa, que por sua vez está ligado ao seu poder sexual implícito. Uma Medusa serpenteada e quase nua toma a ameaça sexual implícita que ela representa para Perseu e sua busca de felicidade heteronormativa com Andrômeda e a reifica. Uma estratégia de venda da *GQ* e de revistas masculinas similares têm sido maquiar as fotos lascivas de celebridades, superficialmente, com a sofisticada combinação de um tema clássico com a contribuição visionária de um jovem artista proeminente da Young British Artists.[42]

As fotos também se baseiam na tradição de ver o "outro" racializado como um símbolo do exótico. Esse hábito colonial remonta à exposição pública de Saartjie Baartman como a "Vênus Hotentote" em diversas capitais europeias no início do século XIX, onde o principal interesse dos espectadores era o tamanho das nádegas de Baartman.[43] A exibição de corpos negros para o prazer visual dos espectadores brancos, muitas vezes usando o pretexto da observação científica para justificar o abuso sexual, transformou habitantes de países colonizados em aberrações que vão contra a norma civilizada e, portanto, objetos que podem ser objetificados. Enquanto a aparência de Rihanna na capa da *GQ* a apresenta como bela, de uma forma que foi impossibilitada a Baartman, o aumento da presença de corpos racializados apresentados positivamente na cultura popular não remove suposições históricas racistas sobre esses corpos e seu comportamento.[44] O fato de Rihanna figurar como um monstro real acrescenta uma camada de racismo historicamente informado ao sexismo já em exibição.

No entanto, há mais coisas em jogo nessa escolha de imagem do que parece. Em primeiro lugar, a Rihanna/Medusa de Hirst foi necessariamente *construída* — uma das fotos do ensaio mostra Hirst ajeitando uma cobra em cima de uma cabeça de gesso com uma rede de malha, presumivelmente para ser digitalmente adicionada à foto original de Rihanna. Consequentemente, a imagem é entendida como real e não real, cruzando os limites da ordem e controle; a capa da revista apresenta a Medusa-Rihanna como um chamariz para os leitores entrarem no universo *GQ*, celebrando a ficção da "vida *GQ*" que a revista vendeu durante um quarto de século. A ousadia de colocar a Medusa na capa também gera esse frisson de perigo, ainda que um propósito revisado em uma cultura onde fotografias seminuas do corpo da mulher não sejam tão aceitáveis como antes — será que a Medusa vai transformar você em pedra por vê-la despida? A Medusa ameaça tanto o leitor quanto a própria revista com a destruição.

A escolha da Medusa como avatar de Rihanna também merece um exame mais demorado. Na época em que o ensaio foi realizado, Hirst estava trabalhando em sua exposição em Veneza, *Treasures from the Wreck of the Unbelieveable* [Tesouros do naufrágio do inacreditável]. A concepção da exposição é que as peças foram resgatadas de um naufrágio na costa da África Oriental, uma ficção não implausível, dado o número de objetos de bronze gregos e romanos que têm proveniência semelhante. A tradição de que a própria Medusa veio da Líbia ou de algum outro lugar do norte da África também poderia ser projetada na localização do navio naufragado.[45] A criação de Hirst consistia em contar histórias no sentido mais amplo, tanto sobre a construção do mundo histórico e museológico que rodeava sua arte quanto sobre as próprias estátuas. O espetáculo como um todo mostrou a forte influência de Ray Harryhausen. Um par de esculturas de Kali lutando contra uma hidra (uma incrustada de coral, a outra não) foi claramente inspirado na cenografia de Harryhausen em *Jasão e os Argonautas* (1963) e *A nova viagem de Simbad* (1973). Não surpreende que a cabeça decepada da Medusa tenha lugar na exposição, embora não se esperasse que a mesma cabeça aparecesse três vezes, em cristal, malaquita e ouro, a expressão facial ligeiramente diferente em cada caso. Tendo feito de Rihanna uma Medusa viva, Hirst ficou feliz em matar sua criação, levando o mito ao seu fim natural, embora transformando em pedra a cabeça, e não o espectador.

Em uma entrevista para a *GQ* sobre a sessão de fotos da capa, Hirst oferece motivos entusiasmados, embora vagos, para trabalhar com Rihanna.[46] A montagem da exposição estava em andamento, e Rihanna parece ter ficado tão entusiasmada quanto Hirst diante da oportunidade oferecida pela *GQ*. Mas o que em particular provocou a identificação de Rihanna com a Medusa? Não foi a única vez que ela recorreu ao mundo clássico para moldar sua autoapresentação. Ela usa constantemente a mitologia egípcia como ponto de referência para sua persona, incluindo uma tatuagem da deusa Ísis ajoelhada com as asas estendidas sobre o peito. Em novembro de 2017, ela apareceu na capa da *Vogue Arábia* como rainha Nefertiti, gerando tanto entusiasmo quanto reclamações sobre uma mulher negra de Barbados representando a rainha em vez de uma mulher árabe ou negra africana. A longa ligação de Rihanna com a mitologia egípcia deixa um caminho fácil para o público familiarizado com sua imagem de estrela "ler" e entendê-la como Medusa.[47]

Em seu engajamento deliberado com a história, ela percorre o mesmo caminho de Beyoncé, cujas fotografias oferecem uma aula magistral de recuperação da iconografia estabelecida da arte ocidental e de combinação entre esta e as tradições visuais africanas para moldar sua imagem pública. A foto que acompanhou o anúncio da gravidez de Beyoncé em 2017 evocava fortemente a tradição visual associada à Virgem Maria, em particular a auréola de flores e o manto azul da Virgem de Guadalupe.[48] Mais recentemente, o vídeo de "APESHIT", de The Carters (a dupla de Beyoncé com o marido, Jay-Z) foi filmado no Museu do Louvre. O vídeo apresentou movimentos de dança hip-hop e cenas da vida negra americana, entrecortadas com obras icônicas da tradição artística europeia — incluindo *A balsa da Medusa* (1818-1819), de Géricault. Para Rihanna, alinhar-se deliberadamente com a antiguidade como forma de controlar sua própria imagem seria um meio de entrar em um discurso de autoridade do qual pessoas não brancas têm sido historicamente excluídas propositalmente.

Nessa perspectiva, a escolha da Medusa e seus cabelos serpentinos adquire um significado extra. As hipóteses de origem africana da Medusa levaram-na a ser interpretada como uma mulher negra com dreadlocks que foi transformada em monstro pelos europeus. Essa leitura foi, por exemplo, crucial para a poetisa londrina Dorothea Smartt na construção de seu monólogo feminino *Medusa* em 1993:[49]

> Pensei comigo mesma: a Medusa era provavelmente uma mulher negra de cabelo crespo, e algum homem branco a viu e gritou: um monstro!, e a temeu, e assim contou histórias sobre seu potencial perigoso. Para analisá-la com mais clareza, estudei antropologia e pensei nos primeiros encontros que homens brancos tiveram na África, e como eles poderiam ter visto e temido essas estranhas e fantásticas criaturas: as mulheres negras. O que os primeiros exploradores viram ou pensam que viram? Isso é o que eu pergunto, de certa forma, na performance.

A interpretação de Smartt baseia-se na história, uma vez que é sabido que a população negra escravizada dos EUA teve a cabeça raspada como uma das muitas maneiras de separá-la de sua cultura doméstica, e depois foi forçada a improvisar formas de cuidar de um cabelo que diferia significativamente em textura do de seus escravizadores brancos.[50] As diferenças no cabelo e na pele também contribuíram para uma hierarquia dos escravizados: aqueles com a pele mais clara e o cabelo mais liso recebiam tarefas domésticas de maior facilidade para executar, e aqueles com a pele mais escura e o cabelo mais crespo e encaracolado foram designados para o trabalho no campo. O colorismo continuou após a emancipação, pois a sociedade como um todo aceitava melhor os negros com pele mais clara e cabelo mais liso, daí a promulgação de produtos branqueadores de pele e tratamentos capilares que prometiam suavizar o caminho para o emprego, o casamento e a integração social por meio do apagamento das texturas crespas. A dolorosa história por trás do cabelo do negro significa que ele ainda é categorizado como "bom" ou "ruim", dependendo de quão rebelde ou frisado seja, e que termos como cabelo "duro" ainda podem ser usados como um insulto.

Houve muita reação contra a imposição desse padrão de beleza branca nos corpos negros, até porque existem múltiplas culturas de cabelo entre a comunidade afro-americana. No período entre guerras, as mulheres da Igreja de Deus em Cristo, uma denominação pentecostal, mostraram seu compromisso com o Espírito Santo e viveram uma vida santificada por meio de sua aparência externa, ou seja, as roupas claras e o cabelo mais natural possível as diferenciavam de outras mulheres negras em áreas urbanas.[51] Por um breve período, nos anos 1960, a ascensão do movimento Black Power fez do uso do cabelo natural e afro um sinal explicitamente político de orgulho racial, particularmente nos *campi* universitários. Embora a aceitação gradual do uso do cabelo natural pela cultura branca tenha aberto opções de estilo, as mulheres negras ainda experimentam a microagressão regular de pessoas que tocam seus cabelos sem permissão — esse tipo de encontro indesejado é tão comum que uma artista chegou a criar um game para destacar sua ubiquidade.[52]

Nesse contexto, possuir serpentes no lugar do cabelo muda as regras do jogo. Ao optar por se tornar a Medusa, Rihanna inverte a associação do cabelo "bom" com o padrão liso e maleável, abraçando a intranquilidade inerente às serpentes. Elas têm autonomia para resistir a qualquer forma de controle que lhes possa ser imposta, fugindo de hierarquias de textura de cabelo nas formas mais extremas. No entanto, se esses dreads exóticos forem tratados como propriedade pública, para serem abordados sem permissão, para serem tocados sem aviso prévio, não o suportarão passivamente.

Eles vão picar. Eles incorporam a ameaça e a desordem que a supremacia branca vê nos cabelos das mulheres negras e, por sua vez, oferecem proteção contra os sistemas institucionalizados de violência que historicamente desvalorizaram e danificaram aqueles que ostentam tais cabelos.

Por fim, o mito da Medusa teve um significado particular para Rihanna em 2013. Em março de 2009, após a ampla circulação de fotos mostrando seu rosto gravemente ferido, seu parceiro, o cantor Chris Brown, foi acusado de agressão e de fazer ameaças criminosas. Brown declarou-se culpado de agressão criminal em junho. Rihanna cultivou uma persona pública que reconheceu o abuso sofrido no passado enquanto o associava à violência erótica como uma preferência sexual, em particular nos álbuns *Rated R* (2009) e *Loud* (2010), o último dos quais começava com uma canção intitulada "S&M".[53] O casal parecia estar reconsiderando o relacionamento ao longo de 2012, com Rihanna confirmando à *Rolling Stone*, em janeiro de 2013, que haviam começado a namorar novamente. Brown afirmou que o relacionamento tinha terminado em maio. O ensaio da Medusa foi realizado em setembro, tendo sido proposto dois meses antes.

Rihanna havia passado os quatro anos anteriores ao ensaio no centro de uma discussão sobre violência doméstica que recebeu alta visibilidade, alimentada pela indústria de fofocas de celebridades e pela crescente proeminência das mídias sociais. Sua identidade como vítima/sobrevivente/facilitadora havia sido debatida e dissecada em centenas de fóruns, com diferentes graus de empatia. Muitos sentiam que ela havia sido muito indulgente com Brown considerando o comportamento dele para com ela, rejeitando ativamente padrões sociais aprovados de como se lidar com os perpetradores.[54] Assumir a identidade de uma das mais famosas vítimas da violência sexual no mundo antigo, trazê-la de volta à vida e, sem se desculpar, colocar-se no centro da atenção do público, desafiando-o a olhar em seus olhos, torna-se um posicionamento no diálogo entre Rihanna e seu público, outro elemento que compõe sua imagem de estrela. Ao assumir o poder do monstro de maneira explicitamente fantástica, ela aumenta as fantasias de violência feminina e de vingança contra homens abusivos que haviam figurado em seus álbuns pós-Brown — só que, dessa vez, seu olhar estende a vingança a todos os que procuram desumanizá-la, e não apenas ao seu agressor.

***

Traçar tendências sobre a história da Medusa nos ajuda a enxergar pontos de poder particular na narrativa, no quais o monstro se apoia para mais facilmente transbordar e se reimaginar. Certamente, o mito subjacente apresenta uma estrutura geral, com uma gramática fixa e uma sequência de eventos. Entretanto, assim como os escritores da antiguidade se sentiam bastante confortáveis em explorar variantes míticas, as recepções modernas se desenvolvem a partir de diferentes nós no caminho narrativo, ajudando o monstro a modificar qualquer aspecto de sua monstruosidade que seja mais adaptável. O momento da decapitação e morte de Medusa pertence a Perseu, e, como tal, coloca a Medusa como antagonista que deve ser derrotada, independentemente de onde e quando esse conto for relatado. Mas o perigo de seu olhar, o horror de seu estupro e sua dualidade inerente entre humana e não humana oferecem espaços poderosos e férteis dos quais podem brotar novas encarnações.

8

PERDIDOS NO LABIRINTO DO MINOTAURO

O escândalo familiar cresceu, e o abominável adultério da mãe ficou exposto pela estranheza de um monstro de forma dupla; Minos resolveu remover a vergonha de seu casamento, e aprisioná-lo dentro de uma casa com muitos lugares sinuosos e moradias sem luz.

Ovídio, *Metamorfoses* 8.155-8

A lenda conta que o Minotauro nasceu da união bestial entre humano e animal, e da ganância do homem. Para conquistar o trono de Creta, Minos se sacrificou a Poseidon, pedindo um sinal de que os deuses desejavam que ele se tornasse rei. Poseidon enviou um touro magnífico do mar, mas, em vez de sacrificá-lo como havia prometido, Minos guardou-o para si e o substituiu por outro animal. Os deuses não olham com bons olhos para aqueles que desconsideram suas ordens, e Poseidon não foi exceção. Como vingança, ele fez a esposa de Minos, Pasífae, arder de desejo pelo touro. Para satisfazer seu anseio, antinatural tanto no objeto quanto na causa, ela convocou o mestre artesão Dédalo, que criou para ela uma vaca de madeira oca, coberta de couro de vaca. Enquanto ela estava dentro do simulacro, o touro veio e acasalou com ela como se fosse uma vaca de verdade. Dessa união entre espécies nasceu o Minotauro, metade homem, metade touro, sinal da desgraça de Minos. Minos recorreu novamente a Dédalo, que construiu um labirinto sinuoso no qual o rei trancou o monstro, longe dos olhos de todos, mas não esquecido — oferendas atenienses de jovens homens e mulheres eram trazidas todos os anos para alimentar a besta, até que Teseu, recém-reconhecido príncipe de Atenas, foi enviado como tributo e partiu como conquistador, levando consigo a meia-irmã do Minotauro, Ariadne.

O mito do Minotauro, comparado com o da Medusa, é relativamente estável em nossas fontes antigas.[1] Às vezes ele é chamado de Astério, outras simplesmente de Minotauro. Higino nos conta que a paixão de Pasífae veio como castigo de Vênus, a quem ela não havia oferecido sacrifícios por muitos anos.[2] A bestialidade continua sendo o castigo por desonrar os deuses. Os contos que se espalham do Minotauro — a viagem de Teseu de volta para casa em seu navio malconduzido e mal conservado, o abandono de Ariadne, a prisão de Dédalo e o voo desastroso de Ícaro —, tudo isso surge da narrativa central em que o Minotauro é criado pela loucura dos homens, contido pela vergonha dos pais e alimentado pela carne humana.

Ovídio refere-se ao Minotauro como "meio homem e meio touro" (*Ars Amatoria* 2.24); representações visuais em livros infantis captam a variedade possibilitada por essa descrição. Alguns dão ao Minotauro um corpo perfeitamente humano e a cabeça de um touro, enquanto outros promovem uma transformação na cintura.[3] Enquanto certas representações modernas o mantêm como um monstro devorador cuja derrota por Teseu marca o fim de um reinado de terror, outras exploram os aspectos do aprisionamento de uma criatura que, via de regra, não tem culpa nenhuma. A leitura empática do Minotauro leva a explorações de como seria a vida para o monstro fora do labirinto — embora muitas vezes os dois estejam inextricavelmente ligados.

As leituras psicanalíticas do mito do Minotauro têm sido tão proeminentes quanto as da Medusa. Uma interpretação freudiana do mito vê o labirinto como a psique humana, o lugar para enclausurar o bestial dentro de nós mesmos; refazendo os passos de Teseu, derrotamos o Minotauro como um ato de repressão — mas que não derrota o verdadeiro monstro, que somos nós mesmos, já que somos nós que projetamos a besta que matamos.[4] Há um apelo simbólico em ver a mente humana como um labirinto com um monstro no meio a ser desvendado, particularmente como uma alegoria para a psique que procura confrontar o lado animalesco reprimido, mas sempre temendo seu retorno. Jung via o Minotauro como uma das encarnações da temível Grande Mãe, que o herói deve derrotar em sua jornada para chegar ao eu independente, com a entrada no labirinto como um retorno simbólico ao útero. A força dessa imagem para entender as batalhas contra nossos monstros interiores tem sido particularmente apelativa na era pós-psicanalítica. O trabalho de Picasso, por exemplo, nos mostra um Minotauro que ama, bebe, dorme e estupra, usando o monstro como uma forma alegórica de articular os sentimentos do pintor sobre masculinidade e poder (Figura 8.1).

As escavações de Arthur Evans em Cnossos, em Creta, no início do século XIX, ofereceram uma rota mais imaginativa para a lenda. A ligação mitológica do Minotauro com Creta fez com que os atraentes achados arqueológicos da escavação — incluindo as pinturas de taurocatapsia e o ritão (vaso de libação) ricamente decorado com a cabeça de touro, feito de serpentinito — criassem terreno fértil para reimaginações etiológicas do mito. Dito de outra forma, os achados evocativos permitiram aos autores perguntar qual era a *verdadeira* história por trás do Minotauro. Um exemplo profundamente influente (certamente no que me diz respeito) foi o romance *The King Must Die* [O rei deve morrer] (1958), de Mary Renault, contado na primeira pessoa da perspectiva de Teseu, no qual "Minotauro" se torna o título honorífico usado para se referir ao herdeiro do rei, e o temível ser metade homem metade touro é criado através de uma máscara cerimonial, feita de ouro com olhos de cristal. A possibilidade de recapturar a história "verdadeira" do monstro, não uma característica particularmente proeminente, como acontece com a Medusa, apresenta um caminho diferente para a cultura popular explorar como pode parecer a besta que habita dentro do ser humano.

Como no caso da Medusa, não estou tentando criar um quadro completo de avistamentos de monstros, para catalogar e classificar dentro de limites precisos (uma lista que ficaria obsoleta tão rapidamente que nem daria tempo de chegar à minha editora). Em vez disso, quero delinear a paisagem, as planícies e saliências que caracterizam o terreno que o Minotauro percorre. Nas páginas a seguir, não vou retornar aos assuntos cobertos pelas discussões sobre o Minotauro cinematográfico nos capítulos 3 e 4; em vez disso, vou me mudar para um novo território.

Figura 8.1 *Minotauro bebiendo con una muchacha* [Minotauro bebendo com uma garota], de Pablo Picasso.

Minotauros em Londres

O que o lugar e o espaço têm a dizer ao Minotauro, que está tão ligado ao seu labirinto quanto Dick Whittington* está a Londres? O Minotauro, inclusive, é deslocado para Londres com uma frequência talvez surpreendente. O encontro entre o monstro e a cidade parece à primeira vista um pouco anômalo, mas comparar três exemplos de diferentes Minotauros (e diferentes Londres) traz à tona algumas questões centrais em jogo nas decisões que a cultura popular toma sobre a representação da criatura.

O primeiro exemplo ocorre em *Neverwhere* [Lugar nenhum] (1996), de Neil Gaiman, no qual Richard Mayhew é tragado da capital para a

* Dick Whittington (*c.* 1354-1423) era um camponês pobre quando chegou a Londres, sonhando fazer fortuna. Acabou enriquecendo como comerciante e se tornou prefeito da cidade por três mandatos. Sobre ele correm diversas lendas, entre elas a de que teria acumulado muitas riquezas por ter colocado seu gato para trabalhar durante uma infestação de ratos [N. E.].

cidade paralela de "Londres de Baixo"; ele deve passar por muitas provações para salvar sua companheira, lady Door, e, enquanto isso, começa a pertencer mais à cidade inferior do que à superior. Um ponto significativo nessa jornada ocorre quando ele e seus companheiros devem passar por um labirinto habitado pela Besta de Londres. Esse episódio remete muito ao mito do Minotauro, até porque a palavra "labirinto" é usada para descrever a morada da Besta. Quando Richard e seus companheiros veem a besta pela primeira vez, a descrição é deliberada e vastamente bestial — Richard pensa: "Era do tamanho de um boi, de um touro gigante, de uma vida inteira."[5] A Besta se expande para conter todas as bestas possíveis, ferindo um dos companheiros de Richard, e, quando este a mata, sua experiência sensorial avassaladora é sobre "o fedor de excremento e sangue de animal".[6] Richard unge os olhos e a língua com o sangue do animal morto, o que lhe permite navegar pelo labirinto com facilidade. Em determinado trecho, pode-se ver isso como um eco distante dos rituais realizados no Mitreu, sob as ruas de Londres, em homenagem ao deus Mitras, uma ideia reunida a partir da consciência compartilhada da história da cidade.

O mito do Minotauro sustenta a conexão entre localização e monstro que *Neverwhere* constrói nesse episódio. A boa e velha magia com sangue que Richard realiza para tomar o sangue dos conquistados e adquirir seus poderes faz com que o espaço antes ininterpretável se torna simples e familiar. O ato de degustar o sangue do monstro também é representado como totalmente natural. Richard tem um sonho recorrente de matar a Besta, e, quando o sonho se realiza, de certa forma ele volta para casa — a experiência não é estranha, mas sim embutida em sua identidade. Esse momento crucial o estabelece na Londres de Baixo, um espaço contra o qual ele tem lutado desde que entrou nele, e onde, em última instância, estará mais em casa do que na Londres de Cima. A Besta compartilha as profundas associações do Minotauro com o labirinto, bem como sua horrenda bestialidade.

Uma leitura freudiana também alinha a Besta de Londres com o Minotauro. A Besta está presa nas profundezas da cidade — enterrada, por assim dizer. A batalha contra ela pode ser lida como uma batalha dos oprimidos, com Richard se levantando glorioso como um salvador recém-encarnado;[7] sua vitória significa que Richard derruba os últimos vestígios de sua socialização supostamente civilizada e com isso é libertado para participar da sociedade mais "genuína", e certamente mais sincera, da Londres de Baixo. Em *Neverwhere,* o encontro com a história do Minotauro é menos sobre o próprio Minotauro e mais sobre a estenografia psicológica que ele proporciona como parte da jornada de um herói. Para que o monstro interprete o ser reprimido, ele se materializa como absolutamente bestial, a antítese completa da vida esterilizada e presunçosamente sofisticada de Richard na Londres de Cima.

Sara Douglass toma uma direção completamente diferente em *Hade's Daughter* [A filha de Hades] (2002), primeiro volume da quadrilogia *The Troy Game* [Jogo de Troia]. A concepção central é que o período áureo do mundo antigo existia porque as cidades tinham labirintos místicos construídos em suas fundações; Ariadne os destruiu como vingança depois que Teseu a abandonou em Naxos. Um novo labirinto quase foi construído sob o que é hoje a Catedral de São Paulo, mas Astério, o Minotauro, conservou força suficiente para impedir sua conclusão. A quadrilogia traça personagens ao longo de uma série de reencarnações enquanto eles lutam ou para completar o Jogo de Troia ou para destruir completamente o labirinto. Através dos séculos, as posições dos personagens mudam. Os avanços no tempo para a Blitz, o cenário do quarto livro, não refletem a transformação gradual de Astério e sua posição como aliado, e não como antagonista, pois os personagens buscam derrotar o próprio Jogo de Troia, que tem crescido e criado vontade própria e poder além de qualquer medida. No entanto, a introdução de Astério no primeiro volume fica na outra ponta do espectro em relação à Besta de *Neverwhere.*

Astério é posicionado como antagonista desde o início da quadrilogia. Ariadne fez um pacto com ele para que ele lhe ensinasse magia negra, de que ela necessitava para destruir Teseu, se ela acabasse com o Jogo e aceitasse o domínio dele sobre ela. Ela o trai quando seus descendentes começam a construir um novo labirinto para prendê-lo. Sua busca por vingança e depois pelo controle do Jogo impulsiona a primeira fase da trama da quadrilogia. A primeira vez que o encontramos é quando Ariadne o convoca após sua morte, e percebe o dano que Teseu lhe causou:

> A espada de Teseu tinha cortado o corpo de Astério em oito ou nove lugares: através de sua garganta preta de musculatura grossa, seu

> ombro, seu peito, ambos os flancos, abrindo a barriga. As feridas eram agora lábios de carne sem sangue, abrindo-se e fechando-se quando o peito de Astério subia e descia ao respirar (*e por que ele precisava respirar, agora que estava morto?*), revelando uma tripa aqui, um pulmão ali, um cordão de tendão amarelado em outro lugar.
>
> Ariadne engoliu em seco, depois muito lentamente levantou os olhos de volta para a magnífica cabeça de Astério.
>
> Não tinha lesões, e por isso ela ficou profundamente grata. Os belos e líquidos olhos negros ainda a encaravam clara e firmemente do rosto ousado do touro, os chifres graciosos ainda curvados na testa larga. [tradução livre][8]

Ler sobre um monstro é uma experiência diferente de vê-lo na tela; nosso primeiro encontro com Astério é emoldurado por uma vivacidade assombrosa, explorando o tabu rompido por Ariadne ao invocá-lo do mundo dos mortos. Como o leitor não pode olhar para ele, a descrição precisa ajudar a gerar uma visão mental do personagem, sendo assim marcada por sua fisicalidade. A transição entre touro e humano é perfeita — Ariadne não marca qualquer ruptura na continuidade física, já que as quebras aparecem na pele de Astério. A ênfase no físico se revelará tematicamente significativa. Astério continua a infligir muitos danos no corpo de outras pessoas em livros posteriores, mas também assume a *forma* de outros corpos, quase a possuí-los, uma habilidade que todos os personagens centrais de *Hade's Daughter* possuem. A fronteira entre a carne e a identidade torna-se porosa, embora a pessoa permaneça a mesma.

A descrição de Ariadne da aparência de Astério é ao mesmo tempo hedionda e, no entanto, uma maneira surpreendentemente amorosa de olhar para um cadáver. O horror vem de seu tronco abatido e não de seu hibridismo, e a beleza de seu físico contrabalança carnificina e desejo; suas feridas sem sangue são, elas próprias, locais de hediondo apelo. A forma de touro de Astério é secundária em torná-lo monstruoso. Ao contrário, sua monstruosidade se expressa por meio de seu caráter moral. Sua posse de fala, apesar da cabeça de touro, permite-lhe conspirar e esquematizar. Ao longo do romance, ele é caracterizado como articulado e inteligente, levando seus oponentes a tomar decisões erradas. Uma dessas ocasiões acontece quando o tempo avança para a época da Blitz, quando Astério aparece em sua verdadeira forma, "seu corpo nu e musculoso, encimado pela cabeça preto-azulada de touro".[9] Ele é ouvido antes de ser visto, saindo das sombras quando desafiado, antes de desaparecer na névoa de Londres. Quando segura sua interlocutora pelo queixo, o contato físico é um gesto de poder e controle. A cabeça do touro se torna quase régia.

Enquanto o principal *locus* da monstruosidade de Astério é seu desejo de poder, o labirinto exerce sua influência sobre todos os personagens, atraindo-os de volta para a Catedral e a cidade de Londres. As curvas repetitivas de um labirinto são imitadas tanto nos arcos de repetição da narrativa quanto nos passos dos personagens que remontam o enredo — a monstruosidade de Astério se manifesta em seu desejo de controlar esses movimentos no Jogo, tornando-o bestial em sua violência, mas assustadoramente humano na capacidade de confabular, manipular e abusar. Ele é fundamentalmente posicionado como horrivelmente humano, sendo a cabeça de touro incidental ao seu terror, mas a passagem dos séculos proporciona a Astério o espaço para transferir seus afetos para a filha — nesse processo, a quadrilogia revela que o verdadeiro monstro não é o Minotauro, e sim o próprio Jogo de Troia.

O terceiro exemplo que quero usar para triangular nosso mapeamento inicial vem de *Coração de pedra* (2006), de Charlie Fletcher, novamente o primeiro de uma trilogia. *Coração de pedra* é um romance *young adult*, e opera sob o conceito central de que as estátuas de Londres ganham vida e brigam entre si. As "gangues" de estátuas são divididas entre humanas, conhecidas como Cuspidos, e não humanas, conhecidas como Estigmas. O protagonista da trilogia é um adolescente chamado George, que descobre que herdou do pai escultor, recentemente falecido, o poder de ser um Criador. *Coração de pedra* mostra sua adaptação a essa nova realidade, ao lado de seus novos amigos Edie, que tem a capacidade de mergulhar de volta no passado, e Gunner, uma das estátuas do Monumento Real de Artilharia no Hyde Park Corner. Ele também é perseguido pela Pedra de Londres, vilã do livro, com a ajuda de seu comparsa, o alquimista da era elizabetana John Dee, agora conhecido como Walker. A dupla envia uma série de Cuspidos atrás de George, culminando na estátua do Minotauro de Michael Ayrton, localizada no Barbican (Figura 8.2).

Figura 8.2 *Minotauro*, de Michael Ayrton, no Barbican, Londres.

Quando a estátua é colocada pela primeira vez na trilha de George, o leitor recebe uma longa descrição para ajudar a visualizá-la:

> Acima dele se agachava uma figura poderosa, negra e brilhante na chuva, a umidade se espalhando sobre o seu corpo maciço e curvado, refletindo as luzes das ruas ao redor. Era uma figura inconfundivelmente masculina; abaixo da cintura, um homem com as pernas fortes dobradas, prontas para saltar dos juncos sobre qualquer transeunte incauto. Mas sua principal característica era a predominância de músculos e o volume acima da cintura; não era a musculatura de um homem, mas o poder brutal e a massa de um touro adulto. Os ombros sustentavam robustamente a cabeça de um touro, encimada por chifres agressivamente agudos; e o escultor o moldara tão bem

que o som do urro enfurecido parecia pairar sobre ele, mesmo que nunca — ao olho normal — se movesse ou respirasse .[tradução livre][10]

A descrição da escultura como "inconfundivelmente masculina" é um eufemismo educado para o público infantil para descrever o falo ereto na estátua, sem dúvida uma surpresa para os pais que levam os filhos para o passeio sugerido pelo mapa que consta no livro. No entanto, *Coração de pedra* compartilha do mesmo fascínio pela fisicalidade do Minotauro que meus dois exemplos anteriores, e encontra outras formas de articular a sexualidade subjacente que a estátua tão visualmente encarna. O ponto de transição para esse Minotauro entre a criatura e o homem não ocorre no pescoço, mas na cintura — seu coração e sua mente são completamente taurinos.

Quando o Minotauro arrebata Edie como forma de prender George, a interação entre suas identidades gêmeas de homem e animal torna-se óbvia. A estátua não pode falar, emitindo "um rugido de pura fúria e fome e som" enquanto a agarra, evocando a rigidez do pavor da menina e comunicando a "dor profunda" do próprio Minotauro.[11] Ele não tem o mesmo domínio da linguagem de Astério, confiando em sons e ruídos animalescos que explicam por que está alinhado com os Estigmas e não com os Cuspidos. No entanto, mais à frente na história, ele mostra um julgamento racional em seu comportamento, pois saboreia o cheiro de Edie, lambe-a quase que para ter uma prova de seu gosto, e sente a pele dela "como um açougueiro testando sua carne".[12] A inteligência humana da estátua se expressa por meio das ações inconfundíveis de uma criatura que se antecipa ao jantar. Os traços humanos que facilitam o desejo de consumir, comunicados por atos de cheirar, provar e tocar, sinalizam que a monstruosidade do Minotauro vai além de sua aparência física.

Outra forma de monstruosidade é mais sutilmente comunicada, considerando o público a que se destina o romance, mas é igualmente evidente. As atitudes maliciosas, as apalpadelas e a respiração pesada posicionam esse Minotauro como um caçador faminto e um predador sexual. Enquanto a ameaça sexual da Medusa às vezes vem de sua própria energia sexual, a do Minotauro vem da violência. O romance dá pistas sobre as inclinações do Minotauro: Walker comenta que as crianças excitam os apetites do Minotauro e ameaça deixar o touro fazer o que quiser com "a criança-menina". O Artilheiro oferece um vago "não desse jeito" à pergunta de George sobre se o Minotauro vai *devorar* Edie, e pergunta se George sabe o que o Minotauro faz com as garotinhas.[13] Edie tem cerca de doze anos, então múltiplas camadas de monstruosidade estão implícitas no desejo não falado do Minotauro. Esse significante inicial de ser "inconfundivelmente masculino" encontra uma forma de expressar sua masculinidade tóxica de metade homem e metade touro por meio dos traços de uma sexualidade inexprimível, traçada precisamente a partir do ponto em que ocorre a transição do homem para o touro.

O que fica claro no romance é que a divisão é uma característica essencial da monstruosidade da estátua. O Artilheiro explica a natureza de seu novo inimigo a George: "a metade homem dele odeia a metade touro, e a metade touro acha que é a metade homem que a torna infeliz."[14] Sendo puxada entre duas identidades, a encarnação literal do meio homem, meio touro de Ovídio traduz o sofrimento do conflito eterno vivido pela estátua. O segundo romance da trilogia, *Mão de ferro* (2007), lança mais luz sobre esse cisma interno quando a estátua de Ícaro de Ayrton começa a caçar George e Edie por terem matado o Minotauro. O Minotauro "tinha a mesma rachadura em seu núcleo" que Ícaro, sendo que Ícaro não conseguia entender "quem ou o que era — homem, máquina, animal ou pássaro... por isso viveu a vida em um grito". [tradução livre][15] Enquanto a estátua Minotauro chegou a algum tipo de trégua interna para cumprir o acordo com a Pedra de Londres, a estátua Ícaro, presa em seu mecanismo, foi empurrada para a incapacidade mental permanente pela inabilidade de reconciliar suas partes beligerantes. O que isso nos diz sobre o Minotauro é que a divisão entre homem e animal é uma característica psicológica fundamental que rasga sua identidade. A monstruosidade que o acompanha existe tanto dentro da própria mente quanto no mundo. As duas estátuas levantam também a questão da responsabilidade moral do seu Criador, que concebeu ambas com essa descontinuidade em suas identidades que virtualmente as impossibilita de viver; o volume final da trilogia, *Silvertongue* [Língua de prata] (2009), explora o que faz precisamente uma estátua pertencer aos Estigma ou aos Cuspidos, perguntando ainda quão permeáveis as fronteiras entre o humano e o não humano se tornam na prática artística da escultura.

A leitura dessas três manifestações do mito Minotauro traz à tona a importância do lugar para a história. Todas são ambientadas em Londres, que oferece um lugar particularmente fértil para a reimaginação do labirinto. Uma simples comparação dos mapas de rua da cidade de Londres com, por exemplo, o mapa do centro de Manhattan traz à tona as linhas retas de uma e as reviravoltas e curvas da outra, enquanto o desenho emaranhado dos corredores do mundo subterrâneo do metrô pode ser assustador para um usuário iniciante. A cidade oferece um pergaminho histórico, camadas sobre camadas da história passada até o Mithraeum de Londres e muito mais. O atual projeto de expansão das linhas ferroviárias e as expectativas de que as obras de escavação levarão em conta a arqueologia têm tornado a riqueza do passado londrino ainda mais visível, lembrando-nos da história sob nossos pés. Londres se torna adaptável e flexível, e por sua vez nos diz algo sobre onde a cultura contemporânea vê o monstruoso lugar pela sua identidade — na selva urbana do mundo anglófono. Os ambientes urbanos nos cercam com ameaças à nossa autoconsciência, nos deslocam de nossas comunidades e nos colocam sob pressão. O Minotauro mora em Londres porque é lá que tememos que os demônios estejam à espreita, esperando para devorar nossos jovens. O herói nessas três narrativas chega de alguma forma a se entender em uma cidade que oferece os mesmos desafios fundamentais que o antigo labirinto em sua arquitetura moderna. Outros espaços em que o Minotauro aparece podem se tornar igualmente reveladores.

Um segundo ponto de interação é a questão de como o hibridismo atua em termos práticos. O que *significa* ser meio humano, meio fera? Qual parte de você toma decisões? Volto novamente à descrição de Ovídio do meio homem meio touro, capturando tanto o dilema quanto o fascínio desse monstro, a fronteira fundamental entre o humano e o não humano, e onde as manifestações individuais colocam o Minotauro nesse espectro possível. *Neverwhere* remove inteiramente o humano, focalizando a besta no labirinto, a ser conquistada e assim transcendida. *Hades' Daughter* nos dá um Minotauro que também poderia ser humano, cujo aspecto monstruoso apenas raramente se torna visível, embora seja conhecido por seus feitos. *Coração de pedra* toma o caminho do meio, onde o monstro e o homem se encarnam em igual medida, lutando pelo controle e nunca o alcançando, chegando, em vez disso, a tréguas desconfortáveis. A relação entre o animal e o humano torna-se um fator importante para as ações do monstro, suas decisões e a atitude que ele pode exibir.

Uma questão prática paralela envolve a maneira de representar o corpo do Minotauro, e de lidar com essa questão da travessia de fronteiras. O que fazer com os aspectos físicos da besta, sobretudo seus genitais? A elegante elipse de *Coração de pedra* desloca a descoberta do texto; *Hades' Daughter* torna o corpo de Astério um fetiche antes de minar completamente as questões de integridade corporal por meio da trama da reencarnação. *Neverwhere* evita a questão, tratando-o apenas como besta. Os escritores têm uma escolha sobre o que mostrar e como mostrar, enquanto os cineastas não podem fugir da questão. Dada a sensibilidade de seu público-alvo, pode-se entender por que aqueles que lidam com as telas tendem a vestir seu Minotauro com uma tanga.

Um terceiro tema geral vem do fato de o Minotauro estar inevitavelmente ligado a questões sobre a masculinidade, seja pela necessidade de uma figura como Teseu para vencê-la e provar sua autoridade, seja pelos próprios apetites sexuais. Em *Hades' Daughter*, os fortes impulsos sexuais de Astério acabam se temperando como parte de um movimento em direção à domesticidade e a uma proteção paterna para sua filha, o longo ciclo dos anos engendrando uma transformação de animal em ser civilizado. Richard não pode recuperar a própria masculinidade sem conquistar a Besta de Londres. Os traços de violência sexual em *Coração de pedra* lançam sombras escuras em um romance *young adult*, mas trazem de volta esse sentimento de que o Minotauro é um monstro inseparável de uma masculinidade poderosa e perigosa.

As três versões nos ajudam a entender quais pontos da história do Minotauro atraem a atenção e quais a desviam. Surge um silêncio quase ensurdecedor sobre a questão das origens do Minotauro. *Coração de pedra* contorna esse problema discutindo o Minotauro-estátua em vez do Minotauro-ser, transferindo questões de origem para o Criador do Minotauro em vez de exigir que o público-alvo infantil se envolva com o tema complicado da bestialidade. *Hades' Daughter* menciona que Astério é meio-irmão de Ariadne, mas a discussão sobre sua ascendência só vai até esse ponto, e não há menção ao que o levou a ter a cabeça de um touro, antes de mais nada.[16] A narrativa do renascimento em um corpo totalmente humano elide a necessidade de discutir sua forma original. Dado o volume de violência sexual que o romance se contenta em narrar, muitas vezes em detalhes gráficos, a evasão do tabu do sexo interespécies é ainda mais marcante. Caso o leitor consulte o glossário no final do livro, no verbete *Asterion* se lê "o nome do Minotauro no coração do labirinto cretense, filho da mulher do rei Minos e de um touro branco, e assim meio-irmão de ARIADNE, a SENHORA DO LABIRINTO" — um entoar seco de fatos mitológicos básicos desestimula a necessidade de se engajar em uma reconstrução imaginativa. *Neverwhere*, ao referir-se alusivamente ao Minotauro por intermédio da Besta, é capaz de passar por cima da questão por completo.

Outro momento narrativo chave é a conquista e derrota do Minotauro, que refletem quase um consenso cultural pós-freudiano de vê-lo como representando demônios interiores profundos e pessoais que devemos superar para nos tornarmos nosso verdadeiro eu. Essa ênfase no que o mito "significa" inevitavelmente leva a um monstro particularmente irredimível, e a um herói cuja vitória é apresentada como fundamental para a sobrevivência do mundo. A conquista de Richard sobre a Besta de Londres não apenas consolida sua identidade em desenvolvimento enquanto herói salvador como é um passo essencial para frustrar a busca do Anjo Islington pelo domínio mundial. O Jogo de Troia em *Hades' Daughter* busca não apenas prender o Minotauro como também todo o mal do mundo dentro do labirinto, fazendo de Astério a encarnação simbólica da perfeita maldade (embora essa qualidade vá gradualmente se transferindo para o próprio Jogo de Troia). *Coração de pedra* exige que George confie em seu próprio poder como Criador para dar forma à bala que salva Edie e a ele mesmo da morte certa nas mãos do Minotauro, enfrentando a verdade sobre sua identidade. A natureza instrumental do Minotauro como figura do mal a ser superada dá ao momento central do conflito monstro versus herói um significado psicológico mais amplo.

Como contraponto a esse fascínio pelo ato de despachar, duas dessas narrativas também gravitam ao redor da questão do que acontece *após o* momento de verdade do herói. Certamente, o uso da besta para o propósito do herói está cumprido a essa altura, mas o que acontece com a própria besta? *Coração de pedra* escapa parcialmente à questão da morte ao usar a concepção das estátuas, permitindo que a estátua do Minotauro seja e não seja seu mítico predecessor e dando ao monstro uma vida que não é cortada por Teseu. *Hades' Daughter*, ao contrário, não apenas enquadra a morte do Minotauro nas mãos de Teseu como uma das traições centrais dentro da quadrilogia mais ampla, mas se diverte com a questão de como são as vidas após a morte do Minotauro, como Astério se liga de corpo a corpo, tanto como ele mesmo como não ele mesmo, enquanto causa estragos ao redor. A questão de como o Minotauro vive depois de Teseu talvez surja de uma comparação natural com sua irmã, Ariadne. Sabemos o que aconteceu com ela depois de Teseu, que a levou para Atenas e a abandonou na praia de Naxos, à terna misericórdia do deus selvagem Dionísio. Imaginar o que aconteceu com o Minotauro, o que realmente se passou no labirinto entre o herói e o monstro, e se o herói disse a verdade, torna-se uma possibilidade em um mundo onde a autoridade indiscutível da história patriarcal finalmente se tornou questionável. Do mesmo modo, a própria abordagem freudiana convida a essa oportunidade — assim como o monstro sempre ressuscita a si mesmo, os impulsos animais dentro da psique humana nunca se extinguem totalmente, apenas são suprimidos. O fato de que o Minotauro retornará, de alguma forma, sob algum pretexto, é uma inevitabilidade, se ele passou a representar nossos mais profundos conflitos psicológicos internos.

Um mito no mundo moderno

Uma manifestação bastante extraordinária do Minotauro, que ao mesmo tempo respeita e rejeita esses pontos de conexão, está no livro de Steven Sherrill *The Minotaur Takes a Cigarette Break* [O Minotauro faz uma pausa para fumar um cigarro] (2003). O romance é ambientado na Carolina do Norte contemporânea e traça a vida cotidiana do Minotauro, ou M, trabalhando como cozinheiro de linha, morando em um estacionamento de trailers e consertando carros para seu senhorio como parte do pagamento do aluguel. O livro mostra o Minotauro enquanto tenta interagir com os humanos, lidar com mal-entendidos e encontrar um espaço para viver em um mundo cada vez mais complicado, que não tem espaço para ele. Embora inicialmente pareça que ninguém percebe sua cabeça de touro, as pessoas depois parecem notar, mas disfarçam, até que ele encontra crianças que fazem perguntas honestas e adolescentes cheios de testosterona que zombam de sua aparência sem entender as consequências. O monstro mitológico é personificado e ativo, mas também irreal, na medida em que seus poderes diminuíram ao longo dos séculos anteriores, e agora ele está cansado demais para engendrar o tipo de carnificina de que uma dia fora capaz.

Mas não é só o Minotauro que vive assim. M assiste a um anúncio de TV sobre um serviço de acompanhantes por telefone dirigido por Hermaphroditus, o que cria uma onda de reconhecimento nele; é o primeiro sinal para o leitor de que este pode ser um mundo mitologicamente complexo.[17] Mais tarde, ele conhece uma dríade que trabalha como balconista em um posto de gasolina, com um crachá indicando que se chama Laurel. Ela possui todos os sinais físicos de seu eu mítico, mas não experimenta nenhum eco de reconhecimento quando olha no rosto do Minotauro.[18] Ao que parece, Laurel esqueceu completamente o passado, enquanto o Minotauro com frequência percebe a confusão generalizada em suas próprias lembranças. Embora inicialmente possa ser possível atribuir isso à mistura de homem e touro em sua psicologia, o encontro com Laurel indica que pode na verdade ser o resultado a passagem do tempo. À medida que uma compreensão mais detalhada do mundo do livro surge, torna-se claro que o preconceito contra os "anormais" da mitologia é tão comum quanto o preconceito contra outros grupos minoritários.

A interface entre mito e realidade reflete o antigo entendimento grego sobre o espaço sobrenatural: a possibilidade de que a qualquer momento você pode virar uma esquina e ficar cara a cara com um deus ou monstro (assim como uma criança corre ao redor das prateleiras de uma farmácia e acaba esbarrando no quadril do Minotauro).[19] O desafio então se torna, dada a erosão do espaço entre o antigo labirinto e a cidade moderna, a forma como essa criatura mítica habita um espaço não mítico. O prólogo do romance, com seu texto em itálico sobre "os acordos", se encerra com "do fundo, o Minotauro se esconde em uma eternidade tépida; é alto o preço de estar vivo".[20] Tepidez é precisamente a palavra para a existência moderna do Minotauro, fundamentada em rituais e hábitos simples, coisas que poderiam ter parecido ou poderiam ter se tornado extraordinárias ao passar por ele nas ondas do tempo indiferenciado.

A natureza da fronteira entre o humano e o touro é delineada por meio do minucioso relato do ritual de preparação do Minotauro, uma celebração da monotonia meditativa.[21] Ele usa um pente grosseiro para cuidar de seu pelo, seguido de óleo condicionador veterinário, com bálsamo especial no local onde seu corpo transita de uma parte para outra, e lima os chifres com faca, lixa e uma folha de esmeril. O ponto de transição, o sinal corporal de mudança, "permanece tenro, doloroso às vezes".[22] No início do romance, ele é descrito como possuindo cicatrizes, enquanto a "pele de transição" é "cinza e escamosa", a linha principalmente visível sob seus peitorais, com uma mudança contrastante de coloração da pele nas costas.[23] Sua cauda vestigial, o último detalhe dessa diferenciação corporal sobre o qual o leitor é informado, revela-se apenas em um momento de profunda vulnerabilidade pessoal.[24] A preocupação com o corpo do Minotauro é ressaltada pela forma como, por exemplo, seus chifres se enroscam constantemente em cadeiras, carros e corredores estreitos, e por dois graves acidentes físicos que ele sofre como parte de seu trabalho como cozinheiro. A natureza da sua corporificação, de estar preso a um corpo que se comporta de formas diferentes e segue regras diferentes, torna-se o foco central das ações e motivações do Minotauro, espelhando até certo ponto seus ponderados processos de pensamento que tentam reunir os desejos simplórios do touro com os complexos impulsos de um humano.

Não surpreende que um desses impulsos seja o sexo, que permeia o romance — em uma sequência de sonhos, o Minotauro vê Pasífae em seu "momento de êxtase apertado", chegando tão perto da bestialidade quanto qualquer um dos estudos de caso deste capítulo.[25] Ainda assim, o Minotauro não se torna o ícone da exagerada hipermasculinidade que poderíamos esperar. Enquanto se sente confortável com algumas das brincadeiras sexualizadas entre os funcionários da cozinha, ele é abalado pela forte masculinidade performática dos atletas e pela objetivação casual das mulheres quando passa uma tarde de segunda-feira com dois dos garçons. Apesar de que seus próprios encontros sexuais tenham sido, no passado, numerosos e nem sempre consensuais, o romance deixa claro que, ainda que tenha impulsos, o Minotauro agora age mais reflexivamente. Esses impulsos o levam a dois encontros íntimos com colegas (da equipe que serve as mesas e não da cozinha), que terminam de maneira desastrosa.

Faço uma pausa para notar a dissociação entre a sexualidade e a monstruosidade de M, especialmente porque ele é abertamente interpretado como bissexual. Dada a ligação explícita entre identidade gay e monstruosidade que tem sido bem estabelecida na cultura popular americana, bem como uma tendência geral de apagamento de identidades bissexuais, a aceitação da narrativa das escolhas de M leva o leitor a uma viagem queer que não depende das identidades de gênero dos envolvidos para gerar a catástrofe. Os problemas, em vez disso, surgem das próprias dificuldades de M com as relações interpessoais.

O primeiro encontro, com David, um entusiasta saudosista da Guerra Civil, é uma decepção mais em termos de resultados do que de consequências. Em uma visita ao apartamento de David, o Minotauro e ele passam a noite abraçados na cama dobrável. Pela manhã, o Minotauro sai enquanto David finge dormir.[26] Embora passem a noite deitados um ao lado do outro totalmente vestidos, a experiência tem toda a intimidade emocional de uma transa. Quando David e o Minotauro se encontram no trabalho no dia seguinte, David não tem a intenção de discutir o que aconteceu, e o Minotauro deixa os próximos passos em suas mãos.[27] O embaraço emocional de David, aliado à sua efeminação percebida, fazem do encontro um fracasso em termos de resultados sexuais, mas um sucesso pelo fato de que a relação entre o Minotauro e David não é prejudicada pelo encontro. O ato de intimidade celibatária, de permitir que o parceiro decida o caminho a seguir, marca o engajamento do Minotauro com o sensual.

Indiretamente, esse encontro torna o segundo possível. O Minotauro sofre um corte profundo no polegar enquanto manuseia uma faca afiada, e sua colega Kelly se oferece para levá-lo a uma clínica de emergência. Ela fala o tempo todo sem realmente esperar que o Minotauro diga nada, preenche sua papelada e fica ao lado dele enquanto a ferida é costurada. Quando leva o Minotauro para casa, Kelly comenta que seu padrasto é negro, embora ele não consiga perceber por que parece tão importante para ela dizer isso;[28] presumivelmente, foi a maneira estranha encontrada por Kelly de preencher a lacuna entre os dois, sinalizando que ela se sente confortável com pessoas que são de alguma forma diferentes, o que denota ligações racializadas estabelecidas entre monstros e tons de pele mais escuros.[29] O Minotauro então reúne coragem para lhe dizer que seu dia de folga é segunda-feira, e eles concordam em se encontrar.[30]

No primeiro encontro, pois é um encontro, o Minotauro chega ao apartamento de Kelly e vê sua coleção de peixes dourados chiques, embora, como observa o narrador, as palavras possam enganar:

> Mas a palavra *peixe-dourado* pode ser enganosa, assim como *bela*. A maioria dos peixes tem muito pouco dourado em sua coloração. As características realçadas pela reprodução e avidamente procuradas pelos aquariofilistas também poderiam cair facilmente do outro lado dessa tênue linha estética e no domínio do horrível. [tradução livre][31]

Enquanto a ligação entre a paixão de Kelly por seus peixes-dourados e sua relação com o Minotauro nunca é explicitada, o afeto e devoção por seus peixes se manifestam na simpatia e abertura ao corpo do Minotauro. O segundo encontro fora do trabalho acontece quando o Minotauro passa pelo apartamento da jovem e a encontra montando um tanque hospitalar para um dos peixes, que sofre de hidropisia, e que posteriormente morre; em uma combinação de *eros* e *thanatos* (os impulsos para a vida e para a morte que, de acordo com Freud, movem todo o comportamento humano), em meio à dor, Kelly beija o Minotauro, abrindo o caminho para a relação sexual (durante todo o tempo o Minotauro olha para o relógio, preocupado em não chegar atrasado ao trabalho).

Mais uma vez, é Kelly e não o Minotauro quem inicia esse desenvolvimento, e as primeiras etapas do encontro correm bem.[32] Ela contorna com a língua a cicatriz de transição do Minotauro, em um "doce arrebatamento".[33] Sua reação à cauda, da qual ele se envergonha, e que o leitor até agora desconhecia, é dizer "isso é incrível", honrando o corpo dele por sua realidade e não pelo que ela acha que deveria ser (talvez por isso David, em contraste, tenha congelado).[34] No entanto, à medida que se concentra no momento, M não percebe alguns sinais físicos e verbais importantes de que Kelly está começando a ter um ataque epiléptico. Ele observa, distante mas preocupado, enquanto a convulsão segue seu curso

— e, então, seu cérebro funcionando mais como touro do que homem, ele verifica se ela está respirando, veste a roupa e (no que lhe parece um movimento óbvio) leva o dinheiro dela para comprar um trailer de salsichão que seu senhorio está vendendo, no qual eles poderiam viajar juntos pelo país, constituindo um novo começo para ambos.

Seu fracasso em explicar que é isso que ele está fazendo, para Kelly ou qualquer outra pessoa, leva ao final culminante do romance, quando um grupo de colegas furiosos e Kelly chegam ao seu trailer; o clima é de linchamento. No entanto, quando o senhorio de M emerge de seu trailer, ele observa a situação e entende a intenção de M sem precisar de explicações. Ele desarma a situação hostil, transformando-a em uma de embaraço, e o bando se dissipa. *Cigarette Break* nos aproxima perigosamente do limiar de violência, de abertura do passado e de retorno às meias memórias, mas com o Minotauro na posição de vítima e não de perpetrador, levado pelo caminho errado pelo touro que há nele. É a intervenção humana, a percepção e familiaridade de seu senhorio com a besta, que o redefine:

> Mas parado ali, com o pijama rasgado, a camisa suja, os sapatos pesados, o Minotauro, em toda a sua bravura, parece algo que não é mau, parece vulnerável, parece lamentavelmente humano. [tradução livre][35]

Ser touro e humano, precisar encontrar formas de viver que negociem a divisão, administrar as confusões e os mal-entendidos que quase levam à catástrofe, fazem parte da vida do Minotauro agora. Para continuar habitando o mundo moderno, ele precisa encontrar uma maneira de ser ele mesmo em uma sociedade que oferece pouquíssima empatia.

E não são apenas as pessoas que representam esse desafio, como ilustra sua contínua perturbação com as portas automáticas:

> Isso pode ser tomado como um presságio de sua perpétua diminuição da capacidade de se encaixar, de funcionar em um mundo em rápido crescimento, dependente da tecnologia. Mas ele não pensa assim tão à frente. [tradução livre][36]

Ao ler esse trecho, fiquei maravilhada com a recepção de um clássico que se pergunta quanto tempo mais esse tipo de recepção pode durar — como pode o Minotauro sobreviver em um mundo que a tecnologia está dominando, onde, conforme o livro parece sugerir, o espaço para ele logo vai desaparecer?[37] Ainda assim, curiosamente, é justamente no ciberespaço que o Minotauro encontra outro lugar para se manifestar.

Minotauros tecnológicos

Dada a natureza do ciberespaço como fundamentalmente indefinido e de local onde é fácil se perder, juntamente com a sensação de que os computadores são de alguma forma complexos e desconhecidos, as propriedades da tecnologia moderna são solo fértil para o Minotauro. O monstro vem abrindo espaço nesse reino desde que a tecnologia começou a aparecer na cultura popular.

Por exemplo, o romance de Stephen Coonts *The Minotaur* [O Minotauro] (1989) é um thriller da época da Guerra Fria que gira em torno de um projeto secreto para um novo avião da Marinha e um vazamento dentro do Pentágono cometido por alguém codificado como Minotauro, que tem fornecido informações sobre projetos militares altamente secretos para os soviéticos. É justo dizer que a tecnologia da qual depende a trama não envelheceu bem; o fascínio do herói, Jake Grafton, diante dos poderes de um disquete com senha agora desperta mais sorrisos do que o espanto que presumivelmente causou na época da publicação. No entanto, a teia tecnológica, parecida com um labirinto, que o suposto hacker deve navegar dentro do sistema de segurança do Pentágono continua labiríntico, assim como o próprio prédio. Quando Jake chega, ele se perde em suas passagens tortuosas pelo menos uma vez. A ironia é que nunca houve realmente um Minotauro: o traidor era na verdade o secretário de Estado, e o "Minotauro" era uma conspiração coordenada pelos mais altos níveis do governo para distrair os agentes soviéticos. O Minotauro que Jake estava rastreando se revela mítico, mas, dada a quantidade de carnificina que a busca por essa figura inexistente causou, o secretário de Estado certamente parece estar na fila para herdar o monstruoso manto.

Mais convencionalmente, o romance *Shadow of the Minotaur* [Sombra do Minotauro] (2000), de Alan Gibbon, apresenta-o como uma ameaça real e cibernética em um game de realidade virtual projetado pelo pai do protagonista. O jogo, baseado na mitologia grega e batizado *The*

Legendeer, revela-se um plano vil para enfraquecer a barreira entre o nosso mundo e o do misterioso vilão, o Gamemaster, por meio da narrativa dos games. Phoenix, herói da trama, deve abraçar o perigo de ser sugado para o mundo virtual a fim de resgatar seu pai, que foi raptado, assim como sua melhor amiga, Laura. O nível final que o herói deve ultrapassar é uma versão da história de Teseu e do Labirinto, embora o Gamemaster e seus homens façam seu melhor para mudar a história familiar e garantir a perdição da Phoenix. O Minotauro é colocado na posição de derradeiro vilão, o chefe final, cuja derrota é fundamental para a vitória do jogador.

No entanto, o Minotauro é uma presença iminente desde o início do livro, quando Phoenix acompanha o pai dentro do jogo como um testador-beta. O monstro se torna cada vez mais aterrorizante sempre que Phoenix o encontra, à medida que o Gamemaster manipula o jogo para aumentar suas chances contra o herói, o que não é um problema, pois Phoenix sempre tivera o código de saída "game over!" — até o momento em que ele entra no jogo de verdade. O encontro final foi assim prefigurado ao longo do livro. O Minotauro espreita não só no labirinto, mas também nos limites da mente de Phoenix, pois este está sempre ciente de que a única maneira de o jogo terminar é enfrentando o monstro. A tecnologia multiplica o Minotauro, permitindo que Phoenix jogue a batalha repetidamente, assim como um game de computador. A repetição do monstro não se dá em *loop*, já que a constante interferência do Gamemaster garante sempre uma nova reviravolta no combate; por exemplo, o Minotauro aparece de repente com um taco na versão em que fora programado para contar apenas com a força bruta.[38] A realidade virtual garante que, sempre que Phoenix pensa ter descoberto a maneira como o monstro funciona, sempre há outra surpresa para ele.

Shadow of the Minotaur seria categorizado pelo seu autor como literatura infantil, mas a linha entre o que conta como escrita para crianças e a ficção *young adult* é genericamente confusa.[39] Phoenix tem catorze anos, portanto sua experiência adolescente de busca por maior autonomia no mundo adulto mapeia a descoberta de um novo reino que opera de acordo com regras desconhecidas e que contém monstros a serem conquistados. O Minotauro, nesse sentido, torna-se uma representação do terror diante da idade adulta, até porque as figuras que se alinham contra Phoenix são majoritariamente adultas, explorando a dinâmica de poder desigual existente na vida dos jovens que oscilam no limite da in/dependência. A manifestação do Minotauro no reino dos games também serve como meio de o monstro acessar uma nova geração, pois vem ao encontro deles em seu terreno e não nos lugares que seus pais e avós frequentam. Essa manifestação particular reforça a forma como um monstro se adapta aos lugares e espaços que os humanos ocupam, encontrando maneiras de se encaixar em um novo meio, em vez de ser deixado para trás.

Um último Minotauro tecnológico aparece em *O Elmo do Horror: o mito de Teseu e o Minotauro*, de 2006, contribuição de Victor Pelevin para a série de romances curtos da Canongate Books que recontam mitos clássicos. A história é contada inteiramente em uma tela de mensagens em um chat da internet, com participantes entrando e saindo, descrevendo sua experiência compartilhada de digitação em teclados fixados em mesas, assistindo às palavras aparecerem letra por letra nas telas colocadas nas paredes dos quartos idênticos em que se encontram. Eles acabam explorando o exterior, cada um descobrindo seu próprio labirinto ou panorama peculiar. A conversa é iniciada por alguém de nome Ariadne, embora todos os outros interlocutores recebam nicks de "internet", como Organizm (-: e Nutscracker. É por meio das descrições que Ariadne faz de seus sonhos que os companheiros de chat começam a compreender o que está acontecendo e a entender a situação francamente bizarra em que se encontram.[40]

O Minotauro assume um disfarce diferente para cada interlocutor, mudando para melhor se adequar a cada um deles e ao local em que se encontram. Ele aparece para Ariadne em um sonho como uma figura forte vestindo uma túnica longa e escura e "um capacete de bronze, como uma máscara de gladiador" [tradução livre]; dois chifres emergem da frente do capacete e correm pelos lados antes de se fundirem novamente nas costas.[41] Ela também é informada por um dos dois anões que o acompanham de que seu nome é Asterisk, um trocadilho óbvio com Astério. Romeo-y-Cohiba o vê como uma pessoa alta usando patins e um sombreiro, uma máscara de goleiro de hóquei no gelo, um uniforme de goleiro completo e segurando um bastão de hóquei com duas pontas iguais, evocativo do machado duplo que decora os quartos dos participantes do chat.[42] IsoldA tem um breve vislumbre de um homem, mais uma vez extremamente alto, "vestido todo de preto e dourado como um galã do século XVIII" [tradução livre], com uma máscara em forma de sol em um bastão, segurada na frente do rosto.[43] Embora cada uma dessas manifestações seja peculiarmente relevante para o espectador, a natureza precisa dessa relevância é difusa.

A única característica do Minotauro que é consistente cada vez que ele é visto é a cabeça completamente coberta. Ariadne, em um segundo sonho, ouve uma longa descrição de um dos anões companheiros sobre a natureza desse capacete, propriamente chamado de Elmo do Horror. Segue-se uma complicada e deliberadamente confusa discussão sobre os vários componentes do Elmo, enquanto os participantes do chat tentam entender como ele funciona. A experiência profissional de Nutscracker o faz pensar na realidade virtual, e ele começa um longo exame das maneiras como esta pode afetar a percepção e a tomada de decisões. Ele também introduz a ideia do Helmholtz, uma pessoa imersa em um ambiente de realidade virtual, e sujeita a tudo o que os programadores decidirem fazê-los sentir. O Elmo, o significante-chave do Minotauro, passa a se relacionar com a natureza da tecnologia e nossa interação com ela. Assim como a interface humano-besta do Minotauro originalmente levanta questões sobre categorização, a fusão humano-máquina nos leva ao mundo do ciborgue e convida o leitor a explorar quão livre essa tecnologia supostamente libertadora realmente nos torna.

O funcionamento preciso do Elmo, e a relação dos vários participantes do chat com seus componentes, permanecem pouco claros. Enquanto algumas passagens do livro oferecem precisão e explicação, outras servem apenas para confundir e desconcertar, de modo que os leitores que acompanham o formato de chat ficam tão perplexos quanto alguns dos próprios participantes. O romance termina com uma resolução falsa, pois os participantes começam a duvidar da existência do Minotauro, invocando Teseu e encerrando o mito "tradicional". Eles então se lembram de que têm um propósito comum, o objetivo de atrair o Minotauro para dentro do Elmo, para que tudo possa existir. Ideias de repetição contínua são centrais nas descrições paradoxais de como funciona o Elmo, refletindo novamente a forma como o próprio mito é reciclado e renovado, mas também destacando a futilidade desse objetivo — sempre que os amigos do chat, em qualquer encarnação, estão perto de trazer o Minotauro para dentro do Elmo, ele escapa. Porém, quando o Minotauro é visto, sempre está usando o Elmo, apesar de uma de suas características ser o fato de estar tão recheado de peças que não há espaço para a cabeça de ninguém. Talvez essa seja uma forma de chegar à questão da bestialidade com a qual, como vimos, novas encarnações do Minotauro têm tanta dificuldade de se envolver — em vez de refletir sobre a impossibilidade física da concepção entre humano e bovino, *O Elmo do Horror* situa o ato impensável de se tornar uma interface entre usuário e tecnologia. Se o leitor não consegue entender a relação entre o Minotauro, seu elmo, o chat e o mundo que os participantes ocupam, então sua confusão é paralela à confusão de trabalhar a logística da cópula, da concepção e do nascimento de uma criança híbrida besta-humana.

Os minotauros tecnológicos, então, demonstram duas qualidades conflitantes. De uma perspectiva, o Minotauro encontra espaços no reino digital para erguer o seu próprio com facilidade, aproveitando novas veias do terror humano em resposta às ameaças desse território inexplorado. O apelo do Minotauro como veículo para explorar o novo mundo talvez seja mais bem compreendido por meio da comparação com a figura do ciborgue, que Donna Haraway argumentou ser gerada onde "a fronteira entre humano e animal é transgredida", bem como pela barreira vazante entre humano/animal e máquina.[44] A ponte entre dois domínios de existência se baseia profundamente no senso de impossibilidade gerado pela ascendência do Minotauro, a conjunção entre humano e animal. Ao mesmo tempo, porém, esses Minotauros parecem fixos em seus rastros ou evasivos, descobrindo que a tecnologia os prende no lugar ou usando suas possibilidades para evitar serem vistos. Os problemas encontrados pelos monstros da computação gráfica no cinema, a falsa atração do hiper-real, ainda são enfrentados pelos Minotauros digitais nas páginas de livros, mas os textos escritos têm alçapões que permitem uma fuga para o digital.

Minotauros e mal-entendidos

O último lugar em que os Minotauros modernos se reúnem é criado pela interseção da abordagem freudiana de ver o Minotauro como o monstro dentro de nós mesmos e o desejo de etiologizar, de encontrar a "história verdadeira" por trás do mito. Nesse reino de recontos, o Minotauro torna-se um humano com uma determinada condição que o torna monstruoso para aqueles ao seu redor; a monstruosidade é movida da condição que o personagem pode ter para o mal-entendido e a hostilidade que ele encontra como resultado.

The Double Axe [O machado duplo], de Philip Womack (2016), é intrigantemente literal e etiológico. A trama principal gira em torno de uma conspiração para convocar o deus-sombra para a antiga Creta, e o povo místico das montanhas se manifesta em momentos significativos para garantir a queda desse plano, porém o Minotauro é uma criação de mentiras, mexericos e boatos entreouvidos. A história é narrada em primeira pessoa por Deucalion Stephanos, segundo filho e herdeiro do rei Minos de Creta. Ele tem treze anos quando o livro inicia e mata uma corça branca em uma caçada, ato que atrai uma maldição sobre a casa de Minos. Quando ele menciona seu irmão mais novo, Astério, afirma que "deve estar em seu quarto com suas enfermeiras", e que quer trazer-lhe alguns brinquedos esculpidos em madeira, dando a impressão de que Astério é uma criança pequena.[45] Quando o encontramos pessoalmente, novamente Stephan o descreve usando uma linguagem que pode se aplicar a uma criança mais nova:

> Meu irmãozinho Astério estava sentado ao lado de um banco, segurando a mão de sua enfermeira. Ele gemeu — até ele podia dizer que algo ruim estava acontecendo. Fui até ele e acariciei sua cabeça, e da minha bolsa tirei os pequenos brinquedos de madeira que tinha feito. Ele balançou para a frente e para trás, e os colocou no chão. [tradução livre][46]

Stephan finalmente menciona que Astério na verdade tem dez anos, e é descrito como doente. Uma promessa de cura convence Minos e Pasífae a entregá-lo à suma sacerdotisa Myrrah e concordar com o sacrifício dos tributos de Atenas. Entretanto, como Stephan descobre, a sacerdotisa pretende matar Astério, e usar seu sangue real para invocar o deus-sombra. Os tributos ouvem que o Minotauro espera por eles no meio de um labirinto-templo (construído por um Dédalo sob coerção). Este é na verdade Astério, usando uma máscara de touro, enquanto as matanças reais são realizadas por Myrrah e seus sacerdotes. Stephan e sua irmã Ariadne conseguem entrar no labirinto na última noite das mortes em tributo para salvar Teseu e Daphne, o último tributo feminino, mas não conseguem derrotar o deus-sombra sem que Astério se junte a eles, para trabalhar como um só e repelir a escuridão. Embora esteja sempre claro que Astério é vulnerável, tanto como criança quanto como alguém com deficiência de desenvolvimento, ele não é marginalizado ou instrumentalizado; ao contrário, desempenha um papel importante na salvação do reino e é recompensado com uma coroa de ouro e o título da "espada-escudo".

A história do Minotauro nasce do boato de que a rainha Pasífae e o arquiteto Dédalo tiveram um caso, que depois se transforma na familiar história mítica de que Dédalo construiu uma vaca mecânica para que Pasífae pudesse dormir com um touro. Ariadne ouve os rumores quando vai ao mercado disfarçada, enquanto Stephan testemunha serviçais fazerem piadas sobre os chifres de alguém — rumores sobre Astério que são cimentados por sua reclusão no templo. A decisão de Myrrah de usar esse boato para justificar o sacrifício de atenienses mais uma vez cria o monstro a partir de uma criança — e, uma vez produzido, ele deve ser abatido quando Astério emerge do labirinto, *sem* chifres. No fim do romance, Stephan ouve alguns cortesãos falando sobre o colapso do novo templo, com um menino entusiasmado afirmando que Teseu matou o Minotauro, e que ele viu a sombra de seus chifres na parede e seus ossos no chão do templo.[47] O monstro cresce sobre a imagem da criança deficiente, construído pelas palavras de pessoas que não o conhecem e nunca o veem, com base em sombras e sussurros. Depois que Astério sai da sombra e é honrado por suas ações, o monstro continua, embora em sua própria história — *Double Axe* não mantém Astério preso dentro do monstro que outros fabricam ao seu redor.

Ruth Rendell, escrevendo sob o pseudônimo Barbara Vine, assume um rumo diferente em *The Minotaur* [O Minotauro] (2005). Esse romance policial sobre a excentricidade inglesa é visto pelos olhos de Kerstin, uma jovem sueca que passou a ser cuidadora de John Cosway. John vive com a mãe viúva e as quatro irmãs no etéreo e antigo Lydstep Old Hall. Embora Kerstin tenha 24 anos na época dos principais eventos do romance, ela o narra cerca de quarenta anos depois, o que permite que as ações de sua juventude sejam contadas com a sabedoria da visão posterior. Isso se mostra fundamental na forma como o leitor é apresentado a John e como as próprias reações de Kerstin a ele são enquadradas. No começo ela pensa que vai trabalhar como cuidadora de um esquizofrênico, mas, em vez disso, se vê na expectativa de ser uma companheira impassível para um homem que ela mesma descreve como um zumbi.[48] Ela logo descobre que a sra. Cosway tem dopado seu filho com remédios fornecidos pelo médico da família, que (ao que parece) é seu amante há tempos. Kerstin tem alguma formação médica, e por isso pergunta sobre a necessidade da prescrição de barbiturato e clorpromazina. O dr. Lombard a informa de que é necessário prevenir que a psicose de John tome conta dele e impedir que se torne violento.[49]

Depois que a sra. Cosway sofre uma queda nas escadas e é hospitalizada com uma fratura no tornozelo, John se recusa a tomar sua medicação de Kerstin ou de sua irmã Ida. Kerstin começa a notar diferenças no comportamento de John, tais como uma maior consciência do ambiente e interação verbal mais rica com ela.[50] A jovem faz uma visita à biblioteca pública mais próxima, onde pesquisa sobre uma das drogas que John tem tomado e descobre que pode esta ser responsável pelos tremores que ele sofre, o que a conscientiza sobre a decisão de não forçá-lo.[51] À medida que os efeitos entorpecentes das drogas diminuem, John começa a se tornar mais funcional, quando não engajado. A morte do dr. Lombard faz com que a sra. Cosway não consiga mais os medicamentos, nem que outro médico prescreva a mesma dosagem alta sem um exame adequado da paciente. Consequentemente, mais e mais traços do que Kerstin identifica retrospectivamente como síndrome de Asperger emergem.

A apresentação do diagnóstico de John é mediada pela maior base de conhecimento da versão mais velha de Kerstin — "todos sabem sobre o autismo agora" —, mas, com o desenrolar dos acontecimentos, ela não desafia diretamente o diagnóstico estabelecido de esquizofrenia violenta de John. O novo diagnóstico formal acontece fora dos eventos que o romance narra.[52] O uso da voz da versão mais velha de Kerstin possibilita que, enquanto o leitor contextualiza o comportamento de John e as reações da família a ele, o romance apresente as experiências da Kerstin mais jovem sem diagnóstico retrospectivo ou esclarecido. O medo e a aversão gerados pelo comportamento não medicado de John não são afetados pela compreensão que o leitor tem de sua condição.

O processo de tornar John um monstro torna-se explícito em sua associação com a biblioteca de Lydstep Old Hall. Quando Kerstin chega pela primeira vez, ela é avisada da existência de um labirinto, mas não consegue encontrar um em nenhum lugar da propriedade. Acontece que se trata da biblioteca, que fica sempre fechada para manter John fora dela. Kerstin aproveita para entrar lá com Zorah, a irmã mais nova dele, e descobre um labirinto criado por estantes colocadas para criar passagens estreitas, cobertas com livros encadernados em couro, levando a um espaço quadrado no centro, onde há um atril de bronze e a forma de um jovem com as mãos estendidas.[53] Zorah lhe diz que, na próxima vez que vier, deve trazer um novelo de lã, como Teseu fez no covil do Minotauro. A irmã mais velha, Ella, também se refere ao mito "daquele lugar que ficava em Creta" quando convida Kerstin a ir até a biblioteca pela segunda vez.[54] À medida que os efeitos da medicação de John desaparecem, ele passa mais e mais tempo na biblioteca (tendo a chave sido convenientemente "perdida"), às vezes adormecendo lá. Ele se ocupa, entre outras coisas, com problemas de matemática.

É no centro do labirinto da biblioteca que John deve ser buscado no dia do inevitável assassinato, do qual é acusado. Kerstin e Ella ouvem um barulho terrível e descem à sala de visitas, encontrando a irmã mais velha, Ida, a sra. Cosway com as mãos ensanguentadas, John enrolado no sofá e o cadáver da segunda irmã, Winifred, no chão, a cabeça e o rosto esmagados por um vaso de vidro romano que se encontra estilhaçado no chão. Tanto a sra. Cosway quanto Ida afirmam que John foi o responsável, e a polícia o leva, mas suas mãos não mostram sangue nem cortes. Kerstin também duvida da história porque o vaso de vidro romano era o único objeto com o qual John mantinha uma conexão emocional. Ela atribui as lágrimas do homem à profunda angústia de sua destruição. Seu retiro na biblioteca, para provar o teorema de Pitágoras, leva-o de volta a coisas confortáveis, familiares — que de alguma forma estão todas ligadas à antiguidade.

A sra. Cosway, Ida, Winifred e Ella não conseguem entender o apego de John por esses objetos. Eles representam a tradição da educação clássica que o status de John como jovem inglês rico da época deveria lhe proporcionar, mas que sua condição o impediu de acessar plenamente. De certa forma, a família o emasculava, já que também era negado historicamente às mulheres o acesso ao aprendizado clássico. Suas tentativas de isolá-lo do que poderia ser categorizado como herança da elite masculina andam de mãos dadas com a relutância em se envolver com sua condição real. O desejo da sra. Cosway de mantê-lo o mais sedado possível é essencialmente uma forma de não precisar lidar com a realidade da personalidade de seu filho, que, embora difícil, não é hedionda. Com exceção de Zorah, amplamente solidária com John, embora mais preocupada em marcar pontos com o resto da família, os parentes tentam abstraí-lo de sua verdadeira identidade e enterrar sua monstruosidade. Com o supressor químico removido, John se torna o Minotauro dentro de seu labirinto literário mais uma vez. No entanto, ele não é violento — a sra. Cosway atribui a violência a ele como um deslocamento da raiva e frustração que sente em relação à condição do filho. Em vez disso, assim como a tendência minotaurina de John se reestabiliza, a brutalidade irrompe na morte de Winifred — e, no final, na destruição do Lydstep Old Hall e do labirinto. A sra. Cosway viu o monstro, mas não entendeu direito onde realmente estava o perigo.

E aqui, penso eu, está o ponto compartilhado sobre esses Minotauros da mente — eles são sempre fundamentalmente mal compreendidos. Nosso moderno conhecimento de condições de desenvolvimento, como autismo e Asperger, significa que somos muito mais conscientes das características que lhes estão associadas, por isso o tipo de alienação que de que essas deficiências são alvo está mudando invisivelmente a sua forma de manifestação. O tipo de antagonismo visto em *Minotaur* substituiu o monstruoso sobrenatural que circunda *Double Axe*. Em ambos os casos, a hostilidade é deslocada. Esses Minotauros participam da tendência a leituras simpáticas à besta, separando o senso de "outro" (e ele é inegavelmente o "outro" para os narradores neurotípicos) da malevolência.

***

Enquanto seguimos o Minotauro em seu caminho para encontrar diferentes labirintos nos quais habitar (ou, talvez, diferentes rotas através do que é, em última análise, o mesmo labirinto), nossos passos nos levam por uma variedade de ambientações, em que o foco constante é a fina linha divisória entre o humano e o animal. O fascínio pela natureza da identidade marca as manifestações do Minotauro, juntamente com um forte senso de associação com o espaço, que traz o labirinto para a conversa. A ideia subjacente de lugar ameaçador, não humano, cria espaço para o aparecimento de novos brotos monstruosos à medida que geramos novos espaços a ocupar e precisamos de novas formas de articular as ameaças que vêm com eles. No entanto, independentemente de como o Minotauro possa parecer humano, a besta sempre voltará.

Epílogo

AS SEREIAS AINDA CANTAM

No outono de 2016, o Projeto Naked Truth, uma instituição de caridade cristã, publicou um vídeo na plataforma Vimeo que prometia compartilhar alguns passos básicos para as pessoas que querem parar de consumir pornografia.[1] O vídeo recorreu às histórias improváveis de Jasão e Odisseu fugindo das sereias a fim de fornecer dicas-chave aos espectadores masculinos — evite o que puder, peça ajuda e busque a direção da melhor música (assim como Jasão pediu a Orfeu que cantasse mais alto que as sereias). A ameaça das sereias, sexual e visual em vez de (como em Homero) etérea, torna-se a ameaça da pornografia, atraindo os homens para as rochas dos relacionamentos danificados.

No vídeo, o desejo de ser "autêntico" duela com a necessidade de apresentar também os heróis. Os produtores sabem que as sereias na tradição grega (*sirens*) apareceram originalmente como mulheres com asas de pássaro em vez de rabos de peixe, e as apresentam dessa forma mais "precisa".[2] Essa atenção às fontes está, no entanto, ausente nos relatos dos próprios mitos, em particular na história de Odisseu. As sereias homéricas são perigosas por causa da doçura de seu canto. Elas ameaçam o regresso seguro de Odisseu, encarnando as tentações do conhecimento, não da sedução sexual. Enquanto o locutor do vídeo observa que Odisseu pediu a sua tripulação para bloquear seus próprios ouvidos com cera de abelha e amarrá-lo ao mastro, ignorando seus apelos para ser liberado, ele apaga o fato de que o herói apresentado como modelo a ser seguido deseja, de fato, sentir o prazer perigoso de ouvir a canção das sereias ele mesmo, e coage sua tripulação a uma situação arriscada, a fim de satisfazer seus próprios desejos.

Iniciei este livro afirmando que estava cansada de heróis. Ainda estou cansada de heróis, principalmente quando tentam apelar para esse tipo de bobagem, varrendo suas próprias falhas para debaixo do tapete e culpando os monstros pela bagunça. O vídeo que o Projeto Naked Truth produziu é mais um exemplo do desafio que os monstros clássicos enfrentam no mundo moderno, e têm enfrentado, indefinidamente, em meus estudos de caso — um desejo cultural de ser "genuíno", o que quer que isso signifique, resultando em heróis ou escravos em navios, fazendo do monstro clássico uma cifra na melhor das hipóteses e forragem de espada na pior delas. No entanto, negociar essa tensão, a incorporação do monstro na narrativa heroica e sua independência em relação a ela está no centro da compreensão de como os monstros clássicos funcionam dentro da cultura popular, e do motivo de eles se comportarem de maneira diferente dos outros monstros que proliferam nos meios de comunicação de massa.

Embora os monstros clássicos possam não inspirar tanto terror em nós, ainda são capazes de fazer perguntas difíceis sobre o que nossa cultura valoriza e se os limites que pensamos ter estabelecido realmente permanecem firmes. Sua capacidade de inspirar medo vem de sua natureza incógnita — não podemos recuperar o que eles significavam na antiguidade, e jamais saberemos que forma eles assumirão quando surgirem da próxima vez. Eles têm resistido às tentativas de serem colocados sob controle, preservando sua liberdade para se definir e assumir novas formas, a fim de continuar a nos interrogar. Seu poder, seu *impacto*, vêm de sua consistência amoderna, da insistência em serem antigos e contemporâneos e da recusa em comprometer a ambiguidade inerente a eles. Olhar para os monstros clássicos em um contexto, em oposição à obsessão de se prender a um único broto, permite-nos apreciar a forma sempre mutável que eles assumem à medida que se movem entre nós.

Este livro fez o primeiro movimento para desdobrar a complexa função dos monstros clássicos em seus disfarces contemporâneos. Espero que qualquer pessoa que o leia e que tenha, em seu trabalho diário, condições de alimentar novas tendências sobre monstros clássicos passe a pensar, agora mais cuidadosamente, sobre essas narrativas dominantes, sua função de menosprezar o que os monstros clássicos podem fazer e as possibilidades criadas ao dar espaço a eles. Da mesma forma, para aqueles leitores que em seu dia a dia encontram, em vez de criar, monstros clássicos, espero ter dado alguma visão do porquê de haver mais para olhar, e que você entenda o valor de olhar o monstro nos olhos.

Acima de tudo, este livro quis mostrar que existe outra maneira de fazer as coisas. *Podemos* estar cansados de heróis. *Podemos* nos voltar para os monstros. E, ao fazê-lo, podemos aprender sobre outras maneiras significativas através das quais a cultura clássica continua a se entrelaçar com as formas e ideias evolutivas da sociedade moderna.

Leve-me de volta para os monstros.

AGRADECIMENTOS

Embora o livro seja sobre monstros, tenho o prazer de agradecer a alguns heróis que me ajudaram enquanto eu o escrevia.

Percebi que este livro precisava ser escrito enquanto trabalhava no meu artigo para a conferência sobre o legado de Ray Harryhausen e o mundo clássico, coordenada por Penny Goodman e Steve Green em 2011. Os participantes das conferências Swords, Sorcery, Sandals and Space (2013), From I, Claudius to Private Eyes (2014), Diversity in Speculative Fiction (2014), Our Mythical Childhood: Chasing Mythical Beasts (2016), Celtic Classics Conference (2016), Transnational Monstrosity in Popular Culture (2017), Nine Worlds (2017) do seminário de pesquisa departamental na Universidade de Liverpool, todos deram um feedback atencioso para as versões anteriores desta pesquisa.

Os monstros parecem inspirar a generosidade. Alexis Christensen, Catherine Edwards, Jon Greenaway, Clara Shaw Hardy, Stuart McKie, Aven McMaster, Farah Mendlesohn, Carly Silver, Diana Spencer e Jeff Veitch me aconselharam sobre a leitura formativa. A dissertação de mestrado de Sam Ridley sobre o monstruoso na tragédia de Sêneca coincidiu muito bem com minha luta inicial contra os fundamentos da teoria do monstro. Anna Reeve gentilmente me emprestou um livro (e teve muita paciência para esperar que eu o devolvesse). Toph Marshall e Will Duffy compartilharam seu trabalho sobre recepção clássica em *Dungeons & Dragons*. Hannah Cornwell me indicou o estudo de caso que abre o livro, e Natalie Collins me falou sobre aquele que o fecha. A Bitch Media me ajudou a ter foco nas leituras sobre cultura popular, tanto que vários artigos publicados por eles constam na bibliografia.

Os escritores de livros são membros de muitas comunidades diferentes, e eu não sou exceção. Meus colegas do Departamento de Clássicos da Royal Holloway, na Universidade de Londres, ofereceram suporte constante enquanto trabalhei nesta obra, inclusive viabilizando uma licença sabática no início do processo de pesquisa. Em particular,

Siobhan Chomse, Zena Kamash e Efi Spentzou foram de um coleguismo incondicional. Nick Lowe abraçou o projeto com seu entusiasmo sem limites, inclusive possibilitando que eu consumisse grandes quantidades de *Hércules* e *Xena*. Agradeço a todos os que interagiram comigo no Twitter à medida que este livro foi progredindo — são muitos nomes para citar, mas todos vocês são incríveis. David Bullen, Jane Draycott, Howard Hardiman, Naomi Gutierrez, Nyasha Junior, Tony Keen, Helen Lovatt, Miriam Moules, Sharleen Schier e Lucy Shipley, assim como os dois leitores anônimos da Bloomsbury Academic, cederam seu tempo para ler e comentar vários rascunhos. Menção especial para Catherine Baker e Emma Bridges, que, não contentes em ler o rascunho na íntegra, deram uma olhada nas seções novas e revisadas depois! Amelia Dowler, Tony Keen, Ellie Mackin Roberts e Clare Vernon ouviram meus triunfos e tribulações em igual medida. A companhia deles na Biblioteca Britânica tornou este livro muito mais rico do que poderia ter sido.

Alex Wright primeiro me convenceu que eu poderia e deveria escrever este livro, e o defendeu incansavelmente durante seu tempo no I. B. Tauris. Alice Wright liderou o processo de produção do projeto na Bloomsbury Academic, junto com Lily Mac Mahon, Rachel Singleton, Roza I. M. El-Eini e Merv Honeywood. A equipe da Biblioteca Britânica, do Institute of Classical Studies e do Essex Library Service, juntamente com Debbie Phillips, da Royal Holloway, me ajudou a acessar volumes sobre uma gama de assuntos cada vez mais esotéricos.

Emily Anastasi, Emma Bowen, Chelsea Hawkins, Afsha Khan, Nikki Turner e Chanelle Witchell foram fantásticas cuidadoras de crianças ao lado do restante da equipe da Kids Inc. Nurseries. Nicoleta Baltac, Leanne Mundell, Nina Nikolova e Lilia Sarpe fizeram este livro ser escrito em uma casa limpa, embora nem sempre arrumada. Sem o trabalho delas, este momento não aconteceria.

Ter monstros em casa não é motivo de riso. Meus pais, Erica e Bill, me propiciaram tempo e espaço para lutar com eles, e me encorajaram nisso como em tudo o mais. Geoff suportou a invasão de um aglomerado de bestas míticas com uma desenvoltura impressionante, embora nós dois tenhamos ficado felizes em vê-los partir antes que derramassem todo o armário das bebidas. Rufus nunca conheceu um mundo sem este livro; o contrato editorial foi assinado antes do seu nascimento. Ele tem sido muito compreensivo quando preciso cuidar dos "monstros da mamãe". Prometo a eles que vou tentar dar um tempo antes de escrever o próximo.

Finalmente, algumas palavras sobre a dedicação a este livro. Desde que voltei ao Reino Unido após completar meu doutorado nos Estados Unidos, tenho visto o ensino superior neste país avançar para um sistema que depende cada vez mais de contratos fracionários ocasionais, enquanto os empregos permanentes se tornam cada vez mais escassos. Vejo colegas fantásticos, talentosos e perspicazes que estão a um ano ou dois de concluir seu PhD serem solicitados a demonstrar para comitês de contratação que são especialistas reconhecidos internacionalmente em suas áreas de pesquisa, a fim de obter um contrato de ensino de dez meses. Em um sistema de educação comercializada, os acadêmicos em início de carreira têm seu tempo, trabalho e disposição explorados, enquanto ouvem que a experiência será de alguma forma boa para eles. Esses estudiosos e professores lutam todos os dias contra os monstros do trabalho precário. Eles são os únicos heróis para os quais tenho tempo.

FIGURAS

NOTAS

Introdução

1 Hardwick (2003) oferece uma excelente visão geral sobre o funcionamento da recepção dos clássicos e o que está em jogo nela. Este livro não abrange a recepção do antigo Egito ou do antigo Oriente Próximo. Espero que outros cubram essas áreas no futuro.

2 Augoustakis e Raucci (eds.) (2018) abordam essa questão.

3 Lowe e Shahabudin (eds.) (2009) pesquisam sobre os debates em torno do olhar sobre esse tipo de artefato cultural.

4 Os livros infantis com conteúdo clássico não são novidade; ver Maurice (ed.) (2015b).

5 Nisbet (2006), xiii.

6 Asma (2009), 1-15, resume essas características-chave.

7 Para os que se interessam por centauros, recomendo Maurice (2015a).

Capítulo 1

1 O anúncio pode ser assistido em: https://www.youtube.com/watch?v=LTC7zlCR2w0 (acesso em: 2 abr. 2019); um vídeo "por trás das câmeras" está em: https://www.youtube.com/ watch?v=GF-xUDcP7Ac (acesso em: 2 abr. 2019). No painel de inspiração apresentado no segundo vídeo, a sereia é rotulada como *mermaid*; estou me permitindo essa liberdade de definição dada a estreita relação entre os monstros. Ver Berman (1988) para mais informações sobre as relações entre *siren* e *mermaid*.

2 Cohen (1997).

3 Ver, por exemplo, Felton (2012) e Lowe (2015).

4 Marshall (2018) discute a recepção dos clássicos na franquia *Dungeons & Dragons*.

5 Hassig (1996) explora os bestiários medievais e seus monstros. Os ensaios em Tobin e Acereda (eds.) (2004) consideram o fenômeno Pokémon, incluindo as questões de localização cultural enfrentadas ao ultrapassar as fronteiras do Japão.

6 Buckingham e Sefton-Green (2004), 21-2.

7 Rose (2000) faz uma abordagem enciclopédica dos monstros em geral.

8 Nisbet (2011), discutindo *P.Oxy.* XXII 2331.

9 Mayor (2000), 22-53, chega a essa conclusão como parte do argumento mais amplo de que os gregos e romanos conheceram os fósseis de grandes espécies de vertebrados e se envolveram com eles.

10 Cohen (1997).

11 Mittman (2012), 6.

12 Ibid., 8.

13 Köster (2014).

14 Por exemplo, os ensaios em Levina e Bui (eds.) (2013) afirmam oferecer uma visão geral da cultura dos monstros no século XXI. Há múltiplas considerações sobre vampiros, zumbis e lobisomens, mas não sobre monstros clássicos.

15 O hermafrodita estaria agora localizado no interior da comunidade intersexo. O grego e o latim usavam os substantivos do gênero masculino *androgynus* e *hermaphroditus* para identificar corpos intersexuais.

16 Sedgwick (1990), 160-6.

17 Esses filmes foram fortemente influenciados pela tradição japonesa *kaiju*, exemplificada por *Godzilla* (1954).

18 Weinstock (2012), 276.

19 Essa injustiça sistêmica criou o movimento Black Lives Matter, estabelecido após a absolvição de um homem branco que assassinou o adolescente negro Trayvon Martin.

20 Haraway (1991) explora o significado dessa quebra de barreira em particular.

21 Weinstock (2012), 277.

22 Felton (2012), 127.

23 Barton (1993), 81.

24 Benshoff (1997) investiga amplamente a história do monstro homossexual no cinema hollywoodiano.

25 Click, Lee e Holladay (2013) analisam o modo como Lady Gaga construiu relações com seus fãs com base em uma mensagem de autoaceitação.

26 Douglas é conhecida pelos classicistas por causa do impacto de seu trabalho sobre o estudo da religião antiga, sobretudo a proposta de que sua análise da relação entre a tribo Lele e o pangolim deveria informar nosso entendimento sobre as Virgens Vestais romanas. Ver Beard (1980) e (1995).

27 Carroll (1990), 33-4, oferece um resumo útil.

28 Prince (2004).
29 Ibid., 128.
30 As referências remetem à tradução de Freud (1919 [2003]) da Penguin.
31 Ibid. (1919, tradução de 2003), 157.
32 Ibid., 155.
33 Halberstam (1995), 116.
34 Ibid., 119.
35 Felton (2012), 103.
36 Foucault (2003), 43-8.
37 Ibid., 48.
38 Attebery (2014), 115.
39 *Three Day Road* [Estrada dos três dias], de Joseph Boyden (2005), que mostra um membro da tribo Cree tornando-se um Wendigo, ilustra as sensibilidades que estão em jogo. As reivindicações de Boyden à herança indígena passaram por intenso escrutínio, levantando questões sobre ele ter ou não o direito de usar esse material cultural do modo como fez.
40 Haraway (1992), 299.
41 Braidotti (2002), 22.
42 Ibid., 11-12.
43 Haraway (1992), 300.

Capítulo 2

1 Asma (2009), 283.
2 Booker (2001), 140.
3 Carroll (1990), 34-5.
4 Simpson (2014), 45-9 e 99-105, considera essas questões em relação à nação Mohawk em Kahnawake.
5 Carroll (1990), 99.
6 Strauss Clay (1993), 111.
7 Ibid., 113.
8 Pache (2011), 43-69.
9 Green (2007), 147-84, explora o significado do *rex nemorensis*.
10 Ovídio, *Metamorfoses* 3.138-252.
11 Ovídio, *Metamorfoses* 8.260-444.
12 Von Stackelberg (2009) analisa os modos como o jardim romano foi vivenciado como liminar e intersticial.
13 Newby (2012) explora o uso de paisagens mitológicas violentas no design doméstico romano.

14 Felton (2012), 105.
15 Carroll (1990), 35.
16 Felton (2012), 105.
17 Cohen (1997), 4-6.
18 Wood (1984), 181.
19 Attebery (2014), 11-12.
20 Murnaghan e Roberts (2017) exploram a tradição dos livros infantis que recontam o mito.
21 Carroll (1990), 12.
22 Ibid., 16.
23 Ibid.
24 Cohen (1997), 20.
25 Marshall (2018) relacionou 7 bestiários de D&D de 1974 a 2014. Na menor contagem, 15 monstros clássicos estão representados (1974), com a maior contagem chegando a 25 (1995).
26 Marshall (2018).
27 Duffy (2018).
28 Adams (1986), 31.
29 Benjamin (2008), 22-4. Embora um trabalho com o mesmo título tenha aparecido em 1935, a segunda versão (que Benjamin desejara ter publicado originalmente, e da qual esta é uma edição traduzida) só foi publicada em 1989.
30 Benjamin (2008), 26.
31 Ibid., 31.
32 Ibid., 35.
33 Haraway (1992), 300.
34 Ibid. (1988) explica por que essas alegações de objetividade devem ser entendidas dentro de seus contextos históricos específicos.
35 Nisbet (2006), 24-30.
36 De Lauretis (1984), 139.
37 Haraway (1988), 581-2.

Capítulo 3

1 Cohen (1997), 16.
2 Keen (2015). Dyer (1986) argumenta que a imagem do astro é levada de uma produção cinematográfica para outra, portanto um astro é compreendido tanto em termos do seu papel anterior quanto do atual. Carlson (2001), 52-95, explora a atividade desse "corpo assombrado" sobre o palco.

3 Michelakis e Wyke (eds.) (2013) fornecem uma inestimável introdução aos temas clássicos do cinema mudo.

4 Solomon (2001) investiga as duas primeiras fases. Os ensaios em Pomeroy (ed.) (2017b) oferecem uma análise profunda das três fases.

5 Solomon (2001), 131.

6 Ibid., 322.

7 Rushing (2016), 100-35, analisa pele e músculo na tradição do *peplum*, embora omitindo a luta de monstros como espetáculo físico.

8 Wyke (1997), 71.

9 Radford (2017) explora a influência do Comitê de Atividades Antiamericanas em *Ben-Hur* (1959) e *Spartacus* (1960).

10 Hughes (2011), 1-27, Rushing (2016), 12-18, e Pomeroy (2017a) discutem esse tema com mais detalhes.

11 Hughes (2011), 3, identifica o bisão. Tony Keen acredita que se trata de um bisão europeu (correspondência pessoal, julho de 2018).

12 Rushing (2016), 14.

13 *King Kong* prefigura o enquadramento do monstro como objeto ao mesmo tempo de simpatia e de medo.

14 Harryhausen e Dalton (2009), 133.

15 Keen (2013).

16 Harryhausen e Dalton (2009), 49.

17 Ibid., 98.

18 Ibid., 131. Harryhausen estava preocupado com o uso de fantasias desde *A invasão dos discos voadores* (1956). Restrições orçamentárias implicavam que ele estava "reduzido a desenhar um traje para os atores", e ele sentia que os alienígenas pareciam "desmantelados e falsificados" (Harryhausen e Dalton, 2009: 81).

19 Keen (2013) explora as implicações dos elementos gregos nos filmes de *Simbad*.

20 Harryhausen e Dalton (2009), 113.

21 OKell (2013) considera a influência do ciclope de Harryhausen nas representações posteriores do monstro.

22 Harryhausen e Dalton (2009), 106.

23 Apolodoro 1.9.16-28.

24 Harryhausen e Dalton (2009), 151.

25 Ibid., 165.

26 Ibid., 246.

27 Ibid., 246.

28 Ibid. (2011), 116.

29 Ibid. (2009), 265. Torjussen (2016) acompanha o Kraken desde suas origens nórdicas até *Fúria* e além.

30 Exploro o significado da paisagem e dos monstros nos dois filmes *Fúria de Titãs* em Gloyn (2013).

31 Harryhausen e Dalton (2009), 272.

32 Ibid.

33 Ibid., 8.

34 Stoichita (2008) explora "o efeito Pigmalião" no cinema por meio do embaçamento das linhas entre o corpo e a escultura.

35 Solomon (2001), 83-90.

36 Pallant (2011) analisa o lugar do filme dentro do gênero *peplum*.

37 Pallant (2011), 179.

38 Essa interpretação se baseia na tradição cristã de considerar Hércules uma alegoria da vida moral ou da própria luta de Cristo contra o mal; ver Stafford (2012), 202-15. Rowland (2016), 71-101, explora a maneira como os cristãos da Idade Média reagiam ao relacionamento de Hércules com sua esposa Dejanira.

39 Blanshard e Shahabudin (2011) descrevem a contribuição estética particular de Scarfe.

Capítulo 4

1 *300* foi precedido por *Sin City* (2005), baseado em uma história em quadrinhos ambientada no Oeste americano, criada por Miller. Rushing (2016), 54-7, analisa a estética formal.

2 Diak (2018) defende a denominação desses filmes e de seus parceiros da televisão como "neo-pepla".

3 Raucci (2015) analisa os modos como as encarnações modernas do herói grego têm sido vendidas para o público.

4 Solomon (2001), 21.

5 Courcoux (2009), 38.

6 Esse conceito de hiper-real foi desenvolvido por Baudrillard (1994).

7 Hesíodo, *Teogonia* 319-324.

8 Ogden (2013), 98-104, pesquisa as evidências da Quimera.

9 Apolodoro 2.3.1-2.3.2, Higino, *Fábulas* 57.

10 O vídeo está disponível em: https://www.youtube.com/watch?v=SiwS1HLwrS4 (acesso em: 21 fev. 2019).

11 O vídeo está disponível em: https://www.youtube.com/watch?v=OhBqwCTGG5w (acesso em: 21 fev. 2019).

12 Lacey (2012).
13 LaSalle (2012).
14 Neumaier (2012).
15 Whitty (2011).
16 O capítulo 2 explica o olhar heliotrópico.
17 O labirinto aparece nos livros de Percy Jackson como um espaço monstruoso por direito próprio, mas os filmes não chegaram tão longe na narrativa.
18 Riordan (2013), 51, 86.
19 Salzman-Mitchell e Alvares (2017), 322, argumentam que a localização da loja de jardinagem em Nova Jersey encarna "um lugar ermo, desolado e abandonado". O capítulo 7 explora as formas como essa Medusa manifesta sua monstruosidade.
20 Considerando que a trama desse filme feito para a televisão cria um novo episódio na jornada de Odisseu, apresenta Homero como um membro do bando de Odisseu, dá a Perséfone ambições grandiosas de conquistar o mundo e conclui com a criação de vampiros, essa é provavelmente a melhor saída.
21 A fala não aparece em Coen e Coen (2000), 60, que termina em "vejo vocês na seção de quadrinhos!", despedida casual no inglês que ironiza os fatos absurdos da vida cotidiana.
22 Coen e Coen (2000), 51.
23 Davies, Shaw e Tierney (2014), 1-2.
24 Ibid.
25 Lindsay (2016), 183-4; Kermode e del Toro (2006).
26 Kermode e del Toro (2006).

Capítulo 5

1 Harrisson (2017) faz uma análise detalhada de *I, Claudius*.
2 Hobden (2017) explora os modos como os documentários sobre o mundo antigo apelam para as ideias de autoridade.
3 Johnson (2005).
4 James (2011), 137-49, oferece uma leitura prolongada desse episódio.
5 Willis (2017).
6 A curta série animada de *Hércules* (1998-9) faz algumas coisas semelhantes, limitada pelo formato de desenho animado e pela audiência pretendida.
7 Como observam Cyrino e Safran em relação ao mito no cinema, "em textos criados para plateias populares, fazer a história parecer

verdadeira diante das experiências e fantasias do espectador é mais importante do que garantir a fiel replicação na tela do material de origem" (2015a: 2). Lees (2016) traça algumas ideias conflitantes sobre a questão da autenticidade em relação ao material de origem carregado para a tela.

8 Johnson (2005), 4.

9 Hills (2002), 137.

10 Agradeço a Nick Lowe por me apontar isso.

11 Weisbrot (1998), 54.

12 A versão de Virgílio está em *Eneida* 2.203-227.

13 *O herói de mil faces* (1949) de Campbell tenta identificar um monomito ao qual todas as histórias acabam se conformando. Essa abordagem normalmente suaviza as diferenças entre as tradições narrativas e apaga quaisquer características que não se encaixem no padrão predeterminado.

14 Apolodoro, *Fabulae* 2.4.8.

15 Weisbrot (1998), 10.

16 Ibid., 8.

17 O capítulo 1 discute as teses de Cohen sobre monstros.

18 Weisbrot (1998), 192.

19 Ibid., 230.

20 DuBois (1982), 31-2.

21 Ver capítulo 2.

22 Felton (2012), 105-13.

23 Faludi (1993) oferece uma análise ainda relevante do fenômeno do *backlash*, termo que pode ser traduzido livremente como a rejeição aos avanços das conquistas de direitos das mulheres.

24 Whelehan (2013), 88-90 descreve as dificuldades contínuas que as mulheres mais velhas enfrentam em Hollywood.

25 Weisbrot (1998), 202.

26 Ogden (2013) oferece uma visão geral do *drakōn* na antiguidade.

27 A narrativa de Hércules, especialmente em *As traquínias*, de Sófocles, revela o herói como um abusador. Rowland (2016) explora as formas como a história da recepção dessa obra tem destacado o tema da violência doméstica.

28 Isso pode ser um trocadilho deliberado sobre herpes.

29 Sorbo (2011), 34-6.

30 Ibid., 113, 161.

31 Ibid., 151, 164.

32 Ibid., 182.

33 Ryfle (1998), 117-18.

34 King Ghidorah original tem três cabeças, portanto essa pode ser uma tentativa de contornar os direitos autorais.

35 Isso novamente mostra a influência de Joseph Campbell; ver capítulo 5. Eu me lembro de dois episódios em *Buffy, a caça-vampiros* que associam a conclusão do ensino médio com a derrota de um demônio recém-ascendido ("O dia da graduação" Partes 1 e 2, 3.21 e 3.22).

36 O enredo de Ephiny é discutido no capítulo 6.

37 Ver Western e Pettit (2010).

38 Sorbo (2011), 219.

39 Ibid., 220-3.

Capítulo 6

1 Weisbrot (1998), 5.

2 Johnson (2005), 90-1.

3 Willis (2017), 112.

4 Ver capítulo 5.

5 Early e Kennedy (2003a), 5.

6 Ver Jones (2000), 14-15.

7 Os telespectadores podem ter visto o primeiro casamento lésbico exibido na televisão em *Friends*, quando a ex-mulher de Ross se casa com a amante (1996); Ellen, a personagem principal da série de mesmo nome, se assumindo na televisão e na vida real (1997); Willow descobrindo sua identidade lésbica antes de tentar destruir o universo na quarta temporada de *Buffy, a caça-vampiros* (1999-2001); e a estreia no Showtime de *Queer as Folk* (2000).

8 A representação da relação não é tão positiva. Caudill (2003) explora o fato de que o "lado obscuro" de *Xena* oferece uma emoção especificamente erótica nos episódios da série e nas respostas dos fãs.

9 Eles se casaram em 28 de março de 1998, enquanto a terceira temporada de *Xena* estava no ar.

10 Sorbo (2011), 222.

11 Ver capítulo 5.

12 Weinstock (2012), 276.

13 Willis (2017) analisa esse episódio mais detalhadamente.

14 Os tropos contemporâneos sobre a ameaça da sexualidade masculina especificamente negra estão ausentes, na medida em que os centauros nunca representam uma ameaça sexual distinta.

15 A mudança de *Xena* do Ocidente para o Oriente cria alguns problemas sérios com o orientalismo; ver Kennedy (2003).

16 Willis (2017).

17 Johnson (2005).

18 Na época em que escrevi, maio de 2018, Jodie Whittaker havia estreado como o décimo terceiro Doutor no Especial de Natal de 2017, e a temporada 11 do "Novo Who" era avidamente aguardada. Por mim, pelo menos.

19 Keen (2010), 106. A *Ilíada de* Homero fornece precedentes para um retrato simpático dos troianos. Potter (2018), 169-72, explora o contexto histórico em que "Doctor Who: The Myth Makers" (1965) foi produzido.

20 Keen (2010), 107, e Potter (2018), 174.

21 Ver Potter (2018), 177-8.

22 Keen (2010), 109.

23 Ver McMaster e Sundaram (2017), 42-3.

24 Sheldrick (2011).

25 Potter (2018), 181, relata as respostas do público a essa revelação.

26 McMaster e Sundaram (2017) analisam o papel das fontes clássicas na construção da identidade em *Doctor Who*.

Capítulo 7

1 Ogden (2013), 92-8, resume as antigas fontes para estudar a Medusa. Topper (2007) defende o desenvolvimento da "bela Medusa", com foco em vasos clássicos de figuras vermelhas.

2 Apolodoro 2.4.2.

3 Hesíodo, *Teogonia* 275-279.

4 Lowe (2015), 101-2.

5 Beard (2017), 73-9.

6 O capítulo 3 descreve o processo criativo de Harryhausen. As medusas na quinta edição de *Dungeons & Dragons* são retratadas com pernas, mas isso provavelmente surgiu de suas origens como duendes amaldiçoados (Duffy 2018).

7 Harryhausen abandonou o bustiê que havia testado nos primeiros desenhos conceituais por achar que parecia vulgar (Harryhausen e Dalton, 2009: 272).

8 Um game de *Fúria de Titãs* foi lançado em 2010 no PlayStation 3 e no Xbox 360, e anunciado antes da exibição do filme nas salas de cinema.

9 Ver também capítulo 4.

10 Em cartazes publicitários dos filmes, o retrato da Medusa é estampado pela metade, preservando a ambiguidade visual sobre sua parte inferior.

11 Ver, por exemplo, Weinlich (2015) sobre as diferentes abordagens que os livros infantis fazem para recontar determinados mitos. Exemplos de recontos do mito de Perseu incluem *Perseus and the Gorgon Medusa* [Perseu e a Medusa górgona], de Geraldine McCaughrean (1998), *Say Cheese, Medusa!* [Diga xis, Medusa!], de Kate McMullan (2003), e *Perseus: The Hunt for Medusa's Head* [Perseu: a caçada à cabeça da Medusa], de Paul Storrie e Thomas Yeates (2008).

12 Powers (2015), 68.

13 Ibid., 178.

14 Ibid., 270.

15 Ibid., 152-3.

16 Ibid., 196-7.

17 Ibid., 348.

18 Masello (2011), 349.

19 Ibid., 353.

20 Ibid., 391.

21 Ibid., 399.

22 Ibid., 299.

23 A construção do que pode ser considerado uma criança ou um adulto é constantemente redefinida; ver Immel (2009).

24 Suzanne Collins tem falado com frequência sobre a importância do mito de Teseu para *Jogos vorazes;* ver, por exemplo, Collins (n.d.).

25 Keaton (2011), 2-3.

26 Ibid., 3-5.

27 Jernigan e Austin (2011) descrevem as convenções do romance paranormal.

28 Ibid., 229-34.

29 Ibid., 232.

30 Ibid., 196.

31 Lyons (2015).

32 Ibid. (2014), 45.

33 Ibid., 247.

34 Essa história está incluída em Clarke (2002).

35 Alguns grupos de águas-vivas são classificados no subfilo Medusozoa, presumivelmente por causa dos longos tentáculos e dos ferrões perigosos.

36 Baxter e Reynolds (2016), 109.

37 Ibid., 110-11.
38 Ibid., 10.
39 Ibid., 57.
40 Brown (2008) avalia a relação entre os clássicos e a ficção científica.
41 Baxter e Reynolds (2016), 291.
42 A Condé Nast recusou a permissão para reproduzir a capa, embora ela seja facilmente acessível em uma busca na internet.
43 Holmes (2007) fornece uma biografia sensível de Baartman, incluindo a repatriação de seus restos mortais para a África do Sul em 2002.
44 Gilroy (2004), 21-2.
45 Ovídio refere-se a gotas de sangue da Medusa transformando-se em cobras enquanto Perseu sobrevoava o deserto líbio levando sua cabeça (*Metamorfoses* 4.610-20).
46 Heaf (2013).
47 A imagem de um astro ou estrela consiste "não apenas em seus filmes, mas na promoção desses filmes e do artista por meio de pôsteres, aparições públicas, portfólios e assim por diante, além de entrevistas, biografias e da cobertura pela imprensa dos feitos e da vida 'privada' do astro" (Dyer, 1986: 2-3). Essa imagem cria "certa aura de expectativa" em torno do artista (Carlson, 2001: 67), que Rihanna utiliza a seu favor.
48 Young (2017).
49 Goodman (1996), 200-1.
50 Essa discussão deve muito a Byrd e Tharps (2002). Enquanto Rihanna e Smartt vêm de Barbados, pressões racistas semelhantes, decorrentes da história da ilha como colônia de açúcar britânica e centro comercial transatlântico de escravos, criaram uma cultura capilar segundo a qual "liso" é bom e "crespo" é ruim.
51 Butler (2007), 69.
52 Gray (2017).
53 Fleetwood (2012) analisa os laços que Rihanna e a publicidade em torno dela criaram entre a violência erótica e o desejo feminino negro.
54 Ibid., 432.

Capítulo 8

1 Ovídio, *Metamorfoses* 8.152-182, *Heroides* 4; Apolodoro 3.1.3-4, 3.15.7-*Epítome* 1.10.
2 Higino, *Fábulas* 40.
3 Agradeço a Deborah Roberts pelo trabalho "Picturing duality: the

Minotaur as beast and human in illustrated myth collections for children", [Retratando a dualidade: o Minotauro como besta e como humano em coleções de mitos ilustradas para crianças], apresentado na conferência Perseguindo Mitos... A Recepção de Criaturas da Mitologia Greco-Romana na Cultura Infantil e *Young Adult* como um Marco de Transformação, Varsóvia, 3 de maio de 2016.

4 Storey (2014), 27-8.

5 Gaiman (1996 [2001]), 310.

6 Ibid., 314.

7 Elber-Aviram (2013).

8 Douglass (2002 [2004]), 11.

9 Ibid., 489.

10 Fletcher (2006 [2007]), 372.

11 Ibid., 424.

12 Ibid., 432.

13 Ibid., 416, 420, 427, 444.

14 Ibid., 426.

15 Fletcher (2009), 126.

16 Douglass (2002 [2004]), 10.

17 Sherrill (2003 [2004]), 162.

18 Ibid., 229.

19 Ibid., 234.

20 Ibid., 1.

21 Ibid., 84-5.

22 Ibid., 84.

23 Ibid., 36.

24 Ibid., 283.

25 Ibid., 100.

26 Ibid., 176.

27 Ibid., 190-1.

28 Ibid., 201.

29 Ver capítulo 2.

30 Sherrill (2003 [2004]), 211.

31 Ibid., 243.

32 Ibid., 280.

33 Ibid., 281.

34 Ibid., 283.

35 Ibid., 311.

36 Ibid., 232.

37 Sherrill respondeu parcialmente a essa pergunta na continuação, *The Minotaur Takes His Own Sweet Time* [O Minotauro desfruta de bons momentos sozinho] (2016).

38 Gibbons (2000 [2006]), 52.

39 A ficção produzida para o nível intermediário, dirigida a leitores entre 7 e 14, anos acrescenta mais confusão.

40 Traweek (2014) analisa a natureza do romance como uma exploração do ato de relembrar e recontar.

41 Pelevin (2006), 25.

42 Ibid., 160.

43 Ibid., 162.

44 Haraway (1991), 152.

45 Womack (2016), 20.

46 Ibid., 40-1.

47 Ibid., 239.

48 Vine (2005 [2006]), 74.

49 Ibid., 156.

50 Ibid., 157.

51 Ibid., 161.

52 Ibid., 180.

53 Ibid., 105-6.

54 Ibid., 127.

Epílogo

1 Vídeo disponível em: http://thenakedtruthproject.com/jason (acesso em: 19 jul. 2018).

2 Hassig (1996), 104-14, analisa a evolução da sereia através da tradição bestiária medieval, que é provavelmente responsável pela eventual fusão entre os seres identificados como *siren* e *mermaid*.

FILMOGRAFIA

Longas-metragens

King Kong, dir. Merian C. Cooper e Ernest B. Schoedsack, RKO Radio Pictures (1933).

Godzilla (*Gojira*), dir. Ishirô Honda, Toho Company (1954).

A invasão dos discos voadores, dir. Fred F. Sears, Columbia Pictures (1956).

As façanhas de Hércules, dir. Pietro Francisci, Lux Film (1958).

Simbad e a princesa, dir. Nathan Juran, Columbia Pictures Corporation (1958).

Ben-Hur, dir. William Wyler, Metro-Goldwyn-Mayer (1959).

Spartacus, dir. Stanley Kubrick, Universal Pictures (1960).

Jasão e os Argonautas, dir. Don Chaffey, Columbia Pictures Corporation (1963).

A nova viagem de Simbad, dir. Gordon Hessler, Columbia Pictures Corporation (1973).

Simbad e o olho do tigre, dir. Sam Wanamaker, Columbia Pictures Corporation (1977).

Fúria de Titãs, dir. Desmond Davis, Metro-Goldwyn-Mayer (1981).

Hércules, dir. Ron Clements e John Musker, Buena Vista Pictures (1997).

E aí, meu irmão, cadê você?, dir. Joel Coen, Buena Vista Pictures (2000).

Sin City, dir. Frank Miller e Robert Rodriguez, Dimension Films (2005).

300, dir. Zac Snyder, Warner Bros. (2006).

O labirinto do Fauno, dir. Guillermo del Toro, Warner Bros. (2006).

Percy Jackson e o ladrão de raios, dir. Chris Columbus, Twentieth Century Fox (2010).

Fúria de Titãs, dir. Louis Leterrier, Warner Bros. (2010).

Fúria de Titãs 2, dir. Jonathan Liebesman, Warner Bros. (2012).

Hércules, dir. Brett Ratner, Paramount Pictures (2014).

Séries de televisão

Doctor Who: The Myth Makers, BBC (1965).

Doctor Who: The Mind Robber, BBC (1968).

Doctor Who: The Time Monster, BBC (1972).
Doctor Who: Underworld, BBC (1978).
Doctor Who: The Horns of Nimon, BBC (1979-80).
Ellen, American Broadcasting Company (1994-8).
Friends, National Broadcasting Company (1994-2004).
Hércules: a lendária jornada, Universal Television (1995-9).
Xena: a princesa guerreira, WB Television Network (1995-2001).
Buffy, a caça-vampiros, WB Television Network (1997-2001), United Paramount Network (2002-2003).
Hércules, American Broadcasting Company (1998-9).
Queer as Folk, Showtime Networks (2000-2005).
Doctor Who, sexta temporada, BBC (2011).

BIBLIOGRAFIA

Adams, Douglas (1986) *The Hitchhiker's Guide to the Galaxy: A Trilogy in Four Parts*, London: Heinemann.

Asma, Stephen (2009) *On Monsters: An Unnatural History of Our Worst Fears*, Oxford: Oxford University Press.

Attebery, Brian (2014) *Stories about Stories: Fantasy and the Remaking of Myth*, Oxford: Oxford University Press.

Augoustakis, Antony; Raucci, Stacie (eds.) (2018) *Epic Heroes on Screen*, Edinburgh: Edinburgh University Press.

Barton, Carlin A. (1993) *The Sorrows of the Ancient Romans: The Gladiator and the Monster*, Princeton, NJ: Princeton University Press.

Baudrillard, Jean (1994) *Simulacra and Simulation*, trans. Sheila Faria Glaser, Ann Arbor, MI: University of Michigan Press.

Baxter, Stephen; Reynolds, Alastair (2016) *The Medusa Chronicles*, London: Gollancz.

Beard, Mary (1980) "The sexual status of Vestal Virgins", *Journal of Roman Studies*, 70: 12-27.

Beard, Mary (1995) "Re-reading (Vestal) virginity", in R. Hawley; B. M. Levick (eds.), *Women in Antiquity: New Assessments*, 166-77, London: Routledge.

Beard, Mary (2017) *Women & Power: A Manifesto*, London: Profile Books.

Benjamin, Walter (2008) "The work of art in the age of its technological reproducibility: Second version", in Michael W. Jennings; Brigid Dohert; Thomas Y. Levin (eds.), *The Work of Art in the Age of Its Technological Reproducibility, and Other Writings on Media*, trans. Edmund Jephcott et al., 19-55, Cambridge, MA: Belknap.

Benshoff, Harry M. (1997) *Monsters in the Closet: Homosexuality and the Horror Film*, Manchester-New York: Manchester University Press.

Berman, Ruth (1988) "Sirens", in M. South (ed.), *Mythical and Fabulous Creatures: A Source Book and Research Guide*, 147-53, New York: Bedrick.

Blanshard, Alastair J. L.; Shahabudin, Kim (2011) *Classics on Screen: Ancient Greece and Rome on Film*, Bristol: Bristol Classical Press.

Booker, Keith (2001) *Monsters, Mushroom Clouds, and the Cold War: American Science Fiction and the Roots of Postmodernism*, Westport, CT-London: Greenwood Press.

Boyden, Joseph (2005) *Three Day Road*, Toronto-New York: Viking.

Braidotti, Rosi (2002) *Metamorphoses: Towards a Materialist Theory of Becoming*, Cambridge: Polity Press.

Brown, Sarah Annes (2008) '"Plato's Stepchildren": SF and the classics', in Lorna Hardwick; Christopher Stray (eds.), *A Companion to Classical Receptions*, 415-27, Oxford: Blackwell.

Buckingham, David; Sefton-Green, Julian (2004) "Structure, agency and pedagogy in children's media culture", in Tobin; Acereda (eds.), *Pikachu's Global Adventure*, 12-33.

Butler, Anthea (2007) *Women in the Church of God in Christ: Making a Sanctified World*, Chapel Hill, NC: University of North Carolina Press.

Byrd, Ayana D.; Tharps, Lori L. (2002) *Hair Story: Untangling the Roots of Black Hair in America*, New York: St. Martin's Press-Godalming: Melia.

Campbell, Joseph (1949) *The Hero with a Thousand Faces*, [USA]: Bollingen Foundation.

Carlson, Marvin (2001) *The Haunted Stage: The Theatre as Memory Machine*, Ann Arbor, MI: University of Michigan Press.

Carroll, Noël (1990) *The Philosophy of Horror or Paradoxes of the Heart*, New York: Routledge.

Caudill, Helen (2003) "Tall, dark and dangerous: Xena, the quest, and the wielding of sexual violence in *Xena* on-line fan fiction", in Early; Kennedy (eds.), *Athena's Daughters*, 27-39.

Clarke, Arthur C. (2002) *The Collected Stories*, London: Gollancz.

Click, Melissa A.; Lee, Hyunji; Holladay, Holly Willson (2013) "Making monsters: Lady Gaga, fan identification, and social media", *Popular Music and Society* 36 (3): 360-79.

Coen, Ethan; Coen, Joel (2000) *O Brother, Where Art Thou?* London: Faber and Faber.

Cohen, Jeffrey Jerome (1997) "Monster culture (seven theses)", in J. J. Cohen (ed.), *Monster Theory: Reading Culture*, 3-25, Minneapolis, MN: University of Minnesota Press.

Collins, Suzanne (n.d.) "Interview with Suzanne Collins". Disponível em: https://clubs-kids.scholastic.co.uk/clubs_content/18829 (acesso em: 19 jul. 2018).

Coonts, Stephen (1989 [2002]) *The Minotaur*, London: Orion Books.

Courcoux, Charles-Antoine (2009) "From here to antiquity: Mythical settings and modern sufferings in contemporary Hollywood's historical epics", *Film & History*, 39 (2): 29-38.

Cyrino, Monica S.; Safran, Meredith E. (2015a) "Cinemyths: Classical myth on Screen", in Cyrino; Safran (eds.), *Classical Myth on Screen*, 1-11.

Cyrino, Monica S.; Safran, Meredith E. (eds.) (2015b) *Classical Myth on Screen*, New York: Palgrave Macmillan.

Davies, Ann; Shaw, Deborah; Tierney, Dolores (2014) "Introduction", in Ann Davies; Deborah Shaw; Dolores Tierney (eds.), *The Transnational Fantasies of Guillermo del Toro*, 1-10, New York: Palgrave Macmillan.

de Lauretis, Teresa (1984) *Alice Doesn't: Feminism, Semiotics, Cinema*, Bloomington, IN: Indiana University Press.

Diak, Nicholas (2018) "Introduction", in *The New Peplum: Essays on Sword and Sandal Films and Television Programs Since the 1990s*, 4-19, Jefferson, NC: McFarland & Company.

Douglas, Mary (1966) *Purity and Danger: An Analysis of Concepts of Pollution and Taboo*, London: Routledge-Keegan Paul.

Douglass, Sara (2002 [2004]) *Hades' Daughter*, Adelaide: Griffin Press.

duBois, Page (1982) *Centaurs and Amazons: Women and the Pre-History of the Great Chain of Being*, Ann Arbor, MI: University of Michigan Press.

Duffy, William S. (2018) "20-sided monsters: The adaptation of Greek mythology to Dungeons and Dragons", não publicado, conferência apresentada no 114th Annual Meeting of the Classical Association of the Middle West and South, Albuquerque, NM, 11-14 de abril de 2018.

Dyer, Richard (1986) *Heavenly Bodies: Film Stars and Society*, London: Macmillan Education.

Early, Frances; Kennedy, Kathleen (2003a) "Introduction: Athena's Daughters", in Early; Kennedy (eds.), *Athena's Daughters*, 1-10.

Early, Frances; Kennedy, Kathleen (eds.) (2003b) *Athena's Daughters: Television's New Women Warriors*, Syracuse, NY: Syracuse University Press.

Elber-Aviram, H. (2013) "'The past is below us': Urban fantasy, urban archaeology, and the recovery of suppressed history", *Papers from the Institute of Archaeology*, 23 (1): p.Art. 7. Disponível em: https://pia-journal.co.uk/articles/10.5334/pia.426/# (acesso em: 19 jul. 2018).

Faludi, Susan (1993) *Backlash: The Undeclared War Against Women*, London: Vintage.

Felton, D. (2012) "Rejecting and embracing the monstrous in ancient Greece and Rome", in Mittman (ed.); Dendle, *Ashgate Research Companion*, 103-31.

Fleetwood, Nicole R. (2012) "The case of Rihanna: Erotic violence and black female desire", *African American Review*, 45 (3): 419-36.

Fletcher, Charlie (2006 [2007]) *Stoneheart*, St Ives: Clays Ltd. Fletcher, Charlie (2007) *Ironhand*, St Ives: Clays Ltd.

Fletcher, Charlie (2009) *Silvertongue*, St Ives: Clays Ltd.

Foucault, Michel (2003) *Abnormal: Lectures at the Collège de France, 1974-75*, trans. Graham Burchell, New York: Picador.

Freud, Sigmund (1919 [2003]) "The Uncanny", in *The Uncanny*, trans. David McLintock, 123-62, London: Penguin.

Gaiman, Neil (1996 [2001]) *Neverwhere*, New York: HarperTorch.

Gibbons, Alan (2000 [2006]) *Shadow of the Minotaur*, St Ives: Clays Ltd.

Gilroy, Paul (2004) *Between Camps: Nations, Cultures and the Allure of Race*, new edn., London: Routledge.

Gloyn, Liz (2013) "'The Dragon-green, the Luminous, the Dark, the Serpent-haunted Sea': Monsters, landscape and gender in *Clash of the Titans* (1981 and 2010)", *New Voices in Classical Reception Studies*, Conference Proceedings Volume One: 64-75.

Goodman, Lizbeth (1996) "Who's looking at who(m)? Re-viewing Medusa", *Modern Drama*, 39 (1): 190-210.

Gray, Danielle (2017) "This woman made a video game to tackle people touching black women's hair without permission'. Disponível em: https://www.allure.com/story/hair-nah-stop-touching-black-womens-hair-video-game (acesso em: 19 jul. 2018).

Green, C. M. C. (2007) *Roman Religion and the Cult of Diana at Aricia*, Cambridge: Cambridge University Press.

Halberstam, Judith (1995) *Skin Shows: Gothic Horror and the Technology of Monsters*, Durham, NC: Duke University Press.

Haraway, Donna (1988) "Situated knowledges: The science question in feminism and the privilege of partial perspective", *Feminist Studies*, 14 (3): 575-99.

Haraway, Donna (1991) "A Cyborg manifesto: Science, technology and socialist-feminism in the late twentieth century," in *Simians, Cyborgs and Women: The Reinvention of Nature*, 149-81, New York: Routledge.

Haraway, Donna (1992) "The promises of monsters: A regenerative politics for inappropriate/d others", in Lawrence Grossberg; Cary Nelson; Paula Treichler (eds.), *Cultural Studies*, 295-337, New York: Routledge.

Hardwick, Lorna (2003) *Reception Studies*, Oxford: Oxford University Press.

Harrisson, Juliette (2017) "*I, Claudius* and ancient Rome as televised period drama", in Pomeroy (ed.), *A Companion*, 271-92.

Harryhausen, Ray; Dalton, Tony (2009) *Ray Harryhausen: An Animated Life*, London: Aurum Press.

Harryhausen, Ray; Dalton, Tony (2011) *Ray Harryhausen's Fantasy Scrapbook: Models, Artwork and Memories from 65 Years of Filmmaking*, London: Aurum Press.

Hassig, Debra (1996) *Medieval Bestiaries: Text, Image, Ideology*, Cambridge: Cambridge University Press.

Heaf, Jonathan (2013) "*GQ*'s 25th anniversary cover star: Rihanna by Damien Hirst". Disponível em: https://www.gq-magazine.co.uk/article/rihanna-damien-hirst-gq-cover-pictures (acesso em: 19 jul. 2018).

Hills, Matt (2002) *Fan Cultures*, London-New York: Routledge.

Hobden, Fiona (2017) "Ancient world documentaries", in Pomeroy (ed.), *A Companion*, 491-514.

Holmes, Rachel (2007) *African Queen: The Real Life of the Hottentot Venus*, New York: Random House.

Hughes, Howard (2011) *Cinema Italiano: The Complete Guide from Classics to Cult*, London: I. B. Tauris.

Immel, Andrea (2009) "Children's books and constructions of childhood", in M. O. Grenby; Andrea Immel (eds.), *The Cambridge Companion to Children's Literature*, 19-34, Cambridge: Cambridge University Press.

James, Paula (2011) *Ovid's Myth of Pygmalion on Screen: In Pursuit of the Perfect Woman*, London: Bloomsbury Academic.

Jernigan, Jessica; Austin, Beth (2011) "Sealing the deal: The wet and wild world of selkie romance novels", *Bitch Media*. Disponível em: https://www.bitchmedia.org/article/ sealing-the-deal (acesso em: 26 jul. 2018).

Johnson, Catherine (2005) *Telefantasy*, London: British Film Institute (BFI).

Jones, Sara Gwenllian (2000) "Starring Lucy Lawless?", *Continuum: Journal of Media & Cultural Studies*, 14 (1): 9-22.

Keaton, Kelly (2011) *Darkness Becomes Her*, New York: Simon & Schuster Children's.

Keaton, Kelly (2012) *A Beautiful Evil*, New York: Simon & Schuster Children's.

Keen, Antony (2010) "It's about tempus: Greece and Rome in 'classic' *Doctor Who*", in David C. Wright, Jr.; Allan W. Austin (eds.), *Space and Time: Essays on Visions of History in Science Fiction and Fantasy Television*, 100-15, Jefferson, NC: McFarland & Company.

Keen, Antony (2013) "Greek elements in the Sinbad Movies of Ray Harryhausen: A lesson in reception", *New Voices in Classical Reception Studies*, Conference Proceedings Volume One: 29-40.

Keen, Antony (2015) "An alternative model for looking at classical movies'. Disponível em: http://tonykeen.blogspot.com/2015/09/an-alternative-model-for-looking-at.html (acesso em: 19 jul. 2018).

Kennedy, Kathleen (2003) "Love is the battlefield: The making and unmaking of the just warrior in *Xena: Warrior Princess*', in Early; Kennedy (eds.), *Athena's Daughters*, 40-52.

Kermode, Mark; del Toro, Guillermo (2006) "*Guardian* interviews at the BFI: Guillermo del Toro". Disponível em: https://www.theguardian.com/film/2006/nov/21/ guardianinterviewsatbfisouthbank (acesso em: 19 jul. 2018).

Köster, Isabel (2014) "Feasting centaurs and destructive consuls in Cicero's *In Pisonem*", *Illinois Classical Studies*, 39: 63-79.

Kristeva, Julia (1982) *Powers of Horror: An Essay on Abjection*, trans. Leon S. Roudiez, New York: Columbia University Press.

Lacey, Liam (2012) "Wrath of the Titans: By Zeus, there's a video game in this!" Disponível em: https://www.theglobeandmail.com/arts/film/wrath-of-the-titans-by-zeus-theres-a-video-game-in-this/article4097000/ (acesso em: 19 jul. 2018).

LaSalle, Nick (2012) "*Wrath of Titans* review: Futility of fake effects". Disponível em: https://www.sfgate.com/movies/article/Wrath-of-Titans-review-Futility-of-fake-effects-3444858.php (acesso em: 19 jul. 2018).

Lees, Dominic (2016) "Cinema and authenticity: Anxieties in the making of historical film", *Journal of Media Practice*, 17 (2-3): 199-212.

Levina, Marina; Bui, Diem-My T. (eds.) (2013) *Monster Culture in the 21st Century: A Reader*, New York: Bloomsbury Academic.

Lindsay, Richard (2016) "Menstruation as heroine's journey in *Pan's Labyrinth*", in J. W. Morehead (ed.), *The Supernatural Cinema of Guillermo del Toro*, 182-200, Jefferson, NC: McFarland & Company.

Lowe, Dunstan (2015) *Monsters and Monstrosity in Augustan Poetry*, Ann Arbor, MI: University of Michigan Press.

Lowe, Dunstan; Shahabudin, Kim (eds.) (2009) *Classics for All: Reworking Antiquity in Mass Culture*, Newcastle upon Tyne: Cambridge Scholars Publishing.

Lyons, Heather (2014) *The Deep End of the Sea*, [USA]: Cerulean Books.

Lyons, Heather (2015) "FAQ". Disponível em: http://heatherlyons.net/faq/ (acesso em: 19 jul. 2018).

Marshall, C. W. (2018) "Classical reception and the Half-elf Cleric", in Brett M. Rogers; Benjamin E. Stevens (eds.), *Once and Future Antiquities in Science Fiction and Fantasy*, 149-71, New York: Bloomsbury Academic.

Masello, Robert (2011) *The Medusa Amulet*, London: Vintage Books.

Maurice, Lisa (2015a) "From Chiron to Foaly: The centaur in classical mythology and fantasy literature", in Maurice (ed.), *The Reception*, 139-68.

Maurice, Lisa (ed.) (2015b) *The Reception of Ancient Greece and Rome in Children's Literature: Heroes and Eagles*, Leiden: Brill.

Mayor, Adrienne (2000) *The First Fossil Hunters: Paleontology in Greek and Roman Times*, Princeton, NJ: Princeton University Press.

McCaughrean, Geraldine (1998) *Perseus and the Gorgon Medusa*, London: Orchard Books.

McMaster, Aven; Sundaram, Mark (2017) "'O tempora, o mores': Class(ics) and education in *Doctor Who*", in Carey Fleiner; Dene October (eds.), Doctor Who *and History: Critical Essays on Imagining the Past*, 35-46, Jefferson, NC: McFarland & Company.

McMullan, Kate (2003) *Say Cheese, Medusa!*, New York: Scholastic.

Michelakis, Pantelis; Wyke, Maria (eds.) (2013) *The Ancient World in Silent Cinema*, Cambridge: Cambridge University Press.

Mittman, Asa Simon (2012) "Introduction: The impact of monsters and monster studies", in Mittman (ed.); Dendle, *Ashgate Research Companion*, 1-14.

Mittman, Asa Simon (ed.); Dendle, Peter J. (2012) *The Ashgate Research Companion to Monsters and the Monstrous*, Burlington, VT: Ashgate.

Murnaghan, Sheila; Roberts, Deborah H. (2017) "Myth collections for children', in Zajko; Hoyle (eds.), *A Handbook*, 87-103.

Neumaier, Joe (2012) "Sam Worthington is back as Perseus to handle troublesome gods in 'Wrath of the Titans'". Disponível em: http://www.nydailynews.com/entertainment/ movies/sam-worthington-back-perseus-handle-troublesome-gods-wrath-titans-article- 1.1052748?localLinksEnabled=false (acesso em: 2 fev. 2018).

Newby, Zahra (2012) "The aesthetics of violence: Myth and danger in Roman domestic landscapes", *Classical Antiquity*, 31 (2): 349-89.

Nisbet, Gideon (2006) *Ancient Greece in Film and Popular Culture*, Exeter: Bristol Phoenix Press.

Nisbet, Gideon (2011) "An ancient Greek graphic novel: *P.Oxy.* XXII 2331", in George Kovacs; C. W. Marshall (eds.), *Classics and Comics*, 27-42, Oxford: Oxford University Press.

Ogden, Daniel (2013) *Drakōn: Dragon Myth and Serpent Cult in the Greek and Roman Worlds*, Oxford-New York: Oxford University Press.

OKell, Eleanor (2013) "The look of Harryhausen's Cyclops: Human v. monster in the eye of the beholder", *New Voices in Classical Reception Studies*, Conference Proceedings Volume One: 42-63.

Pache, Corinne Ondine (2011) *A Moment's Ornament: The Poetics of Nympholepsy in Ancient Greece*, Oxford-New York: Oxford University Press.

Pallant, Chris (2011) "Developments in peplum filmmaking: Disney's *Hercules*", in M. G. Cornelius (ed.), *Of Muscles and Men: Essays on the Sword and Sandal Film*, 175-86, Jefferson, NC: McFarland & Company.

Pelevin, Victor (2006) *The Helmet of Horror*, trans. Andrew Bromfield, Edinburgh: Canongate Books.

Pomeroy, Arthur J. (2017a) "The peplum era", in Pomeroy (ed.), *A Companion*, 145-60.

Pomeroy, Arthur J. (ed.) (2017b) *A Companion to Ancient Greece and Rome on Screen*, Malden, MA: Wiley-Blackwell.

Potter, Amanda (2018) "Greek myth in the Whoniverse", in Fiona Hobden; Amanda Wrigley (eds.), *Ancient Greece on British Television*, 168-86, Oxford: Oxford University Press.

Powers, Tim (2015) *Medusa's Web*, London: Corvus.

Prince, Stephen (2004) "Dread, taboo and The Thing: Towards a social theory of the horror film", in Stephen Prince (ed.), *The Horror Film*, 118-30, New Brunswick, NJ: Rutgers University Press.

Radford, Fiona (2017) "Hollywood ascendant: *Ben-Hur* and *Spartacus*", in Pomeroy (ed.), *A Companion*, 119-44.

Raucci, Stacie (2015) "Of marketing and men: Making the cinematic Greek hero", in Cyrino; Safran (eds.), *Classical Myth on Screen*, 161-71.

Riordan, Rick (2013) *Percy Jackson and the Lightning Thief*, New York: Hyperion Books for Children.

Roberts, Deborah (2016) "Picturing duality: The Minotaur as beast and human in illustrated myth collections for children", apresentado na conferência Chasing Mythical... The Reception of Creatures from Graeco-Roman Mythology in Children's & Young Adults' Culture as a Transformation Marker International Conference, Varsóvia, 3 de maio de 2016.

Rose, Carol (2000) *Giants, Monsters, and Dragons: An Encyclopedia of Folklore, Legend and Myth,* Santa Barbara, CA: ABC-CLIO.

Rowland, Richard (2016) *Killing Hercules: Deianira and the Politics of Domestic Violence, from Sophocles to the War on Terror,* London: Routledge.

Rushing, Robert A. (2016) *Descended from Hercules: Biopolitics and the Muscled Male Body on Screen*, Bloomington, IN: Indiana University Press.

Ryfle, Steve (1998) *Japan's Favorite Mon-Star: The Unauthorised Biography of "The Big G"*, Toronto: ECW Press.

Salzman-Mitchell, Patricia; Alvares, Jean (2017) *Classical Myth and Film in the New Millennium*, Oxford: Oxford University Press.

Sedgwick, Eve Kosofsky (1990) *Epistemology of the Closet*, Berkeley-Los Angeles, CA: University of California Press.

Sheldrick, Giles (2011) "Doctor Who: Who's scariest foe... aliens in suits". Disponível em: https://www.express.co.uk/news/uk/239945/Doctor-Who-Who-s-scariest-foe-aliens-in-suits (acesso em: 20 jul. 2018).

Sherrill, Steven (2003 [2004]) *The Minotaur Takes a Cigarette Break*, Edinburgh: Canongate Books.

Sherrill, Steven (2016) *The Minotaur Takes His Own Sweet Time*, Winston-Salem, NC: John F. Blair.

Simpson, Audra (2014) *Mohawk Interruptus: Political Life Across the Borders of Settler States*, Durham, NC: Duke University Press.

Solomon, Jon (2001) *The Ancient World in the Cinema*, revised and expanded edn. New Haven, CT; London: Yale University Press.

Sorbo, Kevin (2011) *True Strength: My Journey from Hercules to Mere Mortal and How Nearly Dying Saved My Life*, Philadelphia, PA: Da Capo Press.

Stafford, Emma (2012) *Herakles*, London: Routledge.

Stoichita, Victor I. (2008) *The Pygmalion Effect: From Ovid to Hitchcock*, trans. Alison Anderson, London-Chicago, IL: University of Chicago Press.

Storey, John (2014) *From Popular Culture to Everyday Life*, London: Routledge.

Storrie, Paul; Yeates, Thomas (2008) *Perseus: The Hunt for Medusa's Head*, Minneapolis, MN: Graphic Universe.

Strauss Clay, Jenny (1993) "The generation of monsters in Hesiod", *Classical Philology*, 88: 105-16.

Tobin, Joseph; Acereda, Alberto (eds.) (2004) *Pikachu's Global Adventure: The Rise and Fall of Pokémon*, Durham, NC: Duke University Press.

Topper, Kathryn (2007) "Perseus, the maiden Medusa, and the imagery of abduction", *Hesperia*, 76 (1): 73-105.

Torjussen, Stian Sundell (2016) "'Release the Kraken!' – The recontextualization of the Kraken in popular culture, from *Clash of the Titans* to *Magic: The Gathering*", *New Voices in Classical Reception*, 11: 73-85.

Traweek, Alison (2014) "Theseus loses his way: Viktor Pelevin's *Helmet of Horror* and the old labyrinth for the new world", *Dialogue: The Interdisciplinary Journal of Popular Culture and Pedagogy*, 1 (1). Disponível em: http://journaldialogue.org/issues/issue-1/ theseus-loses-his-way-viktor-pelevins-helmet-of-horror-and-the-old-labyrinth-for- the-new-world/ (acesso em: 20 jul. 2018).

Vine, Barbara (2005 [2006]) *The Minotaur*, London: Penguin Books.

von Stackelberg, Katharine T. (2009) *The Roman Garden: Space, Sense and Society*, London: Routledge.

Weinlich, Barbara (2015) "The metanarrative of picture books: 'Reading' Greek myth for (and to) children", in Maurice (ed.), *The Reception*, 85-104.

Weinstock, Jeffrey Andrew (2012) "Invisible monsters: Vision, horror, and contemporary culture", in Mittman (ed.); Dendle, *Ashgate Research Companion*, 275-89.

Weisbrot, Robert (1998) *Hercules, The Legendary Journeys: The Official Companion*, New York: Doubleday.

Western, Bruce; Petit, Becky (2010) "Incarceration & social Inequality", *Daedalus*. Disponível em: https://www.amacad.org/content/publications/pubContent.aspx?d=808 (acesso em: 20 jul. 2018).

Whelehan, Imelda (2013) "Aging appropriately: Postfeminist discourses of ageing in contemporary Hollywood", in Joel Gwynne; Nadine Muller (eds.), *Postfeminism and Contemporary Cinema*, 78-95, New York: Palgrave Macmillan.

Whitty, Stephen (2011) "'Immortals' review: A version of Greek myth for fans of '300'". Disponível em: https://www.nj.com/entertainment/movies/index.ssf/2011/11/immortals_review_a_version_of_greek_myth_for_fans_of_300.html (acesso em: 20 jul. 2018).

Willis, Ika (2017) "Contemporary mythography: In the time of ancient gods, warlords, and kings", in Zajko; Hoyle (eds.), *A Handbook*, 105-20.

Womack, Philip (2016) *The Double Axe*, Richmond: Alma Books.

Wood, Robin (1984) "An introduction to the American horror film", in Barry Keith Grant (ed.), *Planks of Reason: Essays on the Horror Film*, 164-200, Metuchen, NJ: Scarecrow Press.

Wyke, Maria (1997) *Projecting the Past: Ancient Rome, Cinema and History*, New York: Routledge.

Young, Cate (2017) "Black Venus rising: The symbolism of Beyoncé's pregnancy photos". Disponível em: https://www.bitchmedia.org/article/black-venus-rising/symbolism- beyoncés-pregnancy-photos (acesso em: 20 jul. 2018).

Zajko, Vanda; Hoyle Helena (eds.) (2017) *A Handbook to the Reception of Classical Mythology*, Malden, MA: Wiley-Blackwell.